LOCAL ECONOMIC GROWTH PRESSURE, PERFORMANCE ASSESSMENT AND CORPORATE SOCIAL RESPONSIBILITY REPORT DISCLOSURE

地区经济增长压力、政绩考核与企业社会责任报告披露

李晓艳 ◎ 著

中国财经出版传媒集团
中国财政经济出版社
·北 京·

图书在版编目（CIP）数据

地区经济增长压力、政绩考核与企业社会责任报告披露／李晓艳著．-- 北京：中国财政经济出版社，2024.2

ISBN 978-7-5223-2818-8

Ⅰ.①地… Ⅱ.①李… Ⅲ.①区域经济－经济增长－研究－中国②企业责任－社会责任－研究－中国 Ⅳ.①F127②F279.2

中国国家版本馆 CIP 数据核字（2024）第 040367 号

责任编辑：胡　博　　　　责任印制：史大鹏

封面设计：陈宇琰　　　　责任校对：徐艳丽

地区经济增长压力、政绩考核与企业社会责任报告披露

DIQU JINGJI ZENGZHANG YALI、ZHENGJI KAOHE YU QIYE SHEHUI ZEREN BAOGAO PILU

中国财政经济出版社 出版

URL：http：//www.cfeph.cn

E-mail：cfeph@cfeph.cn

社址：北京市海淀区阜成路甲 28 号　邮政编码：100142

营销中心电话：010-88191522

天猫网店：中国财政经济出版社旗舰店

网址：https：//zgczjjcbs.tmall.com

中煤（北京）印务有限公司印刷　各地新华书店经销

成品尺寸：170mm×240mm　16 开　15.5 印张　247 000 字

2024 年 2 月第 1 版　2024 年 2 月北京第 1 次印刷

定价：68.00 元

ISBN 978-7-5223-2818-8

（图书出现印装问题，本社负责调换，电话：010-88190548）

本社图书质量投诉电话：010-88190744

打击盗版举报热线：010-88191661　QQ：2242791300

前　言

伴随环境、生态等问题日益严重，中央政府着眼于国家的长远发展，鼓励企业积极承担社会责任。相应地，证券交易所采取自愿与强制相结合的方式，推动企业披露社会责任报告。尽管越来越多的企业披露社会责任报告，但环境污染、问题产品等事件仍屡见不鲜，部分企业对违规事件避而不谈，甚至通过操纵社会责任报告文本信息对企业社会责任信息进行掩盖，影响了企业社会责任报告披露质量。据分析，相关企业在当地的经济发展中往往具有举足轻重的地位。那么，企业社会责任报告披露与其所在地区经济增长之间有何内在关联？本书基于中国式财政分权制度背景，通过检验地区经济增长压力对企业社会责任报告披露的影响，回答了这一问题。2013 年 12 月，中组部发布了《关于改进地方党政领导班子和领导干部政绩考核工作的通知》（以下简称政绩考核新标准），改变了以经济绩效为主的政绩考核方式，缓解了地方政府面临的经济增长压力，这是否进一步对地区经济增长压力与企业社会责任报告披露之间的关系产生影响？本书的研究对企业提升社会责任报告披露质量以及完善社会责任报告监管制度具有重要意义。

基于此，本书围绕“是否披露—披露什么—如何披露”的逻辑，从社会责任报告的披露意愿、内容、可读性以及语调四个角度，对企业社会责任报告的披露进行考察，并以经济增长理论、财政分权理论、晋升锦标赛理论、利益相关者理论、印象管理理论为理论基础，实证检验地区经济增长压力对企业社会责任报告披露的影响与影响机制，在此基础上检验政绩考核新标准的实施对上述关系的影响。本书还探讨了企业社会责任报告在“披露什么”与“如何披露”之间的内在逻辑关系，打开了企业社会责任报告披露的“黑箱”。现将本书的研究结论总结如下。

第一，从披露意愿的角度回答了企业“是否披露”社会责任报告的问题。研究发现，地区经济增长压力越大，企业社会责任报告披露意愿越低；政绩考核新标准的实施有效缓解了二者之间的负相关关系。机制检验发现，在地方官员晋升激励较大的地区、国有企业以及经济贡献度较大的企业中，地区经济增长压力对企业社会责任报告披露意愿的抑制作用更为显著。异质性分析发现，地区经济增长压力对企业社会责任报告披露意愿的影响主要在媒体和投资者关注度较低的企业中更为显著，表明媒体和投资者在一定程度上能够对企业社会责任报告披露发挥监管作用。针对披露社会责任报告的企业，地区经济增长压力显著降低了企业披露社会责任报告的及时性。

第二，从企业社会责任报告内容的角度回答了“披露什么”的问题。研究发现，地区经济增长压力越大，企业社会责任报告的内容质量越低；政绩考核新标准的实施有效缓解了二者之间的负相关关系。机制检验发现，在地方官员晋升激励较大的地区、国有企业以及经济贡献度较大的企业中，地区经济增长压力对企业社会责任报告内容质量的抑制作用更为显著。异质性分析发现，在自愿披露、未按照 GRI 标准披露社会责任报告的企业以及媒体和投资者关注度较低的企业中，地区经济增长压力显著降低了企业社会责任报告的内容质量。细分企业社会责任内容，地区经济增长压力对股东、职工、债权人、客户等利益相关者的权益，以及环境、社会公益事业等均产生负面影响。此外，地区经济增长压力对企业社会责任报告内容质量具有长期动态影响。

第三，从企业社会责任报告可读性的角度回答了“如何披露”的问题。研究发现，地区经济增长压力越大，企业社会责任报告的可读性越低；地方官员政绩考核新标准的实施有效缓解了二者之间的负相关关系。机制检验发现，地区经济增长压力对企业社会责任报告可读性的影响主要在地方官员晋升激励较大的地区、国有企业以及经济贡献度较大的企业中更为显著。异质性分析发现，在自愿披露社会责任报告的企业、媒体和投资者关注度较低的企业中，地区经济增长压力导致企业社会责任报告可读性显著降低。企业社会责任报告内容质量发挥了中介效应，表明地区经济增长压力导致企业降低社会责任报告内容质量，企业通过降低社会责任报告的可读性以掩盖其较低的社会责任报告内容质量。

第四，从企业社会责任报告语调的角度回答了企业“如何披露”的问题。研究发现，地区经济增长压力越大，企业社会责任报告语调越积极；政绩考核新标准的实施有效缓解了二者之间的正相关关系。机制检验发现，地区经济增长压力对企业社会责任报告语调的影响主要在地方官员晋升激励较大的地区、国有企业以及经济贡献度较大的企业中更为显著。异质性分析发现，在自愿披露社会责任报告的企业，以及媒体和投资者关注较低的企业中，地区经济增长压力对企业社会责任报告语调积极性的影响更为显著。企业社会责任报告内容质量发挥了中介效应，说明在地区经济增长压力的影响下，企业通过提高社会责任报告语调的积极性对其较低的内容质量进行掩盖。

本书的研究结果表明，地区经济增长给地方官员带来较大的晋升压力，导致地方政府致力于发展短期经济而忽视社会责任，进而对企业社会责任报告披露产生重要影响。尽管中央政府以及监管部门一再强调企业应当积极披露社会责任报告并提高社会责任报告披露质量，但由于资源有限，当面临经济增长压力时，企业承担社会责任所投入的资源相应减少，进而导致企业社会责任报告披露意愿及披露质量降低。而政绩考核新标准的实施缓解了地方政府的经济增长压力，弱化了地区经济增长压力对企业社会责任报告披露的不利影响。因此，本书对政府、监管部门以及信息使用者提出如下建议：一是完善顶层设计，不断优化多层次官员政绩考核制度。二是转变政府职能，政府应当由社会责任报告披露的引导者逐渐转变为监督者，进一步发挥市场对企业社会责任报告的引导作用。三是建立规范统一的社会责任报告披露体系。四是大力推进对企业社会责任报告的鉴证体系。五是社会责任报告使用者应当提高对企业信息披露的甄别能力，从实质上对企业社会责任的履行情况进行判断。

本书的研究贡献有四点：

第一，完善了企业社会责任报告披露的理论分析。本书创新性地构建了企业社会责任报告披露的理论框架，从披露意愿、内容、可读性以及语调四个维度对企业社会责任报告披露展开研究。一方面，系统地回答了“是否披露—披露什么—如何披露”的问题；另一方面，本书发现当企业社会责任报告内容质量较低时，企业会通过降低社会责任报告可读性和提高社会责任报告语调积极性掩盖其内容，进而打开了社会责任报告披露的“黑箱”。

第二，挖掘了影响企业社会责任报告披露的深层次因素。本书创新性地引入地区经济增长压力这一指标，度量地方政府行为对企业社会责任报告披露的影响，构建“地区经济增长压力影响企业非财务信息披露”的研究框架，并从官员特征、产权性质、企业经济贡献度三个方面就其影响机制进行深入分析，进而对企业社会责任报告披露行为的影响因素进行深入剖析，丰富了企业社会责任的相关文献。

第三，丰富了地区经济增长压力的微观经济后果的相关研究。本书从信息披露的角度，探讨了地区经济增长压力对企业社会责任报告披露的影响，研究发现地区经济增长压力会降低企业披露社会责任报告的意愿，并从内容、可读性以及语调三个方面降低企业社会责任报告披露质量，其中企业社会责任报告内容是地区经济增长压力影响企业社会责任报告可读性与语调的中介效应。

第四，本书还具有一定的实践意义。结论表明，将环境、社会等多方面指标纳入政绩考核制度能够有效减少地区经济增长压力对企业社会责任报告披露意愿、内容、可读性和语调方面的不利影响，提高社会责任报告披露质量。这不仅为优化政绩考核制度提供了经验证据，还对政府以及监管部门改进企业社会责任报告监管政策具有重要启示。

目　录

第 1 章

导论

1.1 问题提出

1.1.1 研究背景

近年来，受世界格局加快演变、新冠疫情冲击等影响，中国面临着国内经济下行的考验。2022 年中央经济工作会议强调，“要推动经济运行整体好转，扩大国内需求，加快建设现代化产业体系”。党的二十大报告指出，“中国式现代化是物质文明和精神文明相协调的现代化，是人与自然和谐共生的现代化”。作为市场经济活动中创造物质财富的主体，企业不能只谋求经济效益，而应通过承担社会责任实现企业、社会、环境的共赢。

社会责任报告是企业披露其履行社会责任情况的主要方式，企业的社会责任报告一定程度上受到中央政府、监管部门以及其他利益相关者的高度关注。在社会责任报告披露方面，证券交易所对企业进行积极引导，采取自愿与强制披露社会责任报告相结合的方式，推动企业披露社会责任报告。同时，为改善企业社会责任报告披露质量，监管部门出台了一系列措施与政策。例如，证监会 2018 年修订了《上市公司治理准则》，强调上市公司规范披露社会责任相关情况；2021 年发布了《公开发行证券的公司信息披露内容与格式准则第 2 号——年度报告的内容与格式》，对社会责任报告披露的内容进行了修订。据统计，截至 2020 年，中国 A 股上市公司共计 1130 家企业披露了社会责任报告，占全部 A 股上市公司的 26.56%，与此同时，企业社会责任报告页数整体呈上升趋势，报告详尽程度不断提高，设计、排版等不断改进。

有学者发现，尽管部分企业披露了社会责任报告，但缺乏对实质性内容的披露，甚至存在通过操纵社会责任报告文本信息掩饰企业社会责任实际表现的现象（Li，2010[80]；吴珊和邹梦琪，2022[263]），加大了利益相关者对企业社会责任信息的辨别难度，导致社会责任报告有效性降低。例如，2021年，兰花科创（600123）因原煤露天堆放被当地监管部门罚款3万元，2022年，却再次因末煤露天堆放、未采取措施防止扬尘污染的问题被罚81.6万元。而兰花科创在2021年社会责任报告中对环境保护的披露仅提到“认真贯彻落实环保法律法规”、“开展并完成了排污许可证的延续工作”、“认真落实环境环境保护治理方针、扎实推进污染减排”等内容，对企业的环境保护问题泛泛而谈，并未针对环境问题的改进做出详细的披露。兰花科创在社会责任报告中还屡次提到“圆满完成了年初制定的各项工作计划和任务，确保公司全年环境安全无事故”、“主要污染物排放总量指标较2020年进一步削减”等，试图通过积极的语调呈现出企业良好的社会责任形象，进而掩盖企业糟糕的社会责任表现。

那么，为何经多次惩罚之后兰花科创仍对环境问题屡教不改？导致兰花科创社会责任报告披露质量降低的根本原因是什么？兰花科创对社会责任报告文本信息的操纵是否受其披露内容的影响？查阅相关资料可知，兰花科创为当地优势企业，其经济贡献对于当地政府而言堪称巨大，兰花科创营业收入近十年内一直占其所在地区晋城市GDP的4%以上，占其所在县沁水县GDP的25%以上，最高甚至达到39.74%。由此推测，对所在地区的经济贡献可能是导致企业降低社会责任报告披露质量的根本所在。本书试图秉承“是否披露—披露什么—如何披露”的逻辑，基于中国式财政分权制度背景，从地区经济增长压力的角度探讨企业社会责任报告披露的影响因素，并进一步分析在地区经济增长压力的作用下，企业社会责任报告披露内容与社会责任报告文本信息之间的内在关联，这对于打开企业社会责任报告披露的“黑箱”、提高企业社会责任报告披露质量具有重要意义。

作为中央政府的代理人，地方官员在贯彻中央政策过程中可能会产生代理问题。财税分权改革以来，地方官员政绩考核以其所管辖区经济绩效为主，这在一定程度上引发了地方官员的短视行为（王永钦等，2007）[261]，使其更关注区域经济发展。考虑到企业是推动地区经济发展的主力军，为提升地区经济绩效，彰显官员政绩，地方官员对区域内企业追求经济利润的行为往往乐见其成（Piotroski 和 Zhang，2014[122]；王克敏等，2017[254]）。鉴于资源有限，谋求经济利润势必会挤占企业在绿色转型、社会公益事业等方面的投入（Wei，2021）[147]。与此同时，为获取政策支持，企业也可能主动迎合地方政府决策，在投资天平中偏向经济发展。可见，地方官员面临经济增长压力时，追求经济目标会打击企业履行社会责任的积极性。由于社会责任报告是企业反映其社会责任最主要的方式，当企业所承担的社会责任减少时，其社会责任报告的披露行为势必受到影响。

由此可知，当地区存在经济增长压力时，一方面，在中央政策的指导下，企业需要合法合规披露社会责任报告，提升其合法性；另一方面，企业需要遵循地方政府发展短期经济的需求。企业同时面临中央和地方政府施加的制度压力（Luo 等，2017）[94]，进而产生了“操纵”社会责任报告的动机。此外，社会责任报告的监管及鉴证尚不完善（沈洪涛等，2011[237]；吉利等，2016[190]），也为企业“策略性披露社会责任报告”提供了可乘之机，进而对企业社会责任报告的披露产生影响。

为从根本上缓解中央政府与地方政府之间的制度冲突，2013 年 12 月，中组部颁布了《关于改进地方党政领导班子和领导干部政绩考核工作的通知》（以下简称政绩考核新标准），将环境、文化等因素纳入地方官员政绩考核指标之中，改变了传统的仅以经济为主的政绩考核体系。政绩考核新标准的推行，弱化了经济绩效对官员晋升激励的作用，解决了地方官员与中央政府的代理问题，最终能否提高企业社会责任报告披露意愿及质量?

基于上述分析，本书试图回答以下两大问题：地区经济增长压力是否影响以及如何影响企业社会责任报告披露？政绩考核新标准的实施能否缓解中央政府和地方政府之间存在的制度冲突，进而提高企业社会责任报告披露意愿及质量？图 1 – 1 为本书的主要研究逻辑图。本书秉承“是否披露—披露什么—如何披露”的逻辑，从社会责任报告披露意愿、内容、可读性以及语调四个不同的角度，系统地考察地区经济增长压力对企业社会责任报告披露的影响，以及政绩考核新标准的实施对二者关系的影响。本书结合“中国式财政分权”制度背景，挖掘了影响企业社会责任报告披露的深层次因素，这对于提升企业社会责任报告披露质量以及完善社会责任报告监管制度具有重要意义。

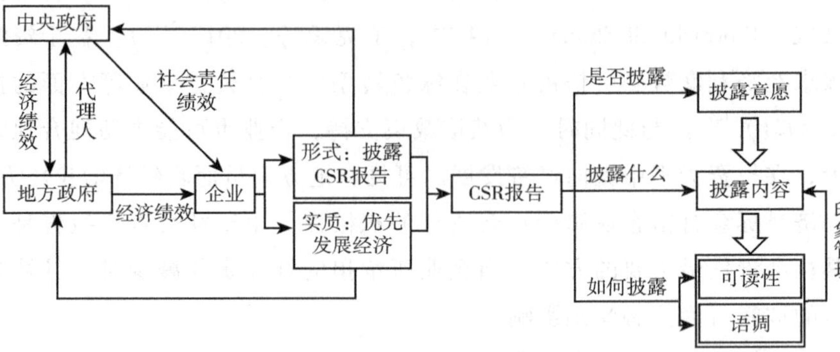

图 1-1 研究逻辑图

1.1.2 研究意义

1.1.2.1 理论意义

第一，完善了企业社会责任报告披露的理论分析。本书创新性地构建了企业社会责任报告披露的理论框架，从披露意愿、内容、可读性以及语调四个维度对企业社会责任报告披露展开研究。一方面，系统性地回答了“是否披露—披露什么—如何披露”的问题；另一方面，针对披露内容和文本信息，本书发现当企业社会责任报告内容质量较差时，企业会通过降低社会责任报告可读性和提高社会责任报告语调积极性以掩盖其内容，进而打开了社会责任报告披露的“黑箱”。

第二，挖掘了影响企业社会责任报告披露的深层次因素。当前学者主要基于微观视角研究管理层机会主义行为对企业社会责任报告披露的影响，少有学者基于“中国式财政分权”制度背景，从宏观视角探讨企业对社会责任报告披露的深层次驱动因素。本书创新性地引入地区经济增长压力这一指标，度量地方政府行为对企业社会责任报告披露的影响，构建“地区经济增长压力影响企业非财务信息披露”的研究框架，并就其影响机制进行深入分析，进而对企业社会责任报告披露行为的成因进行深入剖析，丰富了企业社会责任的相关文献。

第三，丰富了地区经济增长压力微观经济后果的相关研究。已有文献从研发创新、企业投资、企业融资、投资效率、信贷资源配置等角度研究了地区经济增长压力对微观企业行为的影响。然而，较少有文献从信息披露的角度，探讨地区经济增长压力的微观经济后果。本书从企业社会责任报告披露的角度发现，在地区经济增长压力的影响下，企业将降低社会责任报告披露意愿，并从披露内容、可读性以及语调方面降低企业社会责任报告披露质量。

1.1.2.2 实践意义

第一，本书对于中央政府及证券交易所改进企业社会责任报告的监管制度具有重要现实意义。本书发现，企业操纵社会责任报告的行为在一定程度上是由地方官员与中央政府之间目标不一致所引起的。要想从根本上提高企业社会责任报告披露质量，一方面，证券交易所对企业社会责任报告的管理不能仅停留于是否披露社会责任报告这一表面现象，应当从披露内容、文本信息等多方面加强对企业社会责任报告披露质量的监管；另一方面，中央政府应当督促地方政府落实对企业社会责任的管理，改进官员政绩考核标准，形成中央政府与地方政府相互配合的制度，共同推动企业积极承担社会责任，从根本上提升企业社会责任报告披露质量。

第二，本书结论为优化政绩考核制度提供了经验证据。本书发现，将环境、社会等多方面指标纳入政绩考核制度能够有效改变地方官员将经济指标奉为圭臬的现象，促使地方官员与中央政府的目标趋于一致，进而解决地方官员与中央政府之间的代理问题。本书的研究为政府部门设置合理的政绩考核制度提供了相应的政策启示。

1.2 研究思路与研究内容

1.2.1 研究思路

本书主要研究了地区经济增长压力对企业社会责任报告披露的影响，研究基本思路如下：首先，在梳理现有研究成果的基础上，按照“是否披露—披露什么—如何披露”的思路，阐述了地区经济增长压力影响企业社会责任报告披露意愿、社会责任报告内容、社会责任报告可读性以及社会责任报告语调的理论基础和逻辑框架，并进一步讨论政绩考核新标准实施之后上述关系发生的变化。其次，在理论分析的基础上，通过实证研究检验地区经济增长压力对企业社会责任报告披露意愿、内容、可读性以及语调的影响与影响机制，以及政绩考核新标准实施之后产生的作用效果。最后，在上述研究内容的基础上，总结研究结论，并根据结论提出相应的政策建议。本书具体的研究思路如图1-2所示。

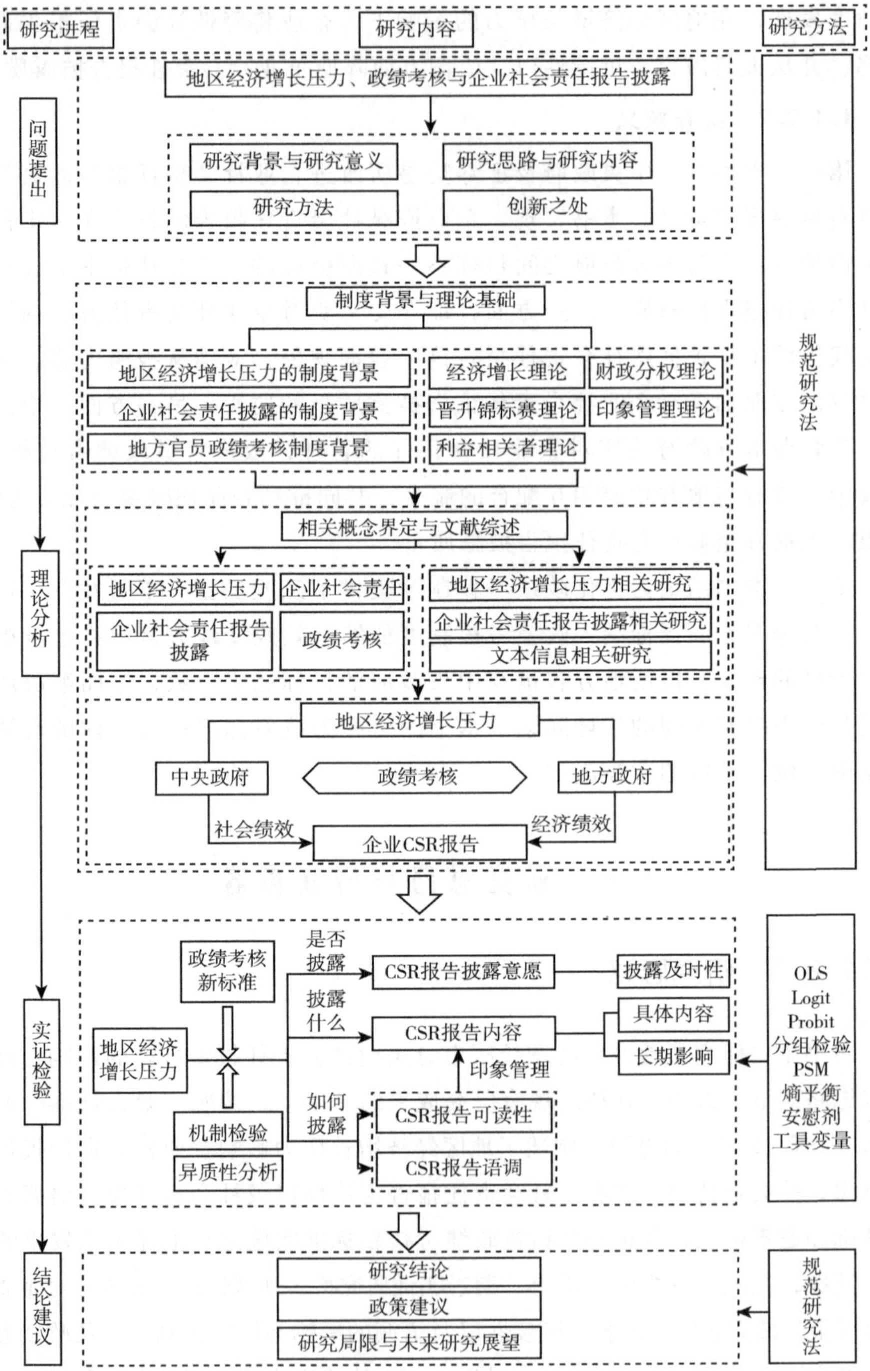
研究进程
研究内容
研究方法
地区经济增长压力、政绩考核与企业社会责任报告披露
问题提出
研究背景与研究意义
研究思路与研究内容
研究方法
创新之处
制度背景与理论基础
地区经济增长压力的制度背景
企业社会责任披露的制度背景
地方官员政绩考核制度背景
经济增长理论
财政分权理论
晋升锦标赛理论
印象管理理论
利益相关者理论
规范研究法
相关概念界定与文献综述
理论分析
地区经济增长压力
企业社会责任
企业社会责任报告披露
政绩考核
地区经济增长压力相关研究
企业社会责任报告披露相关研究
文本信息相关研究
地区经济增长压力
中央政府
政绩考核
地方政府
社会绩效
经济绩效
企业CSR报告
实证检验
政绩考核新标准
是否披露
CSR报告披露意愿
披露及时性
披露什么
CSR报告内容
具体内容
长期影响
地区经济增长压力
印象管理
如何披露
CSR报告可读性
CSR报告语调
机制检验
异质性分析
OLS
Logit
Probit
分组检验
PSM
熵平衡
安慰剂
工具变量
结论建议
研究结论
政策建议
研究局限与未来研究展望
规范研究法

图 1-2　研究思路图

1.2.2 研究内容

本书主要研究地区经济增长压力对企业社会责任报告披露的影响，秉承“是否披露—披露什么—如何披露”的思路，分别从社会责任报告披露意愿、内容、可读性与语调四个维度进行深入探讨，分析了政绩考核新标准的实施对地区经济增长压力与企业社会责任报告披露之间关系产生的影响。全书分为8章，其中，第1章、第2章、第3章主要提出问题，并对地区经济增长压力、企业社会责任报告与政绩考核的制度背景、相关文献进行了梳理，为后文奠定理论基础；第4章、第5章、第6章和第7章为实证部分；第8章总结了全书的研究结论，提出相应的政策建议。各章具体的研究内容如下。

第1章：导论。首先，基于中国式财政分权制度背景，提出探讨地区经济增长压力是否以及如何影响企业社会责任报告披露这一问题的重要性，引出本书的研究背景。其次，指出文章的研究意义，包括理论意义和实践意义。再次，概括文章的研究思路、内容以及方法，并构建研究框架。最后，点明文章的创新之处。

第2章：制度背景与理论基础。制度背景主要对以下内容进行梳理：地区经济增长压力的制度背景、企业社会责任信息披露的制度背景以及地方官员政绩考核制度背景。其中，针对地区经济增长压力的制度背景，首先，回顾了分权理论的形成和发展，以及早期财政分权思想对于经济增长的解释；其次，基于中国制度背景，梳理了中国特色的联邦主义与晋升锦标赛理论的提出过程；最后，在上述假说的基础上，分析了地区经济增长压力的形成原因。针对企业社会责任报告披露的制度背景，梳理了社会责任报告的历程，并整理了中国社会责任报告披露的有关政策。针对地方官员政绩考核制度背景，分别回顾了新中国成立初期、改革开放等时期中国地方官员政绩考核制度的演变历程。在理论基础部分，分别用经济增长理论、财政分权理论、晋升锦标赛理论、利益相关者理论和印象管理理论，阐述地区经济增长压力影响企业社会责任报告披露的理论基础与逻辑框架，为本书的研究打下坚实的理论基础。

第3章：相关概念界定与文献综述。相关概念界定部分主要明确了地区经济增长压力、企业社会责任、企业社会责任报告披露以及政绩考核的概念。

文献综述部分主要对以下内容进行梳理：地区经济增长压力的宏微观经济后果；企业社会责任报告披露的动机、影响因素以及经济后果；文本信息的相关研究。针对地区经济增长压力的经济后果，在宏观层面，从地方政府投资偏好、地方政府的土地供给策略、城市技术创新、城市资源配置、经济质量、环境保护、政府监督质量等方面进行了梳理；在微观层面，主要阐述了地区经济增长压力对企业投资决策、研发创新活动、数字化转型、融资活动等方面的影响。针对企业社会责任报告披露相关研究，首先，将企业披露社会责任报告的动机概括为伦理性动机、合法性动机、经济性动机以及管理层自利动机四类，并分别进行了文献回顾。其次，总结了企业社会责任报告披露质量影响因素的相关文献，内部因素包括企业基本特征、公司治理、管理层特征，外部因素包括地区文化、舆论监督、法律法规等。最后，围绕“信息效应”与“声誉效应”两个视角回顾了企业社会责任报告披露经济后果的相关文献。针对文本信息，主要从文本可读性和语调的视角，分别整理了财务报告文本信息以及社会责任报告文本信息的相关研究。文献评述主要通过回顾前人的文献，找出现有研究的不足，进而引出本书的研究内容。

第 4 章：地区经济增长压力、政绩考核与 CSR 报告披露意愿。本章从披露意愿的角度，回答了企业“是否披露”社会责任报告的问题。首先，通过理论分析和实证检验相结合的方式探讨了地区经济增长压力对企业社会责任报告披露意愿的影响，并在此基础上探讨政绩考核新标准的实施对上述关系的影响。其次，对地区经济增长压力影响企业社会责任报告披露意愿的影响机制进行了检验。再次，从媒体关注和投资者关注度的角度，对地区经济增长压力与企业社会责任报告披露意愿之间的关系进行了异质性分析。进一步从披露时间的角度，研究了地区经济增长压力对企业社会责任报告披露及时性的影响。最后，使用 PSM、熵平衡、工具变量法等方式进行了稳健性检验。

第 5 章：地区经济增长压力、政绩考核与 CSR 报告内容。本章侧重于从披露内容的角度展开分析，回答了企业社会责任报告“披露什么”的问题。首先，通过理论分析和实证检验相结合的方式研究地区经济增长压力对企业社会责任报告内容质量的影响，并在此基础上探讨政绩考核新标准的实施对上述关系的影响。其次，对地区经济增长压力影响企业社会责任报告内容质量的作用机制进行了检验。再次，分别从是否强制披露社会责任报告、是否按照国际GRI标准披露社会责任报告以及媒体关注和投资者关注的角度，对地区经济增长压力与企业社会责任报告内容之间的关系进行了异质性分析。进一步将企业社会责任报告内容进行细分，探讨地区经济增长压力对企业社会责任具体内容的影响。此外，检验了地区经济增长压力对企业社会责任报告内容质量的长期动态影响。最后，使用PSM、熵平衡、高维固定效应模型、工具变量法、安慰剂检验等方式进行了稳健性检验。

第6章：地区经济增长压力、政绩考核与CSR报告可读性。本章侧重于从文本可读性的角度回答企业“如何披露”社会责任报告的问题。首先，通过理论分析和实证检验相结合的方式研究地区经济增长压力对企业社会责任报告可读性的影响，并在此基础上探讨政绩考核新标准的实施对上述关系的影响。其次，对地区经济增长压力影响企业社会责任报告可读性的机制进行了检验。再次，分别从是否强制要求披露、媒体关注和投资者关注的角度进行了异质性分析。进一步地，通过中介效应方式，检验在地区经济增长压力的影响下，社会责任报告可读性对报告内容的掩饰效应，揭示了社会责任报告内容与可读性之间的内在关联。最后，使用PSM、熵平衡、高维固定效应模型、工具变量法、安慰剂检验等方式进行了稳健性检验。

第7章：地区经济增长压力、政绩考核与CSR报告语调。本章侧重于从文本语调的角度回答企业“如何披露”社会责任报告的问题。首先，通过理论分析和实证检验相结合的方式研究地区经济增长压力对企业社会责任报告语调的影响，并在此基础上探讨政绩考核新标准的实施对上述关系的影响。其次，对地区经济增长压力影响企业社会责任报告语调的机制进行了检验。再次，分别从是否强制披露社会责任报告、媒体关注和投资者关注的维度，对地区经济增长压力与企业社会责任报告语调之间的关系进行了异质性检验。进一步地，从企业社会责任报告内容的角度，对地区经济增长压力影响企业社会责任报告语调的内在机理进行了检验，揭示了企业社会责任报告内容与企业社会责任报告语调之间的内在关联。最后，使用PSM、熵平衡、高维固定效应模型、工具变量法、安慰剂检验等方式进行了稳健性检验。

第8章：研究结论与政策建议。首先，对上述研究结论进行总结。其次，根据研究结论，针对当前企业社会责任报告披露的现状，为政府、监管部门等对企业社会责任报告的监管提供相应的政策建议。最后，分析本书的研究局限，对未来研究方向进行了展望。

1.3 研究方法

本书采用规范研究与实证研究相结合的方法，首先梳理了地区经济增长压力、企业社会责任以及政绩考核的相关制度背景和文献，在此基础上，进一步使用统计方法，从披露意愿、内容、可读性以及语调四个方面，实证检验了地区经济增长压力对企业社会责任报告披露的影响。本书采用的具体研究方法如下。

（1）文献研究和规范研究法。本书首先使用文献研究法，对地区经济增长压力的经济后果、社会责任报告披露以及文本信息的国内外相关文献进行梳理，总结了现有研究存在的不足之处，进而提出本书的研究内容以及创新点。以经济增长理论、财政分权理论、晋升锦标赛理论、利益相关者理论以及印象管理理论为基础，通过归纳推理、逻辑演绎等规范研究方法，探索地区经济增长压力以及政绩考核制度对企业社会责任报告披露意愿、内容、可读性以及语调产生的影响及影响机制。

（2）实证研究方法。首先，运用 Logit 模型、OLS 模型，使用多元回归分析实证检验地区经济增长压力对企业社会责任报告披露意愿、内容、可读性和语调的影响，并利用分组回归、调节效应检验政绩考核新标准实施之后的作用效果。其次，使用分组检验的方式对地区经济增长压力影响企业社会责任报告披露意愿、内容、可读性和语调的机制进行检验，并进行异质性分析。最后，本书利用中介效应模型，检验企业社会责任报告可读性和语调对社会责任报告内容的掩饰效应。此外，还使用 PSM、熵平衡、工具变量法、安慰剂检验等方法进行稳健性检验。本书主要使用 stata、Python 等软件。

1.4 创新之处

本书的创新之处主要表现为以下三点。

第一，为地区经济增长压力与企业社会责任报告披露的相关研究提供了崭新的视角。现有文献主要从中央政策或地方政府行为的单一视角，研究宏观因素对企业社会责任报告披露行为产生的影响，少有文献将中央政府、地方政府及企业置于同一研究框架，深入分析地方官员与中央政府之间的代理问题对微观企业信息披露的影响。地区经济增长压力是中央政府通过政绩考核的方式给予地方政府激励的结果，一定程度上反映了中央政府和地方政府之间的代理问题。本书通过研究地区经济增长压力对企业社会责任报告披露的影响及影响机制，为如何从宏观制度层面加强对企业社会责任报告披露的监管提供了新视角。

第二，本书围绕“是否披露—披露什么—如何披露”的思路，从披露意愿、内容、可读性、语调四个方面构建了企业社会责任报告信息披露的研究框架，并发现企业社会责任报告在其内容以及表现形式之间存在内在关联，这为今后企业社会责任报告的研究以及监管部门改进社会责任报告监管制度提供了新思路。

第三，从色彩角度丰富了企业社会责任报告可读性的衡量方式。已有研究主要从篇幅句长、篇幅、字数、句子复杂程度等方面对社会责任报告可读性进行衡量（吉利等，2016[190]；张秀敏等，2019[295]；黄珺和徐莹莹，2021[184]）。针对色彩角度，目前仅使用手工整理的方式对社会责任报告是否为彩色进行简单判断（黄珺和徐莹莹，2021）[184]。本书使用 Python 软件进行图像分析，计算出社会责任报告黑白占比，构建了企业社会责任报告颜色指标，从色彩度方面丰富了企业社会责任报告可读性的衡量。

第 2 章

制度背景与理论基础

2.1 制度背景

2.1.1 地区经济增长压力的制度背景

中国经济40年来持续增长，取得了丰硕成果，同时也受到国内外学者的广泛关注（Qian 等，1997[125]；周黎安，2007[305]；Xu，2011[154]；李茫茫等，2021[201]）。然而，尽管国外学者早已形成了丰富的经济增长理论，但是这些传统的经济增长理论一直以来难以解释中国政府发展经济的热情。

最早对经济增长的解释来源于学界对“集权”和“分权”的争论。支持“分权”的学者认为，“分权而治”有助于促进增长。Tiebout（1956）提出了分权理论的经典论证，认为分权能够通过促进地方政府之间的竞争，限制政府的掠夺行为，进而提升市场的资源配置效率，达到帕累托最优[140]。具体地，在分权体制下，每个政府对公共品和服务都有独立的收入和支出模式，政府试图通过提供差异化的公共品和服务，满足消费者的偏好，例如高水平的教育、完备的道路和停车设施、高端的休闲场所等。消费者同时具有选择的权利，能够根据自己的偏好自愿选择其居住地，一旦社区服务难以满足消费者需求，他们可以转向其他地区。消费者的流动对地方的税收收入有所影响，消费者越多，政府能够获取更多的税收，因此政府会通过差异化的公共品和服务吸引更多消费者，形成政府之间的相互竞争。最终，消费者和政府之间的双向选择使得社会资源达到帕累托最优水平。可见，分权体制通过促进政府之间的相互竞争提高了资源配置效率。Iimi（2005）使用跨国公司的数据，发现财政分权对人均 GDP 具有显著的正向影响，权力下放有效地提高了地方政府的公共服务水平，进而刺激了经济增长[66]。Hatfield 和 Kosec（2013）发现权力下放能够使地方政府之间产生竞争，而竞争是促进增长的一个重要因素[57]。地方政府数量增加能够导致居民年收入平均增长 17%，年收入增长率之间激烈的竞争会促使地方政府提高公共产品和服务支出，这不仅能够增加政府支出，使得政府发行更多债券，同时也能够吸引更多高产出的工人，获得更多税收，最终实现地区经济增长和生活水平提高。Hatfield（2015）指出，分权政府会通过选择实施最优的税率以最大限度地提高经济增长水平，但是集权政府不会这样做[56]。

部分学者认为，分权对于经济增长的影响好坏参半。Besley（2011）指出 Tiebout（1956）所提出的“分权提高资源配置效率”具有严格的前提条件，任何一点条件不满足均难以达到理想效果[13]。Davoodi 和 Zou（1998）认为发展中国家地方政府过多的经常性支出反而不利于经济增长，或者发展中国家地方政府并没有针对公民的选择偏好做出相应的改善，财政分权降低了当地的经济增长[34]。Xie 等（1999）通过构建财政分权与经济增长相关关系的一般分析模型，发现联邦政府将权利下放到州和地方政府的分权制度分散了政府的公共支出，对经济增长无益[153]。Calabrese 等（2012）认为分权对经济增长的促进作用仅在考虑人头税的情况下成立，将房产税纳入考虑范围后，集权对于经济增长的促进作用反而比分权更为有效[19]。

可见，早期的财政分权思想仅从公共财政的范畴分析“分权”对于经济增长的影响，且由于分析过程受到严格的条件制约，得出的结论存在争议，仅依据财政分权思想难以合理解释中国经济增长之谜。钱颖一、Weingast 等最早针对中国转轨制度背景，将早期财政分权思想与地方政府激励、经济转型结合，提出“中国特色的联邦主义”假说，为学界分析中国经济增长现象提供了重要的理论依据。“中国特色的联邦主义”假说将中国经济增长的激励因素概括为两点。一是行政分权改革。中央政府经济权力下放之后，地方政府权力增加，能够自主支配其财政收支，特别是在中国政府的 M 型组织结构中，每个地区相当于一个独立的部门，地方政府有权在其管辖范围内发起改革、制定和执行法律、自主提供公共服务等（Qian 等，1997）[125]，促使行政分权对地方政府发挥较大的激励作用。二是财政分权改革。财政分权后，地方政府与中央政府可以共享财政收入，直接缓解了各级政府的预算软约束问题，极大提升了地方政府发展经济、为公民谋福利的动机（Qian 等，1997）[125]。Jin 等（2005）[67]、张晏和龚六堂（2005）[296]、Qiao 等（2008）[127]支持了“中国特色的联邦主义”假说，他们认为地方政府比中央政府更具有信息优势，权力下放有助于激励地方政府制定具有针对性的经济发展策略，提高经济发展效率。因此，财政激励力度越大，地方经济绩效越好。

尽管分权对地方政府的激励作用得到了肯定，周黎安教授结合中国的政治制度重新进行了思考。周黎安教授指出，与联邦制国家不同，尽管中央政府将权力下放，但是仍保持对地方政府权力的绝对控制权，随时能够收回地方政府的权力，且二者之间的权限划分仍在不断调整，分权难以保持稳定性。然而，地方政府仍能保持发展经济的热情，除分权外还存在着其他的激励力量。基于此，周黎安在财政分权和政治集权相结合的体制下，创新性地提出以经济发展为主的“晋升锦标赛”制度是支持中国实现经济增长奇迹的关键要素，形成了中国地方官员的“GDP 晋升锦标赛”理论（Li 和 Zhou，2005[82]；张晏和龚六堂，2005[296]；周黎安，2007[305]）。中国的政治权力和人事权力高度集中，地方官员的任命由更高一层政府决定，且中央政府在地方政府的奖惩方面保持强有力的地位。中央政府利用人事控制权激励地方官员提升经济绩效以完成政绩考核（Li 和 Zhou，2005[82]；Tsui 等，2008[141]；Chen 等，2020[22]）。同时，中国政府的 M 型组织结构，也为地方政府之间的“标尺竞争”提供了必要条件（Qian 和 Xu，1993[126]；Maskin 等，1997[104]；王永钦等，2007[261]）。地方官员的晋升概率与地方经济增长率挂钩，地方经济增长率越高，地方官员晋升概率越大。最终，地方政府的“经济人”属性和“政治人”属性共同给了地方官员发展经济的强大动力，甚至出现“唯 GDP 至上”、“GDP 晋升锦标赛”等现象。

为赢得“GDP 晋升锦标赛”、在政绩考核中拔得头筹，地方官员之间相互比拼，不断拔高其经济增长目标。Ma（2015）等结合中国式财政分权制度背景，总结了经济增长目标转化为地方政府经济增长压力的三点原因：第一，上级政府经济增长目标的影响。地方政府为了证明其能力，所制定的目标远高于上级政府的经济增长目标[96]。第二，竞争者经济增长目标的影响。由于职位有限，地方官员需要在众多竞争者中脱颖而出，表现出更高的业绩（Chen 等，2005）[23]。因此，地方政府会实现更高的经济增长目标，领先其他竞争者。第三，历史经济增长目标的影响。在制定经济增长目标时，地方政府往往以过去经济增长实际情况和历史经济增长目标为依据，若在前一年完成了经济增长目标，通常在未来一年会制定更高的经济增长目标。胡深和吕冰洋（2019）认为，一方面，目标责任制旨在将整体目标分解为子目标落实到个人，形成权责明确的考核机制，给地方政府形成了考核压力[181]；另一方面，经济增长目标和晋升锦标赛相结合的机制迫使地方官员有足够的动机完成政绩考核目标，其中经济目标一直以来是官员政绩考核中最为关键的指标（Xu，2011[154]；周黎安等，2015[306]），因而形成了地方政府的经济增长压力。

2.1.2　企业社会责任披露的制度背景

2.1.2.1　企业社会责任披露的发展历程

长期以来，学术界对企业是否应该承担社会责任存在争议。1930 年美国两位著名学者伯尔（Berle）和多德（Dodd）之间的论战最为著名，他们主要针对公司应该向谁负责形成两类观点。Berle 以经济学中的代理理论为基础，认为公司管理层应该只对股东负责；而 Dodd 认为公司不仅要对股东负责，还要对其员工以及社会负责。伴随时间的推移，Berle 和 Dodd 两位学者开始彼此承认对方的观点，Berle 在 1954 年写道，公司应该以整个社区的利益为目标，最终 Dodd 教授的观点占优，现代 CSR 理论的雏形开始形成。直至 1953 年，美国学者 Bowen 出版《Social Responsibilities of the Businessman》，提到商人有义务采取相应的战略方针提高企业的社会价值，这标志着企业社会责任思想现代研究的开始，企业社会责任的概念正式被提出。

随后，企业社会责任开始受到关注，美国立法机构制定了相应的法律法规用于保护企业员工以及消费者的合法权利，新闻媒体等将注意力转向企业的社会责任，学界也开始关注企业社会责任信息披露。国外有关企业社会责任信息披露的研究大致可以分为三大阶段：萌芽阶段、发展阶段、涌现阶段。首先，萌芽阶段主要侧重于员工利益，它开始于 20 世纪 70 年代。受经济危机影响，资本主义压榨员工的现象屡见不鲜，为保障劳动者的权益，英国、美国等发达的资本主义国家率先出台强制政策，要求企业披露雇员报告，提供员工信息，这成为企业社会责任报告的雏形。其次，企业社会责任报告披露的发展阶段主要侧重于环境信息披露。进入20世纪80年代，环境问题开始对人类的生活产生影响，各国开始对环境给予足够重视，开始制定相应的环境政策，并要求企业披露环境信息，出现企业环境及衍生报告，企业社会责任信息披露研究进入了发展阶段。最后，企业社会责任信息披露的涌现阶段，主要在20世纪90年代，伴随工业的快速发展，环境问题日益突出，越来越多的公众要求企业承担社会责任。此时，企业开始以“三重底线”为基准披露社会责任信息，即经济底线、环境底线、社会底线三方面，企业社会责任报告逐渐发展成熟，企业社会责任信息披露的相关研究开始大量涌现。

2.1.2.2 中国企业社会责任披露的制度建设

中国企业社会责任信息披露主要受全球化的影响。中国改革开放以来，吸引了大批国外企业，使得西方的现代社会责任理念流入中国，因此，诸多学者认为中国的企业社会责任开始于1978年（肖红军和阳镇，2018[265]；刘玉焕，2014[218]）。与此同时，中国开启了以GDP为核心的经济发展目标体系，这一目标使得中国创造了经济发展奇迹，但是高污染、高排放的经济发展方式也给环境、社会带来了巨大的危机。例如，2006年，中国消耗了全世界总量15%的煤炭、30%的钢材，54%的水泥，却仅创造出全世界5.5%的GDP。上述问题引起了政府的高度重视，开始树立科学发展观，并对企业社会责任做出了要求，推动了企业社会责任报告披露的发展。

政府是推动中国企业社会责任披露的重要因素，本书按照政府对社会责任的推动力度将中国社会责任报告的发展分为三个阶段（见图2-1）。

第一阶段，政府对社会责任的关注阶段（1978—1999年）。中国开始转向市场经济，导致企业过于关注经济利益。尽管地方政府也逐渐开始对企业责任给予关注，颁布了《中华人民共和国环境保护法》、《中华人民共和国消费者权益法》等相关法规，但是由于处于社会责任探索初期，政府对企业社会责任的重要性意识不足，难以对企业责任披露给予有效指导。

第二阶段，政府对社会责任的重视阶段（2000—2005年）。经过一段时间的发展，我国经济获得了快速提升，但是环境污染、食品安全等问题日益突出，给社会造成了巨大的危害，并且成为阻碍我国企业向国际化发展的重要不利因素。至此，中国政府开始真正意识到企业社会责任问题的重要性，陆续出台企业社会责任相关制度，推动企业社会责任的发展。例如，2002年，证监会和国家经济贸易委员会发布了《上市公司治理准则》，对保障利

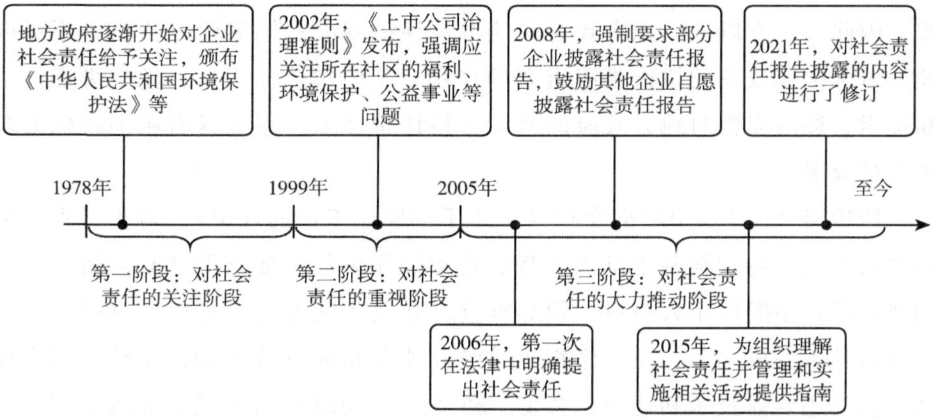

图 2－1　中国企业社会责任披露制度建设时间图

益相关者权利等具体的企业社会责任行为做出规定。2003 年，胡锦涛总书记提出“科学发展观”，要求实现人、环境、社会、经济等各方面的平衡发展。中国政府对企业社会责任开始给予足够重视。但是这一阶段，仍缺少详细的规章制度对企业社会责任信息披露进行具体指导。

第三阶段，政府对社会责任的大力推动阶段（2006 年至今）。2006 年修订的《公司法》中列入了社会责任的概念，社会责任这一词汇首次在我国立法中得到确认。同年，我国第一份社会责任报告诞生，随后，企业开始对企业社会责任报告如何披露进行探索。为规范企业社会责任报告的披露格式、内容，深交所、上交所相继颁布《上市公司社会责任指引》、《上海证券交易所上市公司环境信息披露指引》等，给予相应的指导。国资委、证券交易所、证监会等不断针对社会责任报告的监管制度进行探索、修正，在此过程中，率先推动中央企业建立社会责任报告制度，为其他企业形成表率。2015 年，《企业社会责任指南》出台，为组织理解社会责任、管理和实施相关活动提供指南。2021 年，《公开发行证券的公司信息披露内容与格式准则第 2 号——年度报告的内容与格式》对社会责任报告的披露内容进行了规定。可见，我国企业社会责任报告的法律制度不断完善。

2.1.3　地方官员政绩考核的制度背景

地方政府官员是国家政策的执行者，设计合适的激励制度、对地方政府官员进行有效的激励能够纠正政府官员的机会主义行为，促进国家政策的落实。因此，一直以来，地方政府政绩考核评级制度在国家治理体系中不可或缺，对于国家政策的执行具有重要的作用。新中国成立以后，党中央通过不断探索，逐渐完善对地方政府的政绩考核评价体系，形成具有中国特色的政绩考核成果。

1949 年 11 月，中组部发布《关于干部鉴证工作的规定》，着重考察干部的政治思想，特别强调干部的立场、观点、作风等，要求干部必须树立正确的政治观，主要以个人检讨、领导审查、群众会议等方式考察。1957 年，三大改造基本完成之后，毛主席指出政绩和业务是对立统一的，干部不仅需要懂政治，还要懂技术和业务，“红”和“专”同时成为评判干部政绩的主要内容。1964 年，中组部出台《关于科学技术干部管理工作条例试行草案》，在干部考核评价体系中纳入了对科学技术水平以及业务能力的考核指标。

1978 年，我国开始实行改革开放，经济建设成为改革开放以后的重点工作任务，相应地，对官员的政绩考核重点开始转向经济效益。1979 年，《关于实行干部考核制度的意见》颁布，开始建立和完善干部考核制度，提出定期考察干部的思想品质、专业胜任能力、工作态度以及工作成绩。这一规定标志着中国开始正式建立科学规范的官员考核制度。1998 年，《党政领导干部考核工作暂行规定》颁布，规定了具体的考核内容，包括经济建设、党的建设、精神文明建设等，至此，党政领导干部工作基本完善。这一时期，党中央的工作重点在于经济发展，由中央制定总体经济目标，地方政府在此基础上层层分解，经济绩效成为地方官员政绩考核的重点，也由此催生了著名的“GDP 晋升锦标赛”理论。

为赢得 GDP 晋升锦标赛，在政绩考核中拔得头筹，各地政府甚至出现重复建设、产能过剩等一系列问题，损害了经济效率，暴露出现有政绩考核制度存在的问题。党的十六大提出了科学发展观，要求建立科学的干部考核体系。从 2004 年开始，中组部开始制定科学的干部考核方法，2006 年颁布了《体现科学发展观要求的地方党政领导班子和领导干部综合考核评价试行办法》，在考核方面要求科学决策，对官员的政绩考核侧重于任期内的纵向比较，考核时要结合当地发展状况。尽管这一时期中央政府意识到政绩考核不能只考虑经济，应当制定科学的政绩考核体系，开始释放保护环境的信号，但是，政绩考核方式未从根本上发生扭转，政绩考核仍以经济绩效为主。

2013 年 12 月，中组部颁布政绩考核新标准，将环境、文化等因素纳入地方官员政绩考核指标之中，改变了传统的仅以经济为主的政绩考核体系，官员政绩考核由唯 GDP 转向了多元政绩考核。在中央的指导下，地方政策相应进行调整，一系列政绩考核新标准相继出台。例如，陕西省按照中央的决策部署，调整了官员政绩考核体系，提高了“和谐陕西、美丽陕西”的地位以及考核分值占比，将生产总值增长率考核权重进行了下调。2013 年 12 月，江西省在其综合考核评价中，取消了单项考核，对党建、经济、社会、精神文明以及生态文明实行全面考核评价，减轻了地方政府冲刺 GDP 的压力，契合了新政绩考核观。

2.2　理论基础

2.2.1　经济增长理论

经济增长理论旨在对国家经济增长规律与经济增长的制约因素做出合理解释。经济增长理论主要分为三大理论：古典增长理论、新古典增长理论和新增长理论。古典经济学家在 18 世纪提出古典增长理论，他们认为资本积累和劳动对经济增长具有决定性作用，同时技术进步也具有重要作用，但是古典增长理论未能给出经济增长理论的数学模型（沈坤荣，1999）[238]。20 世纪 40 年代，哈罗德 – 多马（H – D）模型的提出为新古典增长理论的出现奠定了基础，该模型认为储蓄倾向和资本积累决定了经济增长，因此政府可以通过储蓄水平和资本积累调控国家经济。然而，H – D 模型受到诸多质疑，例如，经济增长率与人口增长相等的条件无法满足。随后，索洛（Solow）针对 H – D 模型存在的问题进行了修正，提出了 Solow 模型，标志着新古典增长理论的开始。Solow 模型认为通过调节资本和劳动比例，能够使资本产出达到理想的均衡增长比例。同时，Solow 模型肯定了市场的调节机制，在经济增长理论中具有重要贡献。然而，新古典增长理论把技术进步视为经济增长的外生条件，认为各国之间技术水平没有差别，忽视了技术进步的根本原因，无法解释各国之间经济发展出现的差异。罗默（Romer）、卢卡斯（Lucas）等也注意到了这一问题，他们把技术进步由外生转为内生条件，纳入经济增长模型，发现技术进步和知识积累均能够使投入要素所获得的收益增加，从而形成新增长理论。随后，诸多学者在新增长理论的基础上，探讨了经济增长的影响因素。例如，国际贸易开放能够利用技术外溢效应推动本国技术发展，进而提高长期经济增长（Coe 和 Helpman，1995[27]；Lee，1995[77]；刘明兴，2003[215]）；金融机构提供的金融服务对于推动技术创新和经济发展至关重要（King 和 Levine，1993[69]）；完善的法律制度和社会制度对国家金融体系的发展以及知识产权的保护发挥了重要作用，进而推动经济增长（LLSV，1997[70]；1999[71]）。然而，针对中国的经济增长，中国的法律体系和金融体系仍不完善，但却成为世界增长最快的经济体之一，有悖于上述经济增长理论的前提条件，可见，传统的经济增长理论难以对中国经济增长现象做出解释（Allen 等，2005[4]）。

2.2.2 财政分权理论

新古典经济学理论侧重于强调市场发挥的作用，认为公共品的分配仅需要中央政府负责即可。然而，这一理论难以对地方政府的存在做出合理解释，同时也无法回答中央政府为什么不按照居民的偏好和需求对公共品进行分配进而实现社会福利最大化的问题。财政分权理论区分了中央政府和地方政府的职责，并重点指出地方政府在公共物品分配中的职能，对新古典经济学理论做出了进一步补充。财政分权理论的发展主要分为第一代财政分权理论和第二代财政分权理论。第一代财政分权理论以 Tiebout 提出的“用脚投票”理论为标志，他以居民能在地区之间自由流动为假设前提，认为居民会选择公共品和服务能够满足他们偏好的地区居住。为吸引更多居民，地方政府会提高资源配置效率，达到帕累托最优。其中税收是影响居民选择的重要因素，地方税收制度的建设成为地方政府的重要工作，并引发了地方之间的税收竞争。Stigler 进一步强调了地方政府的作用及优势，由于地方政府直接对居民进行管辖，对公众的诉求有更直接和清晰的了解，因而地方政府更容易对资源进行相应的调整，进而满足公众的需求。同时，居民的自由选择促进了地方政府之间竞争的形成，有助于实现社会福利最大化。Musgrave（1959）明确了中央和地方政府之间的职责分工[112]，其中，中央政府主要在于统筹分配收入、维护整体经济运行的稳定，地方政府则主要负责将财政资源根据居民需求进行合理的分配，因此，将财政自主权赋予地方政府有助于各部门之间更好地发挥职能。第一代财政分权理论以提高资产配置效率和社会福利水平为核心目标。第二代财政分权理论侧重于考虑中央政府对地方政府的激励问题。针对第二代财政分权理论，钱颖一、Roland 等人结合财政分权的思想，从激励的角度研究地方政府的行为，他们认为财政分权通过赋予地方政府财政自主权，使地方能够享有剩余经济。因此，依据地方政府的“经济人”属性，财政分权充分调动了地方官员发展经济的积极性，有助于激励地方政府制定具有针对性的经济发展策略，提高经济发展效率。

2.2.3 晋升锦标赛理论

锦标赛理论最早由 Lazear 和 Rosen（1981）针对企业管理层的激励制度提出，锦标赛的关键在于通过设置相互竞争的比赛制度激励员工，更强调相对绩效而非绝对绩效，能够发挥更大的激励效果[73]。当激励对象具有一定的经营管理权力，并且对薪酬差距敏感时，加大 CEO 与其他管理层之间的薪酬差距能够有效缓解股东和代理人之间的代理成本，激发管理层提高公司绩效的主动性。Malcomson（1984）指出，依据锦标赛理论，企业通过事前承诺按照既定比例向绩效排序最前的员工支付更高的工资，能够给员工提供更大的激励，即使在信息不对称的情况下，仍然能够发挥对员工有效的激励作用[99]。

周黎安教授将锦标赛模式与地方官员的政治晋升相结合，提出了地方官员的晋升锦标赛理论。晋升锦标赛理论是指上级政府制定既定的绩效考核指标用来衡量地方官员的业绩，并通过职位晋升制度激励地方官员完成政绩考核目标。晋升锦标赛需要满足严格的前提条件，上级政府需要具备人事权力，对下级政府官员的政治晋升具有决定权；政绩考核指标需要具有可观测性且易于衡量的特点；地方官员的政绩考核成绩相对独立，且竞争者之间政绩存在可比性；地方官员个人的努力程度与其政绩考核绩效高度相关。中国的政治经济情况很好地满足了上述条件。首先，政治集权和经济分权相结合。一方面，政治集权使得上级政府能够决定下级官员的去留；另一方面，经济分权使得地方政府在其所管辖区内具有较强的话语权，包括许可证、土地使用权等。其次，长期以来 GDP 一直是考核地方官员政绩的主要指标，并且中国各省市之间经济发展模式相似，使得各地区之间的经济绩效具有较高的可比性。最后，晋升对于每个地方官员的政治前景、权力地位至关重要，并且受职位数量的限制，地方官员之间主要以竞争为主，合谋或合作较少。因此，晋升锦标赛理论对于解释中国政府激励与经济增长做出了重要贡献。

2.2.4 利益相关者理论

利益相关者理论最早由 Ansoff 于 1956 在《公司战略》一书中提出，旨在要求企业平衡股东、员工、消费者等利益相关者的需求。经过 20 年的发展，利益相关者理论在 20 世纪 80 年代逐渐成熟。其中，以 Freeman 提出的利益相关者理论最具代表性，他认为企业的经营活动离不开各个利益相关者的投入或参与。利益相关者既包括股东、员工、消费者等直接相关的主体，也包括政府、自然环境等间接相关的主体，他们均在企业实现其价值过程中发挥了或多或少的作用。管理者在管理活动中应当同时考虑各方利益相关者的利益，最终实现集体利益最大化。利益相关者理论的提出打破了仅以股东利益最大化为目标的传统观点，分散了企业的经营目标，要求企业除实现经济目标之外，还要考虑社会、政治等方面的责任。

20 世纪 90 年代，学者们逐渐将利益相关者理论用于社会责任的研究之中，用利益相关者理论回答了谁是企业社会责任的对象这一问题，清除了企业社会责任发展过程中概念不清晰的障碍，明确了企业社会责任的概念，为社会责任研究奠定了理论基础（Wood，1991[150]；沈艺峰和沈洪涛，2003[239]）。企业社会责任是指企业在实现经济目标的过程中，不仅要为股东创造价值，还应当承担对消费者、环境、社区的责任。它要求企业不能把利润作为唯一目标，还要融入对消费者、环境、政府以及社会等利益相关者的关注，即企业在经营过程中同时要协调社会、环境等各方利益相关者之间的关系。社会责任信息披露则是企业与利益相关者之间传递信息的主要方式，为利益相关者了解信息提供了渠道，进而影响其决策（Dierkes 和 Antal，1985[38]；Hooghiemstra，2000[55]）。因此，越来越多的利益相关者开始关注企业所披露的社会责任信息，这也成为驱动企业披露社会责任信息的重要因素。为尽可能在投资人、消费者等利益相关者面前树立负责任的形象，赢得较高的声誉，企业会主动对其社会责任行为进行信息披露，增进企业与利益相关者之间的沟通（Jones，1995[68]）。

2.2.5 印象管理理论

“印象管理”起源于心理学，由 Goffman 最早提出，他认为每个人在社会交往过程中都扮演着一个角色，并尽力通过表演赢得他人认可，维持自己的形象，即印象管理是被动选择的。Jones 等人则从主动选择的视角拓展了印象管理的内涵，认为印象管理是指采取一些方式将自己的个人特征主动呈现于他人，进而控制他人对自己的印象。早期的印象管理理论主要局限于个人，被认为是消极的心理行为。直至 20 世纪 80 年代，印象管理才开始引起学者们的关注，它广泛存在于心理学、社会学等诸多领域，是一种人际交往过程中的普遍现象（Arkin，1981）[7]。Leary 和 Kowalski（1990）认为印象管理是指人们试图根据自己的目标调节已有的信息，从而控制他人对自己印象的过程[74]。给他人留下的印象不仅会影响他人的看法和评价，也会反过来影响自己对自己的认识，因此，人们总是有动机在别人眼里形成特定印象。Leary 和 Kowalski（1990）将印象管理的过程总结为印象管理的动机和印象构建两大阶段[74]。其中，印象管理的动机指人们想要控制他人对自己印象的意愿程度，主要受印象与个人目标的相关性、期望目标的价值以及当前留给他人的印象与期望留给他人印象之间的差异三个因素的影响。印象构建主要指如何向他人传达自己期望的印象，这主要受自我概念、他人期望、角色限制、目标价值、现有印象五个因素的影响。

在组织层面，印象管理是指通过选择性披露、操纵信息等方式对组织形象做出理想化设计的行为，旨在影响受众群体对组织的看法（Patelli 和 Pedrini，2014[118]；Talbot 和 Boiral，2018[137]）。延伸到企业中，印象管理是企业通过操纵对外披露的信息，给利益相关者（包括股东、债权人、客户等）留下有利于树立企业良好形象的信息（孙蔓莉，2004）[243]。在企业社会责任报告中，印象管理策略通常被用来描述通过操纵披露方式隐藏企业负面信息的行为，给利益相关者呈现出理想的企业形象，影响利益相关者的判断。对社会责任报告而言，常用的印象管理手段包括自利性归因、报喜不报忧式的选择性披露、模糊可读性以及操纵语调等。其中，自利性归因指企业将表现好的业绩归功于自身原因，而将表现较差的业绩归于外部不可控因素。选择性披露侧重于从披露内容这一角度操纵社会责任报告，前提是还未形成对社会责任报告的统一标准，企业会选择性地披露表现好的方面，而少披露或不披露表现差的方面。可读性主要指文本的可理解性和明晰性，它直接影响相关利益者的阅读理解。当企业社会责任表现好的时候，企业会希望得到外部利益相关者更清晰的理解，反之，企业可能通过降低可读性模糊其社会责任表现。语调操纵也是企业印象管理的手段之一，企业通过策略性的语言修辞手法改变读者的阅读感受，积极语调有助于放大好消息，构建公司良好形象。

第3章

相关概念界定与文献综述

3.1 相关概念界定

3.1.1 地区经济增长压力

在目标管理体制背景下，中央的经济增长目标会通过行政层级分解到各地方政府，各地方政府在年初的政府工作报告中设定本年的经济增长目标值。由于经济增长是地方政府官员绩效考核的重要指标之一，地方政府有动机完成政绩考核目标。如果设定的经济增长目标未实现，意味着地方政府在下一年会更看重经济目标的达成，因而形成了地方政府的经济增长压力。本书的经济增长压力主要指地方政府实现既定经济增长目标的难度，上一年经济增长目标与实际经济增长速度之间的差值越大，则地方政府实现既定经济增长目标的难度越大，因而地区经济增长压力越大。

3.1.2 企业社会责任

根据利益相关者理论，企业社会责任是指在实现经济目标的过程中，企业为股东创造价值的同时，还要承担对员工、消费者、环境、社区的责任。本书基于理论相关者理论，并参照现有研究，将企业社会责任定义为企业除了满足股东利益，还满足债权人、员工、客户、消费者、环境、社区、政府等利益相关者利益的一系列企业行为的集合。

3.1.3 企业社会责任报告披露

企业社会责任报告是企业披露社会责任信息的重要载体。通过社会责任报告，企业会将其经营活动中对股东、员工、消费者、环境、社会等利益相关者所履行的社会责任信息行为进行系统的梳理和总结，并向利益相关者进行披露。本书主要的研究对象是企业社会责任报告，并将企业社会责任报告披露界定为企业社会责任报告披露的意愿、企业社会责任报告的内容以及企业社会责任报告的文本信息，其中企业社会责任报告的文本信息分为企业社会责任报告可读性和企业社会责任报告语调两大方面。

3.1.4 政绩考核

本书所研究的政绩考核制度为中组部于 2013 年 12 月印发的《关于改进地方党政领导班子和领导干部政绩考核工作的通知》。与之前的政绩考核指标相比，这一政绩考核新标准最大的变化在于，强调地方党政领导班子和领导干部的考核要看经济、政治、文化、社会、生态文明建设和党的建设的实际成效，不能仅仅把地区生产总值及增长率作为考核评价政绩的主要指标，不能搞地区生产总值及增长率排名，改变了以经济绩效为主的政绩考核方式。

3.2 文献综述

本书的研究内容主要与地区经济增长压力、企业社会责任报告披露、文本信息这三大类文献紧密相关，因此，本书针对这三类文献进行文献回顾和梳理。

3.2.1 地区经济增长压力的相关研究

经济增长目标层层加码最终给地方官员带来了较大的经济增长压力（徐现祥等，2018）[273]，为完成经济增长目标，实现自身的政治晋升，地方官员选择利用权力调控地区经济，进而对区域经济以及微观企业行为产生重要影响，近几年，这种影响受到学术界的广泛关注。本书将在这一部分，分别从宏观经济后果和微观经济后果两个视角对地区经济增长压力经济后果的相关研究进行梳理。

3.2.1.1 地区经济增长压力的宏观经济后果

地区经济增长压力来自地方政府对经济增长的承诺，适度的经济增长压力为地区经济发展提供了前进的动力，有助于激发地区的创新活力（王贤彬等，2021）[259]，提升地区全要素生产率（余泳泽等，2019a）[281]，最终带动地区经济增长，减少经济波动的可能性（徐现祥和刘毓芸，2017[275]；徐现祥和梁剑雄，2014[274]；孙文凯和刘元春，2016[244]）。其中，扩张投资是地方政府一直以来达成经济目标、发展经济的主要手段之一（张军和高远，2007）[291]。然而，近些年来，越来越多的学者开始注意到，尽管这种粗放式发展经济的方式在短期内提高了地区经济增长值，拉动了国内经济的发展，但却给地区的长期发展带来一系列影响。具体表现在以下几个方面。

首先，针对地方政府的投资偏好，基础设施建设有利于增加地方财政收入，实现经济又高又快增长，因此，当经济增长压力过大时，地方政府为达成经济目标，更加青睐于投资“短平快”的投资项目（吴延兵，2017）[264]。刘淑琳等（2019）研究发现，经济增长目标提高能够拉动地区固定资产投资规模的提升[217]，且每提高 1% 的经济增长目标能使投资扩大 0.44%，甚至出现重复建设的现象（傅勇和张晏，2007）[172]，导致地方政府支出增加（陈邱惠和徐现祥，2021）[166]。投资扩张以及地方政府支出均离不开地方政府债务支持，因此，地方政府的债务融资规模势必随着地区经济增长压力的提升而增大（詹新宇和曾傅雯，2021）[284]。熊晓炼和陈加才（2021）发现，在经济增长目标约束下，地方政府会对辖区内金融机构信贷行为进行干预，进而影响金融资源配置效率，加剧信贷资源错配，导致地方政府债务扩张，银行信贷资源过多流入地方政府融资平台[269]。刘若鸿等（2021）基于地方融资平台的角度，发现经济增长压力促使地方政府扩大融资平台，加大财务支持，最终导致地方政府的隐性债务契约显著增加[216]。

其次，地区经济增长压力对地方政府的土地供给策略具有一定的影响。地方政府对辖区内的土地具有绝对的垄断权，地区经济增长压力会导致地方政府扩大土地出让规模并降低土地出让单价（胡深和吕冰洋，2019）[181]。一方面，利用土地出让金能够提高财政收入，进而用于基础设施建设，增加地区当年的 GDP（黄亮雄等，2021a[185]；黄亮雄等，2021b[186]）；另一方面，地方政府通过降低土地出让金招商引资，在提高税收收入的同时解决就业问题，带动地区经济的发展。这最终导致城镇面积逐年扩大，甚至超出新增人口需求，出现激进城镇化的现象（黄亮雄等，2021a）[185]。

再次，针对城市的技术创新，过大的经济增长压力阻碍了地区的技术创新进步，降低了地区全要素生产率。纪祥裕和唐荣（2021）发现，地级市政府在存在较大的经济增长压力时，会将更多的财政支出用于基础设施建设，减少科技支出，从而导致土地资源错配最终抑制城市的技术创新[191]。同时，地区经济增长压力对辖区内企业行业分布具有影响，当地区经济增长压力较大时，会吸引劳动或资本密集型行业，挤占技术密集型行业的发展空间，导致地区制造业技术出口复杂度降低（余泳泽等，2019b）[283]。王贤彬等（2021）发现，经济增长压力对地区创新水平的影响呈现出倒“U”型的关系[259]，即适度的经济增长压力能够提高城市创新水平，但是过分追求经济增长速度抑制了城市的创新发展。李政和刘丰硕（2022）发现，经济增长压力显著抑制了企业研发投入与专利产出，降低了城市创新水平，并且经济增长压力对城市创新的抑制作用在副省级城市中更为显著[208]。

在资源配置效率方面，余泳泽和潘妍（2019）发现，经济增长压力导致地方政府将过多要素供给倾斜于基础设施建设，挤占了其他行业发展所需的资源，如，生产性服务业等，不利于服务业进行转型升级[282]。余泳泽等（2019a）指出，适度的经济增长目标在一定程度上具有有效的激励作用，助力地区生产效率的提升。然而当经济增长目标过高时，必将适得其反，导致规模效率和技术效率的降低与技术的落后[281]。赵新宇和郑国强等（2020）发现，在经济目标驱动下，地方政府为达成经济目标，多采用扩大土地出让、干预信贷资源配置、压低劳动力工资等方式，尽管在短期内，有助于达成经济目标，但是会导致市场资源配置效率降低[298]。周黎安（2007）指出，地方官员对房地产等项目更为青睐，这些项目不仅单笔金额巨大，而且能给地区带来较多的税收收入[305]。Liu 等（2020）提出经济增长压力抑制了教育、科技等公共服务支出，导致人力资本和技术进步停滞，制约了长期经济增长[86]。

最后，从长期发展的角度来看，地区经济增长压力降低了经济增长质量，抑制了地方长期经济增长（龚锋和陈子昂，2022）[175]。王磊和张肇中（2019）指出，在经济增长目标的激励下，地方政府之间形成激烈的竞争，甚至为争夺地区间的经济资源、降低资源向其他地区的外溢程度，通过市场分割等手段形成地方保护主义，阻碍经济的发展[256]。徐现祥等（2018）认为中央政府制定的经济增长目标越高，地方政府的经济压力越大，导致地方政府使用以刺激投资等要素投入为主的政策工具发展经济，实现经济增长目标，最终经济增长质量降低[273]。当中央政府将对经济发展速度的追求转向对经济发展质量的追求时，创新经济发展模式才能实现经济发展速度和经济发展质量的双赢。郭晓辉（2020）基于环境的视角发现，受能力限制，较高的经济增长压力会导致地方政府将更多的精力和资源用于发展经济，放松了对环境的监管，最终造成该地区的污染问题愈加严重。只有弱化经济增长对地方官员政绩考核的重要性，才有助于缓解经济压力对城市环境的不利影响[177]。此外，还有学者从政府监督角度发现，地方政府为快速发展经济会通过扩大投资刺激经济增长，这种开放的政策会激发出更多元的融资渠道和投资主体，显著提高了经济业务的复杂度，增加了政府审计工作的难度和审计成本，进而导致政府审计质量降低（赵放等，2022）[297]。

3.2.1.2 地区经济增长压力的微观经济后果

GDP长期以来是上级政府对地方官员政绩考核的主要指标之一，当存在地区经济增长压力时，地方官员会利用资源分配权力将稀缺资源配置于对晋升有利的项目，通过稀缺资源的配置影响企业行为，如企业的投资决策、融资决策等。

从企业投资活动的角度看，首先，针对企业固定资产、长期投资等资本性支出，企业产权性质不同，其资本支出受地区经济增长压力的影响也有所差异。针对国有企业，地方政府会对国有企业的经营行为进行干预，影响其投资决策。当地区经济增长压力较大时，地方政府会推动国有企业在当年显著增加对固定资产等长期资产的投资，甚至导致国有企业过度投资（余泳泽等，2019a[281]；李书娟和王贤彬，2020[202]）。相反，针对非国有企业，地区存在经济增长压力可能导致非国有企业降低投资规模，加剧非国有企业投资不足的现状。特别在经济下行的时期，地区经济增长压力对企业投资行为的影响更为显著。最终，不论国有企业还是非国有企业，地区经济增长压力均降低了企业的投资效率（李书娟等，2021）[203]。任晓怡等（2021）发现，存在地区经济增长压力时，地方政府有动机通过政府补贴、减税等手段干预企业的经营决策，同时，企业也会出于寻租的目的降低自身生产效率[235]。与此同时，为减少经济资源流出，地方政府采取的市场分割等行为不利于企业的发展，最终导致企业全要素生产率降低。马新啸等（2022）发现，过大的经济增长压力导致地方政府盲目扩张，最终加剧当地企业的僵尸化倾向，助长了僵尸企业的存在[222]。只有与地区实际经济增长能力相契合的经济增长目标才有助于治理僵尸企业。然而，也有学者认为，地区经济增长压力提高了上市公司的投资效率。具体影响路径为，地方官员在地区经济增长目标的引导下，有动力完善市场化建设，提高服务效率以及执法效率，能够为企业营造积极的市场环境，赢得更多有价值的投资机会，最终有助于提高企业资本配置效率（张广胜等，2022）[288]。

针对企业的研发创新活动，多数学者认为地区经济增长压力会导致企业降低研发投入，进而抑制企业创新绩效。考虑到研发活动周期较长、前期投入大，在短期内难以提升经济绩效，甚至在前期会降低经济绩效，当存在经济增长压力时，地方政府会有差别地分配银行信贷、财政补贴等资源，鼓励企业投资于固定资产等短期内有助于提高地区经济水平的投资项目。在资源总量有限的情况下，企业研发活动所能够获得的财政补贴减少，企业研发支出随之削减（顾元媛和沈坤荣，2012[176]；解维敏，2012[193]；李茫茫等，2021[201]），最终导致企业创新质量显著降低（黎文靖等，2020[198]；王可第等，2022[253]），具体体现为企业只愿意进行难度较小、周期较短的策略性创新，而难度较大、周期更长的实质性创新数量显著减少。经济增长压力对企业创新的不利影响更多体现在国有企业、有政治关联的企业以及市场化程度较低的企业中（王砾等，2018）[257]。李茫茫等（2021）发现，尽管地区经济增长压力挤占了企业研发支出，但在资源约束的情况下，却提高了研发支出转化为创新成果的效率，即增加了企业的创新效率[201]。针对企业技术数字化转型，杨贤宏等（2021）发现，地方政府面临的经济增长压力越大，需要承受的财政压力就越大，不得不将更多资源用于能够促进短期经济发展的项目，降低科技支出，难以为企业数字化转型提供足够的资金和技术支持，使得企业的风险偏好减弱，不利于企业进行数字化转型[278]。

综合考虑经济和环境因素，邓博夫等（2021）等将经济压力、环境规制以及企业环保行为置于同一框架展开研究，发现当地方政府同时面临经济和环境双重压力时，由于经济增长见效快、衡量方式明确，地方政府有更强的动力优先发展短期经济，放松环境规制的执行力度，导致企业缺乏足够的动机增加环保投资[164]。可见，经济增长压力减弱了环境规制对于企业环保投资的积极作用。毛奕欢等（2022）探讨了地区经济增长压力对企业绿色创新的影响[223]。当地区经济增长压力较大时，为快速进行招商引资，地方政府不惜放松环境规制水平，造成环境规制的“逐底竞争”，削弱了企业的绿色创新动机，同时，地方政府的实物资产投资偏好也挤出了企业绿色创新投资资源，进而抑制了企业绿色创新。他们还发现，地方官员的晋升压力强化了地区经济增长压力和企业绿色创新之间的负相关关系，加大对地方官员的环保指标考核有助于减少经济增长压力对企业绿色创新的抑制作用。

从企业融资活动的角度来看，首先，地区经济增长压力会导致微观企业增加短贷长投的行为。地方官员为赢得“晋升锦标赛”，会促使银行增加对基建等基础设施建设项目的长期投资，挤占了金融资源，加大了企业获得长期贷款的难度，因而企业不得不更多选择短期贷款，涌现出“短贷长投”的现象（谢获宝等，2022）[267]。其次，地区经济增长压力显著降低了企业的实际税负，特别是上一期实际经济增长未达到既定经济增长目标的地级市，下一年企业实际税负更低。地方政府通过降低企业的实际税负减轻企业的经济负担，激励企业提高经济绩效。此外，地方政府还会通过降低税负吸引更多企业进入辖区以短期内快速提高辖区经济（詹新宇等，2020）[285]。

地区经济增长压力较大时，还会加大企业的财务杠杆，降低企业财务稳定性。地区经济增长压力造成了信贷资源错配，更多信贷资源用于国有企业、规模较大的企业以及政府的融资平台公司，无疑挤占了民营企业的信贷资源，极大增加了民营企业的融资难度（余泳泽等，2019b）[283]。可见，地区经济增长压力引发的资源错配可能加剧国有企业和民营企业、大规模企业和小规模企业的两极分化情况。地方政府面临经济增长压力时，会将经济增长压力转嫁于国有企业以及规模较大的企业，要求企业在短期做出经济贡献。为响应地方政府的战略要求，企业会不断扩大投入规模（潘华龙，2021）[226]。一方面，为满足扩大规模的需求，企业需要主动地不断获得更多外部融资，扩大融资渠道；另一方面，地方政府为鼓励扩大生产投资规模、甚至引进更多企业，愿意为企业提供便利的融资条件，以加快短期内所管辖地区的经济增长速度，这无疑促使企业不断地增加财务杠杆，长期下来会导致企业财务状况恶化，增加企业财务风险（任晓怡等，2021）[235]。

综上所述，学者们主要从宏观和微观两个层面探讨了地区经济增长压力产生的经济后果，涉及的主要文献如表 3－1 所示。

表 3－1　　地区经济增长压力经济后果的文献回顾

研究内容		具体内容示例	代表性文献
宏观经济后果		投资偏好、土地供给策略、城市技术创新、资源配置效率、经济增长质量、政府审计质量等	吴延兵（2017）[264]、詹新宇和曾傅雯（2021）[284]、黄亮雄等（2021a）[185]、王贤彬等（2021）[259]、余泳泽等（2019a）[277]、Liu 等（2020）[86]、徐现祥等（2018）[273]、赵放等（2022）[297]
微观经济后果	投资角度	资本性支出、全要素生产率、研发创新、企业数字化转型等	李书娟和王贤彬（2020）[202]、解维敏（2012）[193]、李茫茫等（2021）[201]、邓博夫等（2021）[164]
	融资角度	短贷长投、融资难度、财务风险等	谢获宝等（2022）[267]、詹新宇等（2020）[285]、任晓怡等（2021）[235]

3.2.2　企业社会责任报告披露的相关研究

3.2.2.1　企业社会责任报告披露的动机

已有研究将企业社会责任报告的披露动机主要概括为四大类：伦理性动机、合法性动机、经济性动机以及机会主义动机。探讨企业社会责任报告披露的动机有助于深入了解企业社会责任报告披露行为。本书将按照企业社会责任报告披露的四种动机，对相关文献进行系统梳理。

（1）伦理性动机。伦理性动机认为，企业有义务成为好公民（Porter 和 Kramer，2006）[123]，因此，企业基于对利益相关者负责任的态度以及道德规范，主动承担了相应社会责任，例如对顾客忠诚、进行慈善捐赠、积极进行环境保护等，企业将其所履行的社会行为如实反映在社会责任报告中，发挥信号传递的作用（Mahoney 等，2013）[97]。Campbell（1999）通过调研发现，企业主要是出于其社会责任感知或利他性意识进行慈善捐赠，企业积极履行社会责任并披露社会责任的行为体现了企业的亲社会行为和利他行为，因为这些社会责任行为对企业的利润几乎没有影响[20]。当企业决策者对特定的社会责任问题感同身受时，企业可能主动选择承担更多社会责任。Mahoney等（2013）认为社会责任表现好的企业会通过独立的社会责任报告向利益相关者展现自己负责任的公民行为，尽管披露独立的社会责任报告需要付出较高的成本，但企业更愿意通过社会责任报告向利益相关者展现企业的业绩，以缓解信息不对称程度[97]。Yongtae等（2012）以美国上市公司为样本，发现企业社会责任表现较好的企业操纵盈余的可能更低，盈余质量更高，财务信息更加透明可靠，其CEO受到违规调查的可能性更低，这些都支持了企业社会责任的伦理性动机[155]。同样地，陈国辉等（2018）以中国上市公司为样本的研究也支持了伦理性动机，具体表现为，社会责任报告披露水平越高，企业应计盈余管理和真实盈余管理水平，以及财务重述水平越低[163]。Lanis和Richardson（2012）从避税的角度，发现企业社会责任披露水平高的企业避税程度低[72]。徐细雄和李摇琴（2015[272]；2018[271]）基于伦理学理论，研究发现相比于男性，女性关怀主义伦理观更注重伦理道德，因而女性高管会促使企业提高社会责任报告的质量，深化了企业社会责任报告伦理动机的相关研究和认识。

（2）合法性动机。组织合法性是指企业的行为与社会所构建的规范、价值以及信仰等之间的符合程度（Suchman，1995）[134]。合法性动机认为，企业遵循社会规范有助于提升企业的合法地位并获取必要的资源。合法性分为政治合法性和商业合法性。其中，政治合法性要求强制性地遵从监管标准、法律制度和政策。商业合法性更强调自愿地遵从社会道德和规范（Dacin等，2007[31]；Wei等，2017[148]）。满足政治合法性能够为企业提供政府支持、进入许可等政治资源，满足商业合法性则为企业提供了市场资源（Sheng等，2011）[133]，因此，合法性是企业获得资源、进入市场以及长期生存的必要条件（Marquis和Qian，2014）[102]。Dowling和Pfeffer（1975）提出维持组织合法性主要有三种方式：改变社会认识，让制度环境符合企业行为[40]；让企业改变经营方式和目标，以满足社会现有的对合法性的定义；使企业在形式上遵循合法性。对企业而言，一方面，制度环境通常难以改变，而且改变经营方式和目标成本过高，因而形式上遵循合法性成为企业目前满足合法性的主要方式，披露社会责任报告则属于这种方式，能够以最低的成本帮助企业满足合法性。Wei等（2017）认为，企业通过披露社会责任报告反映了企业为满足合法性所做出的努力，加强了企业的合法性，为企业的生存赢得了必要的资源[148]。

针对政治合法性，中国使用强制披露和自愿披露相结合的方式要求企业披露社会责任报告，因此，合法性对于强制要求和自愿要求披露社会责任报告的企业有所不同。根据毕马威（KPMG）2008年发布的企业责任报告国际调查报告，全球超过80%的大型企业均发布了社会责任报告。而中国大型企业（如中国移动、国家电网等）直至政府发出披露社会责任报告信号之后才开始披露。2006年和2008年深交所和上交所分别发布上市公司社会责任和环境信息披露指引，2008年开始强制要求"上证公司治理板块"公司、发行境外上市外资股公司及金融类公司、"深证100指数"公司以及所有中央企业披露社会责任报告。因此，对于这些企业，披露社会责任报告成为其合法经营的必要条件。Luo等（2017）发现，在中央政府的密切监督和高度期望下，当中央政府发布社会责任报告指引，对企业提出披露社会责任报告的要求时，企业会迅速发布社会责任报告以维持合法性，表现出模范作用以及对中央政策的遵从[94]。

对未被强制要求的企业而言，披露社会责任报告不仅响应了政府的号召，提高了其政治合法性，同时也能够应对来自公众的压力、媒体的监督，提高其商业合法性。针对政治合法性，来自政府的制度压力是企业披露社会责任报告的强大驱动力，关系到企业的生存。倪昌红（2019）发现，当政治氛围较为浓厚时，企业会更加侧重于积极地披露权益保护、环境、公共事业等外部社会责任信息，优先表明对外部利益相关者的重视，以满足合法性需求[224]。Amaeshi等（2016）发现企业披露企业社会责任的确有助于其获得政治合法性，并补充其薄弱的制度体系[5]。Marquis和Qian（2014）发现缺乏地位优势的企业（如私营企业）更可能倾向于将政治合法性视为一种战略需要，满足其对政府资源的需求，因而更愿意通过发布社会责任报告提升合法性，而国有企业固有的政治合法性反而降低了国有企业寻求政府资源的需求[102]。Li和Lu（2020）指出，企业行为符合国家的社会责任倡议时表明该企业积极响应了国家政策，这有助于企业获得来自政府的经营许可，进而获得更多政府的资源和支持，如税收优惠等，有助于缓解企业的融资约束程度[83]，同时也能够减少企业对供应商、客户等其他利益相关者的依赖程度（Zheng等，2015）[158]。

针对商业合法性，合法性是企业获取外部资源的必要前提，对于企业维持正常经营活动至关重要（Dacin 等，2007[31]；Wei 等，2017[148]），特别是在存在信息不对称的情况下，利益相关者对企业合法性的评估甚至成为对企业质量判断的依据（Connelly 等，2011）[28]。因此，企业通过制定并实施对社会负责的战略模式和运营，努力追求由其利益相关者所授予的社会道德，并向社会公众披露其积极的社会责任表现（Scherer 和 Palazzo，2011[130]；Wang 等，2018a[145]）。企业积极披露高质量的社会责任报告旨在传递自己对环境保护的关注与长期承诺，为利益相关者做出合法性判断提供信息，以获得利益相关者的积极反馈（Cheng 等，2014）[24]，最终提高企业绩效（Wei 等，2017）[148]。吴珊和邹梦琪（2022）[263]、车笑竹和苏勇（2018）[162]均发现，企业在受到违规处罚后，会刻意提高社会责任报告质量，以修复其合法性和声誉。Freund 等（2023）发现，企业披露企业社会责任信息的部分原因是为了减少事前的股东诉讼风险，并减轻事后的后果[48]。

（3）经济性动机。经济性动机与合法性动机密切相关，满足合法性是企业长期生存并获取经济利益的基本条件（Woodward 等，1996）[151]。然而，合法性动机与经济性动机在本质上不同。企业满足合法性并非单纯以获取经济利润为目的，更多在于满足法律法规、社会道德规范的要求，源自于社会对企业的强制性要求（Mathews，1993）[105]。而企业的经济性动机则单纯以获取利润、提升企业价值为出发点，通过自愿披露社会责任报告的方式从利益相关者手中获取所需资源，以提高企业价值。Porter 和 Kramer（2011）强调企业应当把社会责任视为一种投资，并将社会责任融入日常业务运营中，在承担社会责任的同时产生经济价值[124]。

目前，已有研究从资本市场、政府、消费者、员工等不同利益相关者的角度论证企业披露社会责任报告的经济性动机。首先，从资本市场的角度来看，Godfrey（2005）[50]、Anantharaman 等（2022）[6]提出企业通过积极承担社会责任能够提高企业道德资本，这种道德资本能够为股东财富发挥类似保险的作用，起风险对冲作用[50]。投资者投资行为也是企业做出决策的重要考虑因素之一，投资者对社会责任的偏好将促使企业积极披露社会责任报告以吸引投资者（Pawliczek 等，2021）[119]，并影响投资者的判断（朱松，2011）[308]。融资约束越强，企业越愿意通过披露社会责任报告向投资者传递更多信息，进而降低其信息不对称程度，吸引更多投资者，缓解其面临的融资约束，这证明了企业社会责任的经济性动机（钱明等，2017[230]；Dhaliwal

等，2011[36]）。Sun 和 Gunia（2018）认为企业社会责任取决于企业当前的可用资源[135]。当企业有充足的资源时，企业会降低对社会责任的关注，反之，为获取更多资源，企业会增加对社会责任的关注，借此获得银行等借款人的支持，缓解其融资约束（钱明等，2017）[230]。

从消费者的角度来看，企业积极披露社会责任有助于企业在消费者心中树立良好的形象，尽管披露社会责任报告在一定程度上可能增加当期成本，但是从长期来看，积极的社会责任表现有助于企业在未来获得更多利润（黄苏萍，2012）[188]。龙贤义等（2020）发现，消费者会通过增加购买意愿等表现出对企业社会责任的支持[219]。Minor 和 Morgan（2011）发现，企业承担社会责任所带来的声誉可以保护企业免受产品召回等负面事件的影响，并且社会责任表现优异的企业，即使受到负面新闻的影响，其声誉几乎不会受到损害[110]。

从员工的角度来看，企业积极的社会责任表现能够为员工提供舒适的工作环境，企业的诚信行为、慈善行为、环境保护等能够获得员工的认同，促使员工工作效率的提升以及员工行为表现的提升（李祥进等，2012）[206]。与此同时，员工是企业价值创造的主体，吸引优秀的人才有助于提升企业绩效，企业良好的社会责任表现能够增强企业吸引人才的竞争优势，激励和留住优秀员工（Turban 和 Greening，1997[142]；Surroca 等，2010[136]）。

从政府的角度来看，诸多学者认为，企业出于获得政治资源的目的承担社会责任，披露社会责任报告（张敏等，2013[292]；Lin 等，2015[84]；李增福等，2016[207]）。邹萍（2018）结合中国特殊的政治经济制度背景，发现积极披露社会责任报告的企业避税效应反而更强，侧面反映出企业披露社会责任报告更多是为了迎合政府需求，因此，企业社会责任报告一定程度上是企业寻租的工具，为企业获取来自政府的资源，特别是民营企业[310]。

（4）管理层自利动机。伴随社会责任报告在资本市场发挥的作用日益提升，CEO 作为披露企业社会责任报告的核心人物，对企业社会责任报告披露具有一定影响。因此，也有学者认为，企业披露社会责任报告是由管理层的自利动机引起的。

管理层作为股东的代理人，其唯一目标是实现股东利益最大化，而投资社会责任活动会损害股东利益（Barnea 和 Rubin，2010）[10]，披露社会责任报告则被认为是管理层谋取自身利益、提升个人声誉的“幌子”（Friedman，

2008)[49]。越来越多的学者支持了这一观点。Godfrey (2005)[50]和彭韶兵等(2013)[227]认为，企业通过战略性地承担社会责任并披露社会责任报告来掩饰其实际中存在的不负责任的行为，进而减少市场的消极评价；高勇强等(2012) 发现民营企业为转移公众注意力，会进行更多的慈善捐赠[174]；田利辉和王可第 (2017)[250]、黄艺翔和姚铮 (2016)[189]发现，企业披露社会责任报告的目的是掩盖其较差的业绩，当企业业绩较差时，可能更愿意披露社会责任报告。车笑竹和苏勇 (2018) 发现社会责任报告可能成为企业掩盖其违规行为的工具，违规企业自愿披露社会责任报告的可能性更高[162]。

目前，尚未规定强制的社会责任报告框架，且不强制要求进行第三方审计，这给管理层选择性披露社会责任信息、操纵社会责任报告信息留下了可乘之机，最终可能会误导投资者的判断，即"漂绿"行为 (Du 和 Yu, 2021)[41]。Clarkson 等 (2008)[26]和 Mahoney 等 (2013)[97]认为，管理层更有动机发布社会责任报告，塑造企业负责任的形象。社会责任表现更差的企业，甚至可能自愿披露社会责任报告，试图以此获得利益相关者的认可。但是，管理层这种机会主义动机，也造成了企业社会责任报告可信度的降低 (Mishra 和 Modi, 2013[111]; Ramanna, 2013[128])。

3.2.2.2 企业社会责任报告披露质量的影响因素

在企业社会责任报告的披露动机的基础上，已有文献进一步探讨了企业社会责任报告披露质量的影响因素，主要从企业内部因素以及外部制度环境两大方面展开。其中，企业社会责任报告披露质量的内部影响因素主要包括企业基本特征、公司治理因素、管理层个人特征等；企业社会责任报告披露质量的外部影响因素包括地区文化、舆论监督、道德规范等非正式制度，以及法律法规、政府机构监督等正式制度。

(1) 企业内部因素。针对企业基本特征，首先，企业规模与企业社会责任报告披露质量之间为正相关关系 (沈洪涛，2007[236]; Hahn 和 Kühnen, 2013[54])。企业规模越大，公众及媒体对企业的关注度越高，而且企业面临的监督往往更为严格，从而督促企业积极披露社会责任报告并提高社会责任报告披露质量 (Thorne 等，2014)[139]；同时，相比于小公司，大公司拥有更多的资源能够投资于社会责任活动中 (Dixon - Fowler 等，2013)[39]，并且披露社会责任报告的成本对大规模企业而言相对较小，大规模的企业更有能力披露质量较高的社会责任报告 (Wickert 等，2016)[149]。其次，企业业绩也是影响企业社会责任报告披露的重要因素之一。一般而言，企业绩效是企业经济活动成果的反映，较好的业绩表现使企业有能力承担更多的社会责任活动，因而社会责任报告披露质量较高（沈洪涛，2007）[236]。再次，企业披露社会责任报告的质量与其经济活动有密切的关系，因此企业的行业特征在一定程度上对企业社会责任报告的披露起决定性作用。例如，对环境产生较大负面影响的污染企业更可能受到来自非政府组织、消费者、政府、媒体等的压力，因而重污染企业更可能单独披露社会责任报告并提高社会责任报告披露质量以提高合法性（Berrone 和 Gomez – Mejia，2009[12]；Dixon – Fowler 等，2013[39]；黄艺翔和姚铮，2016[189]）；争议较大的行业也会披露更多的社会责任以打消社会对企业的怀疑，降低企业的诉讼风险（Byrd 等，2016）[18]。最后，企业年龄会影响企业社会责任报告披露质量。部分学者认为，年轻公司出于信息保护的目的，往往不愿意披露更多的信息，因而披露社会责任报告的可能性较低，即使披露社会责任报告，质量也相对较低（Parsa 和 Kouhy，2008）[117]；也有学者认为，年轻企业作为市场新秀，受公众的关注度更高，为了获取更多在市场生存的资源，更愿意披露高质量的社会责任报告，建立市场地位（宋林等，2012）[240]。

针对公司治理因素，公司治理水平越高，企业社会责任报告质量越高（Mallin 等，2013）[100]。已有研究发现股权集中度较低时，企业需要向更多的股东披露信息以降低信息不对称程度，因此，为满足更多股东的需求，企业会提高社会责任报告的详细程度（Höllerer 等，2013）[60]。机构投资者持有企业的股份，他们有动机和能力对企业发挥监督治理的作用，督促企业提高社会责任报告披露质量（全晶晶，2022）[233]。雷雪等（2022）从实际控制人的角度发现，对实际控制人施加不同的激励方式会导致实际控制人对其所在企业的社会责任报告披露质量产生不同的影响，其中，政治激励对实际控制人施加了更大的合法性压力，促使企业提高社会责任报告披露质量；而经济激励将导致实际控制人以追求经济利益为主，忽视社会责任，降低了社会责任报告披露质量[195]。秦续忠等（2018）以中小企业为研究对象，发现由于承担社会责任对中小企业而言具有较高的成本，当管理层持股比例较高时，更不愿意付出高昂的成本承担社会责任，因而会减少社会责任披露信息，但是，当企业的公共持股比例和外资持股比例提高时，企业会更加重视社会责任，提高社会责任的披露程度[231]。

针对管理层个人特征，管理层是企业社会责任的关键决策者，通常具有制定企业战略的责任，因而管理层的个人特征也会影响企业社会责任报告披露决策（Waldman，2006）[144]。依据高层梯队理论，高管个人特征对高管的风险偏好、道德伦理追求等具有直接影响，进而会对企业社会责任产生影响。目前，已有研究从不同角度探究了管理层的个人特征对企业社会责任的影响。Davidson 等（2019）发现，管理层的个人特征在企业披露社会责任报告中发挥了关键作用[32]，例如企业高管的教育水平（Lewis 等，2014）[79]、是否有女儿（Cronqvist 和 Yu，2017）[29]。高管年龄在一定程度上反映了高管的职业关注度，年轻的高管往往更追求短期业绩，而对社会责任关注度不足，导致社会责任报告披露质量降低（李维等，2021）[205]。社会责任报告能够发挥"类保险"的作用，帮助企业对冲企业风险，然而过度自信的高管往往会低估风险，对社会责任报告的重视度不足，因此，高管自信度越高，企业社会责任报告质量越低（McCarthy 等，2017）[106]。从管理层激励的角度，相比于货币激励，对 CEO 进行非货币激励能够有助于促进企业提升社会责任报告披露质量（Fabrizi 等，2014）[45]。高管拥有人文科学学士学位、职业经验更广泛，以及是女性，则社会责任报告披露质量较高；高管拥有经济学士学位、短期薪酬水平较高，企业的社会责任报告披露质量相对较低（Manner，2010）[101]。王士红（2016）进一步依据高层梯队理论检验了高管团队特征对于社会责任报告披露质量的影响[258]。研究发现，女性高管有助于促进企业社会责任报告披露质量的提升；高管任职年限增加会导致高管更加追求稳定，减少对环境等社会责任的投入，从而降低社会责任报告披露质量。

（2）外部制度环境的影响。制度为管理企业活动提供了基本的规范，影响利益相关者的期望水平。反过来企业会通过披露社会责任信息来满足利益相关者的期望。因此，也有学者探讨了外部制度环境对企业社会责任报告披露质量的影响，主要包括非正式制度以及正式制度。其中，非正式制度主要包括地区文化、舆论监督、道德规范等；正式制度主要指相关的法律法规、政府机构的监督等。

针对非正式制度，现有学者从地区文化、媒体关注等角度进行了探讨。黄荷暑和周泽将（2015）发现，地区的信任程度能够增进人与人之间的合作以及和谐关系，促使企业积极承担社会责任并如实披露社会责任信息[183]。张婷婷等（2019）从区域文化的角度探讨社会责任报告披露质量的影响因素，发现当区域文化对权力的接受度较高、对绩效的重视程度更高，而对企业履行社会责任的要求相对较低时，该地区企业会更追求财富和权力，降低社会责任报告披露质量；但是，当区域文化更加强调性别平等时，该地区会更重视企业的社会责任履行情况，督促企业提高社会责任报告披露质量[293]。邹萍（2020）发现，儒家文化通过伦理道德不仅直接提高了企业社会责任意识，同时也能通过社会公众对企业施加外部舆论压力，促进企业社会责任报告披露质量的提高[309]。宋林等（2012）[240]和倪恒旺等（2015）[225]发现，媒体作为一种外部监督机制，媒体关注度越高的企业更有动力塑造企业良好形象，因而企业社会责任报告披露质量更高。此外，行业竞争程度对企业社会责任报告披露质量也有重要影响，行业竞争越激烈，企业倾向于通过提高社会责任报告披露质量向投资者传递信息，以获得积极的市场反应（谭雪，2017[246]；Nardi，2022[114]）。

除社会凝聚力、社会公平等非正式制度以外，劳动制度、政治制度、法律制度等均会左右企业社会责任行为，进而影响企业社会责任报告披露质量（Baldini 等，2018）[8]。Maignan 和 Ralston（2002）发现，企业对企业社会责任的倾向会因为国家的政治、经济制度的不同而不同[98]。Aguilera 等（2007）指出，社会、经济和环境法律对于塑造国家层面负责任的企业行为和社会规范具有重要的影响，因而会影响企业社会责任报告披露质量[2]。Marquis 和 Qian（2014）[102]、Luo 等（2017）[94]、Li 和 Lu（2020）[83]提出，企业披露社会责任是对外部制度复杂性的战略响应。倪昌红（2019）认为，政治信仰在中国类似于正式制度，对企业行为具有强制规范的作用，监督企业提高社会责任报告披露质量[224]。黎文靖（2012）结合中国转轨经济制度特征，认为政治干预会对企业社会责任报告披露行为产生影响[196]。郑建明等（2017）基于市场监督机制，发现放松卖空管制能够弥补政府治理机制的不足，提高社会责任报告质量[299]。

3.2.2.3 企业社会责任报告披露的经济后果

披露高质量的社会责任信息可以使市场参与者更好地了解企业社会责任表现，增加企业信息透明度，进而产生一系列经济后果。目前，学界主要围绕企业社会责任报告的“信息效应”和“声誉效应”两个视角，对企业社会责任报告披露的经济后果展开大量研究。

首先，基于“信息效应”，Fama 和 Laffer（1971）[46]、Verrecchia（2001）[143]、

Du 和 Yu（2021）[41]等均认为社会责任信息属于非财务信息，披露社会责任报告在一定程度上对财务信息进行了有益补充，有助于降低企业和外部资金提供者之间的信息不对称程度，使得外部利益相关者能够获知更多企业内部信息，同时，也便于投资者评估企业的长期发展前景，提高投资者效率（钟马和徐光华，2017）[301]。何贤杰等（2012）指出，良好的社会责任表现能够为企业赢得投资者的信任[178]。从资本成本的角度，披露社会责任报告不仅能够降低股票的系统性风险（Albuquerque 等，2019）[3]，还有助于降低股票的非系统性风险（Boutin - Dufresne 等，2004[16]；Lee 和 Faff，2009[75]；Humphrey 等，2012[64]；周方召等，2020[303]），最终使得企业的权益资本成本得到显著降低（El Ghoul 等，2011[44]；Dhaliwal 等，2011[36]；李姝等，2013[204]）。银行通常认为披露更多社会信息的企业风险相对较低，更愿意提供低利率的贷款，降低了企业的债务融资成本（Goss 和 Roberts，2011）[53]，最终缓解了企业的融资约束（钱明等，2017）[230]。从分析的角度来看，披露社会责任报告能够提高分析师预测的准确度（Dhaliwal 等，2012[37]；Muslu 等，2019[113]），进而改善资本市场信息环境（王艳艳等，2014）[260]。自愿披露和首次披露社会责任报告对股票流动性产生了更明显的效果。Du 等（2017）发现社会责任报告增加了企业的信息透明度，投资者能够将可持续发展信息纳入股票估值，因此，企业发布社会责任报告将引起股市的重大反应[42]。但是，如果企业在社会责任报告中提供了不可信的信息，那么社会责任报告将会对分析师预测的准确性产生不利影响（Mishra 和 Modi，2013）[111]。

基于“声誉效应”，社会责任信息是对企业承担社会责任活动的反映，承担更多的社会责任有助于树立良好的企业形象，更容易得到群众的认同。谢玉华等（2020）发现，积极承担并披露企业社会责任报告能够吸引更多优秀人才，并提升员工的忠诚度[268]。Hsu（2012）发现企业社会责任具有信息传递和广告效应的双重作用，从而提高企业声誉[62]。Flammer（2013）认为披露了社会责任报告的企业会得到来自资本市场的奖励。当企业社会责任表现优异时，企业的股价大幅上涨，而对环境与社会不负责任的企业，其股票价格显著下跌[47]。Godfrey 等（2009）[51]、Liu 等（2020）[85]认为，企业社会责任报告披露能够给企业创造声誉并提供类似保险的保护作用，一定程度上有助于减少负面事件对企业声誉的不利影响。宋献中等（2017）结合当前中国的制度背景，认为高质量的社会责任报告主要是通过在投资者心中形成声誉效应、平息投资者恐慌情绪，使投资者给出更高的市场评价，最终降低企业的股价崩盘风险[241]。Long 等（2016）发现，企业披露高质量的社会信息能够加快企业未来收益信息在股价中的反应速度，给企业带来超额收益[89]。然而，权小锋等（2015）将企业社会责任报告视为管理层提高自身声誉、维护个人利益的工具，因此，社会责任报告披露质量提升会增加股价崩盘风险[232]。

综上所述，学者们主要从披露动机、影响因素以及经济后果三个方面对企业社会责任报告进行了研究，涉及的主要文献如表 3－2 所示。

表 3－2　　企业社会责任报告披露的文献回顾

研究内容	具体内容示例		代表性文献
动机	伦理性动机		Mahoney 等（2013）[97]、陈国辉等（2018）[163]
	合法性动机		Wei 等（2017）[148]、Luo 等（2017）[94]、倪昌红（2019）[224]
	经济性动机		Pawliczek 等（2021）[119]、钱明等（2017）[230]
	管理层自利动机		Friedman（2008）[49]、田利辉和王可第（2017）[250]
影响因素	内部因素	企业基本特征：企业规模、经济活动等	沈洪涛（2007）[236]、Byrd 等（2016）[18]
		公司治理因素：股权集中度、机构投资者持股等	雷雪等（2022）[195]、全晶晶（2022）[233]
		管理层个人特征：高管教育水平、性别等	McCarthy 等（2017）[106]、李维等（2021）[205]
	外部因素	非正式制度：地区文化、媒体关注等	邹萍（2020）[309]、谭雪（2017）[309]
		正式制度：政治制度、法律制度等	Li 和 Lu（2020）[83]、Baldini 等（2018）[8]
经济后果	信息效应	降低股票风险、降低融资成本、提高分析师预测准确度等	Muslu 等（2019）[113]、Du 等（2017）[42]
	声誉效应	吸引优秀人才、提升企业声誉、降低股价崩盘风险等	宋献中等（2017）[237]、谢玉华等（2020）[268]

3.2.3　文本信息的相关研究

财务报告主要由财务信息和非财务信息两部分组成。其中，财务信息主要通过财务数据的形式，直接反映了企业的资产、盈利情况等，财务信息具有规范的计算和表达方式，易于查证，因此一直以来是投资者关注的核心。非财务信息主要指财务报告中的文字描述部分，旨在对财务数据进行解释或对难以通过数据说明的信息进行补充。随着经济发展，企业的经济业务日趋复杂，财务数据对企业信息的反映程度越来越弱，而非财务信息所占比重越来越大，甚至高达90%以上（林煜恩等，2020）[212]，逐渐引起信息使用者的重视（Schipper，1991[131]；Luo等，2018[93]）。目前，学者对文本信息的研究多集中于可读性和语调。其中，可读性侧重于从文本信息披露方式的角度研究，包括句子复杂度、颜色、披露形式等；而语调主要研究了语言的积极性等。本书将分别从文本可读性和文本语调两个角度，对相关研究进行梳理。

考虑到年报、管理层讨论与分析、管理层业绩预告等主要在于对企业业绩进行说明，而企业社会责任报告侧重于反映企业的社会责任履行情况，因此，本书将年报、管理层讨论与分析、管理层业绩预告等文本信息归为一类，将社会责任报告文本信息单独归为一类，从文本可读性和文本语调的角度，分别进行梳理。

3.2.3.1　文本可读性

文本可读性主要指文本信息阅读和理解的难易程度，以及读者的阅读兴趣、阅读后留下的印象等（Chall，1952）[21]。在文字方面主要体现在文本的篇幅、句子复杂度等，在直观感受上体现在报告的颜色、排版等方面。随着技术的发展，现有学者对企业财务报告、社会责任报告的可读性的研究逐渐深入。本书将从财务报告和企业社会责任报告两个方面对文本可读性的相关研究进行梳理。

（1）财务报告文本可读性的相关研究。一直以来，企业财务报告是投资者获取信息最为关键的来源，其可靠性和相关性对于投资者决策至关重要，因此，学者们最早开始对年报的文本信息进行关注。年报披露信息的可理解性是企业年报满足可靠性和相关性的前提条件，可读性则是衡量可理解性的关键指标，因此，研究企业年报的可读性对于报表的使用者以及监管者均具有重要意义（阎达五和孙蔓莉，2002）[277]。受技术条件的限制，早期学者主要选取少数样本通过手工整理判断财务报表的可读性。如阎达五和孙蔓莉（2002）使用 FLESCH 可读性取值模型，通过句子长度和词汇的难易度对 59 家上市公司年报可读性进行衡量[277]。其中，句子越长，读者的记忆负担越重，对句子的理解越难；词汇越难会耗费读者更长的时间对词汇意思进行确认，因而可读性越差。Li（2008）最早使用计算机文本分析技术，使用 Fog 指数衡量年报可读性。Fog 指数将平均句子长度和单词复杂度按照比例进行线性组合，开始了第一个关于年报可读性的大样本研究[81]。随后，Biddle 等（2009）按照 Li（2008）提出的方法，使用迷雾指数度量财务报告质量，发现财务报告质量高的企业投资效率较高[14]。然而，Loughran 和 McDonald（2014）对迷雾指数衡量财务报告可读性提出了质疑，指出会计金融领域中复杂词汇占比较高，但是这些专业词汇对于投资者和分析师而言是易于理解的[90]。可读性的主要目的在于衡量管理层向投资者、分析师等传递相关信息的有效性，使用 10 - K 文件的大小作为财务报告可读性的代理变量，不仅度量方法简单不易出现解析错误等问题，而且文件大小的简单度量与信息环境的度量相契合，公司更可能通过较长的文件掩盖较差的收益信息而不是通过使用复杂词汇，因此，文件大小的衡量能够捕捉可读性的多个方面。然而，上述文献对文本可读性的研究主要针对美国、英国等英语国家的上市公司年报。针对中国年报的可读性，孙蔓莉（2004）通过实验研究指出中国上市公司年报的理解难度较大，专业化较强[243]。考虑到中文表达和英文表达之间的差异，Luo 等（2018）使用中文年报的篇幅和文件大小衡量年报可读性。研究发现，年度报告作为商业文件，内容相对枯燥，当年报的页数、字数以及字符数较多时，阅读者可能更难以理解年报的关键信息[93]。徐巍等（2021）基于中文环境，使用平均句长、副词和连词在句子中的占比以及二者的平均数对中文年报可读性进行衡量[270]。王克敏等（2018）从文本逻辑和字词复杂性两大方面构建了中文年报文本可读性的衡量指标[255]。

针对财务报告文本可读性的影响因素，有学者认为隐藏较差的业绩及自利行为是影响管理层操纵文本可读性的主要原因。Li（2008）最早发现，业绩越差的企业财务报告可读性越低，相反，财务报告可读性较高的企业往往在未来具有更好的持续经营能力，揭露了管理层通过模糊信息披露以掩盖不良业绩的动机[93]。Merkl 和 Brennan（2007）指出，为达到操纵目的，管理层在编制报告时会有意识地增加文本理解的难度[108]。王克敏等（2018）发现，管理层会通过文本逻辑和字词的复杂性操纵年报文本信息，隐藏公司的负面信息[255]。Nelson 和 Pritchard（2007）发现当企业面临的诉讼风险较大时，会倾向于提高信息披露的文本的可读性，试图降低预期诉讼成本[116]。基于上述动机，张秀敏等（2021）发现，提高公司治理水平能够减少管理层操纵年报可读性的自利行为，同时，管理层的个人特征，如年龄、性别、教育水平等均对企业年报可读性具有影响[294]。孙文章（2019）发现，董事会秘书出于维护声誉的目的也会提高信息披露质量，增加年报的文本可读性[245]。任宏达和王琨（2018）发现，社会关系也会对企业年报可读性产生影响，依赖社会关系获取资源的企业往往会故意增加企业的信息不对称程度，通过增加文本的复杂度降低其年报可读性[234]。翟淑萍等（2020）检验了财务报告问询函对上市公司年报可读性的监管作用，发现财务报告问询函通过加大监管力度、提高违规成本，降低了管理的机会主义动机，进而降低了管理层模糊年报可读性的动机，最终提高年报可读性[169]。

越来越多的学者证明了年报可读性发挥了重要的作用。Miller（2010）证明了年报可读性对投资者及交易的影响，财务报告可读性较低会增加投资者的信息处理成本，进而减少了投资者对该企业的股票交易活动，提高财务报告的可读性有助于为更多投资者营造透明的信息环境，增加投资者交易决策[109]。Biddle（2009）从投资效率的角度，发现财务报告可读性提高能够提高企业投资效率[14]。徐巍等（2021）认为，不论普通投资者还是专业投资者，年报可读性均对其行为产生了影响，导致市场盈余反应系数降低，同时分析师预测准确度也有所降低[270]。Luo 等（2018）发现，年报可读性越高，股东和管理层之间的代理成本越低，并且外部审计、分析师跟踪、内部控制等公司治理机制有助于增强年报可读性对代理问题的治理作用[93]。逯东等（2019）基于投资者的角度，发现财务报告可读性在一定程度上是企业信息披露效率的反映，面对可读性较差的财务报告，投资者会增加对该企业实地调研的频率[220]。李春涛等（2020）却发现，信息披露是一把双刃剑，年报可读性较高也可能导致企业核心机密信息泄露，最终对企业创新产生不利影响[200]。

（2）社会责任报告文本可读性的相关研究。相比于财务报告，监管部门对社会责任报告的披露内容和披露格式均没有明确规定，对社会责任报告的监管力度相对较弱。社会责任报告主要以文字描述为主，表述形式更为多样，管理层能够自主设计社会责任报告的颜色、封面、页数等，对社会责任报告可读性具有更大的操纵空间（吉利等，2016）[190]。因此，对社会责任报告可读性的操纵除了句子复杂程度、篇幅，还包括颜色、封面等。Wang 等（2018b）借鉴财务报告可读性的衡量方式，综合使用 Fog 指数与 Flesch Kincaid 可读性测试（Flesch - Kincaid readability test），对社会责任报告文本的理解难度进行打分，衡量企业社会责任报告可读性[146]。Muslu 等（2019）通过测试一个平均智力水平的读者理解报告需要接受的教育年限与社会责任报告的长度衡量社会责任报告的可读性[113]。Du 和 Yu（2021）同样使用了 Fog 指数衡量企业社会责任报告可读性[41]。针对中国上市公司披露的中文社会责任报告，吉利等（2016）从颜色、平均句长、页数、图片数量四个方面，构建了社会责任报告可读性指数[190]。黄珺和徐莹莹（2021）从平均句长、页数、目录、颜色、图表五个方面构建了企业社会责任报告可读性的衡量指标[184]。陈华等（2021）利用字数和图表数衡量了企业社会责任报告可读性[165]。段钊等（2022）应用机器学习的方法，基于阅读效率与适应水平双向维度构建了企业社会责任报告可读性指标，更侧重于衡量企业社会责任报告的“通俗易懂”[170]。

针对社会责任报告可读性的操纵动机及影响因素，Wang 等（2018b）发现，社会责任表现越好，企业的社会责任报告可读性越高。企业为了获得积极的形象并提高合法性，更倾向于使用简洁的语言、丰富的颜色等强调正面信息，吸引读者注意，但是对负面信息进行披露时会降低其文本的可读性，模糊负面信息，以缓解投资者对企业社会责任报告负面信息的反应[146]。Muslu（2019）指出，由于社会责任报告框架缺乏强制性的规范指导，管理层可能会通过操纵社会责任报告可读性扭曲社会责任报告，进而加大管理层和投资者之间的信息不对称程度，降低社会责任报告对投资者决策的有用性，而企业社会责任报告可读性更强的企业信息更透明，不太可能隐藏和混淆企业社会责任活动[113]。Du 和 Yu（2021）指出，企业社会责任可读性传达了企业未来社会责任表现的信息[41]。Nazari 等（2017）也证实了，企业社会责任报告可读性越高，其社会责任和环境绩效越好[114]。吉利等（2016）基于代理理论和印象管理理论发现，管理层出于提高自身声誉的目的具有操纵社会责任报告可读性的动机，同时，管理层天然的信息优势也为其操纵社会责任报告可读性提供了便利，因此，随着管理层权力增加，管理层操纵社会责任报告可读性的动机和空间随之增加[190]。此外，市场化程度较高，有助于媒体和机构投资者发挥对企业的治理作用，进而对管理层印象管理行为形成有效监督。黄珺和徐莹莹（2021）认为女性高管对社会责任报告披露的要求更准确更细致，增强了社会责任报告可读性[184]。

随着企业社会责任受到越来越多投资者的关注，企业社会责任报告可读性经济后果的相关研究也逐渐增多，Muslu（2019）从分析师的角度检验了社会责任报告可读性在资本市场中的经济后果，发现社会责任报告可读性越高，分析师预测的准确性越高，即投资者和企业之间的信息不对称程度越小[113]。Du 和 Yu（2021）发现，可读性越高的企业社会责任报告能够向投资者释放出更多有价值的信息，刺激投资者交易，进而提高股票的异常回报率[41]。

3.2.3.2 文本语调

文本语调是指在文字描述中通过积极词汇和消极词汇的方式将人的情感传递给文字阅读者（Henry 和 Leone，2016[59]；Loughran 和 McDonald，2016[92]）。管理层能够通过文本语调表达他们的情绪（Davis 等，2012）[33]。学者们对文本信息语调的研究包括企业年报、管理层讨论与分析部分、企业社会责任报告等。

（1）财务报告文本语调相关研究。有关文本语调的衡量方式，最早普遍使用负面词汇衡量文本语调，然而被广泛使用的哈佛词典（Harvard Dictionary）中所认定的负面词汇几乎四分之三均不适用于财务领域。因此，Henry（2008）[58]、Loughran 和 McDonald（2011）[91]专门针对财务信息构建了语气词库，用来衡量财务报告中出现的正面词汇和负面词汇的频率。谢德仁和林乐（2015）[266]、林乐和谢德仁（2017）[210]则根据 Henry（2008）[58]、Loughran 和 McDonald（2011）[91]构建的单词表，并结合汉语词汇习惯及语境，筛选出正面和负面情感词汇在文本中出现的频率，通过（积极词汇数 - 消极词汇数）/（积极词汇数 + 消极词汇数）这一公式衡量文本净语调。Davis（2012）[33]、Huang 等（2014）[63]、曾庆生等（2018）[161]则主要使用积极词汇数与消极词汇数之差占总词汇数的比例衡量文本净语调。

相比于财务数据，非财务信息的文本语调中同样隐含了投资信息。Lee 和 Park（2019）认为，管理层在年报中的管理层讨论与分析部分对企业过去经营情况进行评价并对未来发展趋势进行展望，管理层作为内部人具有信息优势，能够提前对未来经营情况做出较为准确的预判，当企业未来经营情况较为乐观时，管理层会通过积极的语调提前向投资者传递出积极信号[76]。Li（2010）发现当前业绩较好、应计利润较低、股票波动率较小、市净率较低、规模较低的企业的管理层讨论与分析报告中的前瞻性陈述往往较好，即文本语调更为积极[80]。谢德仁和林乐（2015）发现管理层语调具有预示未来业绩的作用，积极的文本语调与企业未来业绩正相关，他们还肯定了管理层所披露的文本信息对于投资者判断的重要性[266]。Sandulescu（2015）从内部人后续交易行为的角度，证实了管理层语调中隐藏的企业未来业绩的信息，管理层语调更积极，内部人在后续会买入更多股票[129]。Iatridis（2016）发现，盈余管理程度较低和杠杆率较高的企业通常更偏向于保守主义，其文本语调更为消极，而营业增长能力较高的企业，管理层语调更积极[65]。李秉成等（2019）指出，通过管理层语调也能够对企业财务危机进行预测，肯定了管理层语调的信息传递作用[199]。

然而，也有学者基于印象管理理论，指出文本语调可能是管理层掩盖未来较差的业绩或谋利自身利益的工具，误导投资者的判断（Merkl - Davies 和 Brennan，2007）[108]。Huang 等（2014）发现当文本语调异常积极时，企业未来 1—3 年的收益情况和经营性现金流往往较差，说明管理层在文本中使用积极语调并非基于企业未来良好收益的表现，反而误导了投资者的决策[63]。曾庆生等（2018）研究发现，年报语调积极，企业高管及其亲属反而在下一期卖出更多的股票、买入更少的股票，并且主要在年报后期市场表现差、信息透明度低的企业中更为显著，说明管理层利用积极的文本语调，掩盖其内部交易行为[161]。王华杰和王克敏（2018）发现，操纵文本语调是管理层掩盖其盈余管理行为的手段之一，特别在管理层盈余管理行为受到制约的情况下，管理层操纵文本语调的可能更大[252]。

此外，公司治理以及管理层个人特征也会对本书语调产生影响。从公司治理机制的角度来看，Bassyouny 等（2020）发现，提高审计委员会、董事会的独立性有助于加强对管理层的监督，减少管理层的印象管理行为，进而降低年报语调的积极性[11]。DeBoskey 等（2019）考察了 CEO 权力对企业文本语调的影响，研究发现，CEO 权力越大，即 CEO 任期更长或 CEO 与董事长两职合一，文本语调越积极，表现出更激进的行为[35]。而董事会有效的监督能够缓解CEO权力与文本语调的正相关关系。从管理层个人特征来看，Bassyouny等（2020）从年龄、性别、性格的角度检验了管理层个人特征对年报语调的影响，发现年龄较大的CEO、女性CEO、有金融会计专业背景的CEO在决策中更倾向于采取保守和谨慎的策略，在信息披露时也会更为谨慎，更愿意将风险在报告中提前体现出来，年报语调偏消极[11]。相反，CEO的自信程度往往会使CEO对未来充满乐观预期，进而提高管理层语调的积极性。林晚发等（2022）发现，管理层异常积极语调在一定程度上暗示了企业未来的财务风险，管理层异常积极语调越高，企业破产风险和财务重组的概率越高，支持了管理层操纵语调的观点[211]。

有关文本语调在资本市场中的经济后果，主要体现在两个方面：一是部分学者支持了年报语调的信息传递作用。例如，甘丽凝等（2019）探讨了管理层语调在资本市场中的定价功能，发现积极的管理层语调向外界传递企业未来良好的经营情况，进而降低企业的权益资本成本，相反，消极的管理层语调会导致企业的权益资本成本提高[173]。Lee（2016）发现，市场对管理层语调会产生相应的反馈，积极的管理层语调能够获得市场的超额回报，而消极的管理层语调会导致市场超额回报减少，表明投资者能够对管理层语调隐含的信息做出正确的反馈[78]。林乐和谢德仁（2017）[206]、钟凯能（2020）[300]从分析师的角度，发现管理层通过文本语调为分析师传递了更多增量信息，有助于提高分析师盈余预测的准确性，提高分析师荐股评级水平。从审计师的角度，梁日新和李英（2021）发现，年报语调越积极，审计师收费越低，反映了年报语调的信息传递作用[209]。周建等（2021）进一步发现，积极的管理层语调能够吸引更多投资者、分析师、媒体等外部利益相关者的关注，发挥了对企业积极的监督治理作用，提高管理层参与社会责任的积极性[304]。二是有学者认为年报语调会受到管理层操纵，影响了投资者的判断。例如，周波等（2019）发现年报语调越积极，企业的股价崩盘风险越大[302]。蔡闫东等（2022）发现，企业年报语调越积极，审计师关键审计事项中的文本语调反而更消极，审计师的语调反转反而降低了企业的股价崩盘风险[159]。

（2）社会责任报告文本语调相关研究。目前，有关社会责任报告文本语调研究还相对较少，学者们主要借鉴财务报告文本语调的衡量方式，依据Loughran和McDonald、知网词典等词典确定积极词汇和消极词汇，使用Jieba中文分词模块对社会责任报告情感词汇进行词频统计，使用正面词汇占比衡量社会责任报告语调，如刘建秋等（2022a）[213]、黄萍萍和李四海（2020）[187]。此外，张继勋等（2019）采用实验研究的方法衡量社会责任报告语调，将水质净化、节能降耗等一般性陈述的词汇视为平时语调，将明显、新高等带有积极色彩的词汇视为积极语调。然而，考虑到数据获取的容易程度，使用实验方式判断社会责任报告语调在学术研究中还相对较少[289]。

与财务报告文本语调基本一致，现有研究对社会责任报告文本语调的研究同样形成两种观点。一种观点认为社会责任报告文本语调具有信息增量的作用，能够反映企业的社会责任表现。Du 和 Yu（2021）基于社会责任未来表现和市场反应的角度发现，企业社会责任报告语调积极，股票市场会产生显著的正向反应[41]。这表明具有社会责任的企业通过积极的语调文本向市场有效地传递了其卓越的企业社会责任表现，从而获得积极的市场回报。Muslu 等（2019）[110]、刘建秋等（2022b）[214]从分析师盈余预测的角度，发现社会责任报告语调越积极，分析师盈余预测越准确，这将有助于降低股价崩盘风险，最终对企业发挥价值保护效应（吴珊和邹梦琪，2022）[263]。此外，刘建秋等（2022a）发现，社会责任报告的净正面语调发挥了信息增量作用，投资者能够获取更多有效信息，进而避免非理性投资，有效降低了资产误定价水平[213]。

另一种观点则认为社会责任报告积极语调是管理层印象管理的手段，提高社会责任报告语调的积极性旨在掩盖企业较差的社会责任表现。张继勋等（2019）发现，使用积极的语调披露社会信息，能够加强投资者对企业社会责任表现的感知，特别是在企业的财务信息诚信度较高的情况下，积极的社会责任语调更有助于增加投资者对企业的满意度，最终提高投资者对企业的认可度[289]。张继勋等（2016）针对社会责任的负面信息，对积极语调在社会责任报告中的解释性作用进行了探讨[290]。研究发现，当企业披露负面的社会责任信息时，更倾向于选择使用积极的语言进行解释，进而影响投资者的感知，减轻负面信息对企业形象的不利影响（Tan 等，2014）[138]。Zhang 等（2021）发现尽管企业在社会责任报告中披露的前瞻性信息和可持续相关的内容较少，但是可以通过提高社会责任报告语调积极性降低企业在财务重述时的价值损失，即通过社会责任报告文本信息的应用可以减少财务重述对企业的声誉损害，并在企业面临危机时发挥类似保险的作用，对企业发挥价值保护效应[156]。基于此，张秀敏等（2019）发现社会责任表现越差的企业，更会通过乐观、强烈的语言描述社会责任报告[295]。Melloni 等（2017）[107]和 Martínez - Ferrero 等（2019）[103]均发现，在模糊信息披露的策略下，企业社会责任绩效差的企业披露的信息更不准确，具体体现为语调会更为乐观，企业试图通过操纵语言对社会责任报告进行印象管理。黄萍萍和李四海（2020）站在文本操纵的角度，认为管理层通过积极的文本语调强调企业的正面形象，掩盖企业的负面消息，当隐匿的负面消息超过临界值时，将导致股价崩盘[187]。

综上所述，针对文本信息的相关研究，学者们对财务报告以及社会责任报告的文本可读性、文本语调展开了研究，包括具体的衡量方式、影响因素以及经济后果，涉及的主要文献如表 3－3 所示。

表 3－3　文本信息相关研究的文献回顾

研究内容	具体内容示例		代表性文献
可读性	财务报告	衡量方式	李春涛等（2020）[200]、阎达五和孙蔓莉（2002）[277]、Li（2008）[93]
		影响因素：业绩、管理层个人特征等	王克敏等（2018）[255]、张秀敏等（2021）[294]
		经济后果：投资效率、分析师预测、企业创新等	徐巍等（2021）[270]、Luo 等（2018）[93]
	社会责任报告	衡量方式	吉利等（2016）[190]、Muslu（2019）[113]、黄珺和徐莹莹（2021）[184]
		影响因素：管理层声誉、管理层特征、社会责任表现	Wang 等（2018b）[146]、Nazari 等（2017）[114]、Du 和 Yu（2021）[41]
		经济后果：分析师预测准确度、股票异常回报率等	Muslu（2019）[113]、Du 和 Yu（2021）[41]
语调	财务报告	衡量方式	谢德仁和林乐（2015）[266]、Loughran 和 McDonald（2011）[91]
		影响因素：业绩、公司治理、管理层个人特征等	林乐和谢德仁（2017）[210]、Lee 和 Park（2019）[76]、王华杰和王克敏（2018）[252]
		经济后果：资本成本、分析师预、股价崩盘风险等	Lee（2016）[78]、周波等（2019）[302]
	社会责任报告	衡量方式	黄萍萍和李四海（2020）[187]、张继勋等（2019）[289]
		影响因素：社会责任表现	张秀敏等（2019）[295]
		经济后果：分析师预测、资产误定价水平	刘建秋等（2022b）[214]、刘建秋等（2022a）[213]、Zhang 等（2021）[156]

3.2.4 文献述评

第一，在中国式财政分权制度背景下，地区经济增长对地方政府行为、区域经济以及企业均产生了深刻影响，这为本书的研究提供了理论基础。然而，从企业行为层面来看，已有文献主要从技术创新、企业融资、财务稳定性等角度研究了地区经济增长对企业行为的影响，发现地区经济增长主要通过影响地方官员的资源配置作用于企业行为。然而，较少有文献从信息披露的角度，探讨地区经济增长的微观经济后果。本书从企业社会责任报告披露的视角，试图探讨地区经济增长对企业信息披露行为的影响，补充经济增长理论的相关经济后果。

第二，目前学界对企业社会责任报告披露的相关研究主要基于企业层面的视角展开，少有研究结合中国的制度背景，分析宏观因素对社会责任报告的影响。企业披露社会责任报告主要受其他利益相关者的影响，其中，政府作为企业社会责任报告的主要推动者与监督者，其行为决策势必对企业社会责任报告信息披露产生影响。本书从宏观视角，研究地区经济增长压力对企业社会责任报告披露的影响，这对于如何从根本上完善企业社会责任报告披露监管制度具有重要意义。

第三，本书利用地方官员政绩考核前后发生的变化，观察中央政府和地方政府的双重制度压力对企业社会责任报告披露的影响，挖掘了企业社会责任报告披露决策的深层次影响因素。与本书最为相关的 Li 和 Lu（2020）的研究仅基于政府和企业两个主体，研究了政府的制度压力对企业社会责任表现的影响，但是考虑到中国政治制度的特殊性，中央政府下达命令由地方政府代为执行，形成自上而下的政治体系[83]。地方官员作为中央政府政策执行的代理人，同时受上级政府的考核，二者之间存在相互关系。但是，少有学者考虑中央政府与地方政府之间的关系对于企业行为的影响。本书从地区经济增长压力的角度研究企业社会责任报告披露的影响因素，并利用地方官员政绩考核前后发生的变化进行分析，将中央政府、地方政府、企业置于同一框架进行深入探讨。

第四，目前有关文本信息的研究多集中于财务报告，社会责任报告文本信息的相关研究还相对较少，并且针对社会责任报告文本信息的影响因素，主要从管理层个人特征、企业业绩等微观层面进行研究，少有学者从宏观层面分析影响企业社会责任报告文本信息的因素。本书从地区经济增长压力的角度，探讨影响社会责任报告文本信息的宏观因素，有助于丰富文本信息披露的相关研究。

第4章

地区经济增长压力、政绩考核与CSR报告披露意愿

2006年开始，中国证监会、沪深交易所相继发布社会责任报告披露相关指引，采取强制和自愿披露相结合的方式，鼓励企业披露社会责任报告。自此，中国上市公司陆续开始披露社会责任报告。图4－1统计了2006年至今，企业社会责任报告的披露情况。由图4－1可见，2006—2021年，披露社会责任报告的企业由21家达到1468家，增长幅度高达69倍，其中自愿披露社会责任报告的企业由21家上涨为1009家，增长幅度高达47倍，披露数量明显上升。

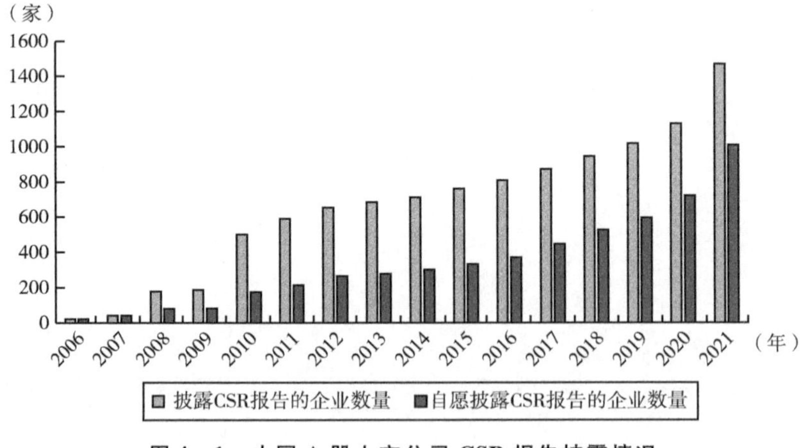

图4－1　中国A股上市公司CSR报告披露情况

从企业披露社会责任报告的动机来看，为了维护其政治合法性，企业主动根据中央政府及监管部门的要求，积极披露社会责任报告（Luo等，2017）[94]。邹萍（2018）指出社会责任报告是企业获取政府资源的一种寻租工具，披露社会责任报告在一定程度上是企业迎合政府需求的一种表现[310]。

已有研究多从企业的政治氛围、政治关联、产权性质等微观视角，探讨政治制度对企业自愿发布社会责任报告可能性的影响（黎文靖，2012[196]；陈浩等，2018[164]；Luo 等，2017[94]；倪昌红，2019[224]）。然而，目前少有研究从宏观经济增长的视角，探讨经济增长压力如何作用于企业社会责任报告披露意愿。相比于政治关联等微观视角，经济增长压力是中央政府通过政绩考核对地方政府施加政治激励后所产生的结果，同时也反映了来自中央政府和地方政府的双重制度压力，企业作为政府政策的最终承受者，其社会责任报告披露意愿是否会受到制度压力的影响？当中央政府对地方官员考核方式发生变化时，企业社会责任报告披露意愿是否随之发生变化？

基于此，本章主要探讨地区经济增长压力对企业社会责任报告披露意愿的影响与影响机制，并在此基础上，研究政绩考核新标准实施后对地区经济增长压力与企业社会责任报告披露意愿相关关系的影响。研究发现，地区经济增长压力越大，企业社会责任报告的披露意愿越低；地方官员政绩考核新标准的实施有效缓解了二者之间的负相关关系。机制检验发现，在地方官员晋升激励较大的地区、国有企业以及经济贡献度较大的企业中，地区经济增长压力对企业社会责任报告披露意愿的抑制作用更为显著。异质性分析发现，地区经济增长压力对企业社会责任报告披露意愿的影响主要在媒体关注度较低和投资者关注度较低的企业中更为显著，表明媒体和投资者在一定程度上能够对企业社会责任报告披露发挥监管作用。针对披露社会责任报告的企业，地区经济增长压力显著降低了企业披露社会责任报告的及时性。

4.1　理论分析与假设提出

4.1.1　地区经济增长压力与 CSR 报告披露意愿

当地区存在经济增长压力时，地方政府对提高经济绩效的追求会减缓企业对中央政府社会责任报告指导方针的响应，进而导致企业降低社会责任报告披露意愿。地区经济增长压力会导致地方政府专注于短期 GDP 的提升，主要原因在于分税制改革之后，中央将经济权力下放于地方政府，给地方政府带来较大的经济激励（Qian 等，1997）[125]，与此同时，地方官员的晋升激励制度赋予了地方官员足够的政治激励（周黎安等，2007）[305]，形成GDP晋升锦标赛。当地区存在经济增长压力时，地方官员出于政绩考核的担忧更青睐于迅速提升GDP的项目，甚至以牺牲社会和环境可持续性为代价实现短期经济增长最大化（Xu，2011）[154]。具体体现在以下两点：一是作为衡量经济发展的主要指标，GDP一度占据了政绩考核的关键席位（Cull等，2017）[30]。相比于环境、社会绩效等考核指标，GDP考核指标的可观测性更强、易于衡量，其激励效果明显强于其他指标，因此，地方政府更愿意优先发展短期经济。二是弹性任期制度也强化了地方政府追求短期经济利益的动机。中国地方官员平均任期时间仅为3—4年（徐业坤等，2013[276]；罗党论等，2015[221]），且在任期间随时可能调离。地方官员仅在自己任期内具有管辖权，任期届满后将离任或调离当前地区（曹春方等，2014）[160]。由于缺乏足够的问责机制，官员调离后对其所管辖地区不再负有责任（余泳泽等，2019a）[281]，遗留问题将交于下一任领导。社会责任是一项长期任务，官员调动的随机性与频繁性不利于地方官员做出绿色发展等长远规划（程仲鸣等，2020）[167]，导致地方官员更愿意投资于大型固定资产等基础设施，而对社会责任关注不足。可见，这些因素使得地方官员在面临经济增长压力时倾向于优先发展短期经济。

通常而言，企业税收是地方政府财政收入的重要来源之一，企业的经济绩效在地区经济发展中扮演着重要角色（Gordon和Li，2012）[52]。当存在地区经济增长压力时，地方政府优先发展短期经济将会削弱企业披露社会责任报告的动机，影响企业披露社会责任报告的意愿。首先，针对经济性动机，为获得政府所拥有的关键资源和信息，企业更倾向于做出符合政府期望的行为（Wei等2017）[148]。财政分权以后，地方政府拥有对资金、商业机会、土地、许可证等关键生产要素的分配权力（周黎安，2007）[305]，这些对企业的发展至关重要。企业出于获取这些政治资源的目的，更愿意遵循地方政府的意愿。当地区存在经济增长压力时，由于地区资源有限，地方政府将更多的政治资源用于鼓励企业发展经济，不会因为披露社会责任报告对企业青睐有加，披露社会责任报告给企业所带来的收益不大，削弱了企业披露社会责任报告的动机（Mahoney等，2013）[97]。其次，针对合法性动机，来自政府的制度压力是企业自愿披露社会责任报告的强大驱动力，企业积极披露社会责任报告在于满足其合法地位（Amaeshi等，2016[5]；倪昌红，2019[224]）。然而，当地区存在经济增长压力时，地方政府将发展经济视为优先事项，降低在环境保护等社会责任方面的规制力度，对企业社会责任关注度减少，此时，即使不披露社会责任报告，企业面临的合法性成本也较低，企业披露社会责任报告的动机较弱。

综上所述，地区经济增长压力导致地方政府将资源倾斜于鼓励企业发展短期经济绩效，在此背景下，披露社会责任报告给企业带来的收益较小，不披露社会责任报告企业所需付出的成本也较小，由此可见，地区经济增长压力降低了企业披露社会责任报告的意愿。因此，当地区经济增长压力较大时，企业自愿披露社会责任报告的可能性较低。

基于以上分析，提出研究假设 H4 - 1：地区经济增长压力越大，企业自愿披露社会责任报告的意愿越低。

4.1.2　地区经济增长压力、政绩考核与 CSR 报告披露意愿

在中国，地方官员的晋升一直以来采取淘汰制的晋升锦标赛模式，中央政府控制地方官员的选拔、晋升和降级，政绩考核成为激励地方政府之间相互竞争的主要驱动因素。在以经济为主的政绩考核制度背景下，地方政府为赢得晋升锦标赛，优先获得晋升机会，在上级政府制定的经济目标上层层加码，不断提高经济增长目标（余泳泽等，2019a）[281]，以激励其所管辖地区实现更高的经济绩效，彰显政治业绩，但同时也给自己施加了较大的经济增长压力，引发了地方政府的短视行为。为了发展短期经济、实现经济增长目标，地方政府不惜牺牲环境、社会等长期利益，并将这种决策施加于企业，使企业背离中央政府的导向，降低了社会责任报告的披露意愿。

为治理地方政府的短视行为，促进各级领导干部树立正确的政绩观，中组部于 2013 年底发布了地方官员政绩考核新标准，明确强调不能仅以经济增长作为政绩考核的主要指标，同时要结合每个地区的自然禀赋，分别制定各有侧重、各有特色的考核指标，将社会和谐进步、生态文明、安全生产、文化建设等因素纳入地方官员政绩考核中，完善了地方官员政绩考核制度。例如，陕西省新的考核指标体系中，GDP 考核分值有所下调，并且对于超额完成的 GDP 任务不再加分，而生态环保指标与雾霾治理指标大幅提升，凸显出环境治理的重要性。江西省在政绩考核新标准出台后也明确不再单独考核地区 GDP，在其官员考核体系中增加了对空气质量、污染物排放等环境因素的

考核，并实行环境保护“一票否决”制度，将生态文明建设置于重要位置。

政府官员的晋升激励是联系国家目标和企业行为之间的关键纽带（Luo等，2017）[94]。政绩考核新标准实施后，地方官员的政绩考核评价指标发生转变，减轻了地方政府的经济增长压力，提高了地方政府对社会责任的关注度，进而弱化了地区经济增长压力对企业社会责任报告披露意愿的抑制作用。当环境保护、扶贫、社会稳定等成为地方官员政绩的考核指标后，多元化的政绩考核使得地方官员能够借助所在地区特有的自然禀赋，从多个方面实现政治晋升，例如在环境保护、提高社会福利、维护社会稳定等方面做出卓越绩效，这一制度的改变扭转了地方官员“唯GDP”的政治晋升制度（张彩云等，2018[287]；侯林岐和张杰，2020[180]）。由于各地区地方政府之间的考核指标因其发展侧重点不同而具有较大的差异，地区之间官员政绩的可比性也大大降低，有效治理了地方政府之间“唯GDP”的恶性竞争（程仲鸣，2020）[167]，减轻了经济增长给地方官员带来的压力，纠正了地方官员为发展经济而牺牲环境、社会的短视行为。与此同时，环保、扶贫、社会稳定等指标的纳入，增强了地方官员的社会责任意识，提高了地方官员对企业社会责任表现的关注度（Li和Lu，2020）[83]。企业积极披露社会责任报告，不仅能够主动向地方政府展现其良好的社会责任表现，赢得地方政府的青睐，有助于企业寻求更多来自地方政府的资源，还能够提高企业的合法地位（Amaeshi等，2016）[5]，因而增强了企业披露社会责任报告的动机。

可见，政绩考核新标准的实施在一定程度上缓解了地区经济增长压力对企业社会责任报告披露意愿的负面影响。

基于以上分析，提出研究假设H4-2：政绩考核新标准实施后，地区经济增长压力与企业社会责任报告披露意愿的负相关关系得到缓解。

4.2 样本选择和研究设计

4.2.1 样本选择与数据来源

2008年证券交易所正式提出采取强制和自愿相结合的方式鼓励企业披露社会责任报告，企业陆续开始披露社会责任报告，直至2010年，披露企业社会责任报告的企业数量呈现跳跃式上升。考虑到数据的可获得性，本章的样本开始于 2010 年。2020 年全球暴发新冠疫情，对中国乃至全球经济均产生重大影响，导致诸多企业停工停产。由于 2010—2019 年样本范围足够支撑本章的研究内容，故选取 2010—2019 年 A 股上市公司为样本。其次，强制要求披露社会责任报告难以反映企业的主观意志，对预测企业社会责任报告披露意愿具有一定的干扰，故本章对强制要求披露的样本予以剔除。考虑到直辖市城市定位与一般地级市不同，并且直辖市属于省级行政单位，直属中央政府管理，而地级市属于地级行政区，级别不同使得一般地级市的政府官员与直辖市政府官员面临的晋升机遇以及晋升压力不同，故剔除位于四个直辖市的样本。此外，还剔除了资产与所有者权益小于等于 0 的样本、ST 类企业样本、金融保险类企业样本以及缺失值样本，最终共获得 13592 个公司—年度有效样本，样本筛选过程如表 4－1 所示。地区经济增长目标数据通过手工搜集各地级市政府工作报告数据获得。地方官员特征数据依据择城网、地方领导资料库、百度百科等网页手工搜集。宏观经济数据来自《中国区域经济统计年鉴》，财务数据来源于 Wind 和 CSMAR 数据库。为避免极端值的影响，对连续变量进行了上下 1% 的缩尾处理。

表 4－1　　样本选择

项目	样本观测（公司一年度）	样本观测（公司观测）
2010—2019 年 A 股上市公司	3704	28502
减：强制要求披露社会责任报告的企业	237	4178
减：直辖市上市公司	649	4244
减：金融业、保险业样本	7	10
减：当年总资产、所有者权益为负值或零的样本及 ST，* ST 公司	181	1753
减：数据缺失样本	452	4725
最终样本数	2178	13592

4.2.2　变量定义

4.2.2.1　被解释变量

本章的被解释变量为企业社会责任报告披露意愿（*CSR_DUM*）。参照李维等（2021）[205]、全晶晶（2022）[233]，若企业当年披露了社会责任报告，则令 *CSR_DUM* 为1，未披露为0。考虑到被强制要求难以反映企业披露社会责任报告的主观意愿，因此，本章剔除了被强制要求披露社会责任报告的企业样本。

4.2.2.2 解释变量

本章的解释变量为地区经济增长压力（*PRESSURE*）。参照李茫茫等（2021）[201]、毛奕欢等（2022）[223]、马新啸等（2022）[222]，使用上一年各地级市经济增长目标与实际经济增长速度之间的差值进行衡量。若地区未达到年初设定的经济增长目标值，则会在下一年对该地区政府形成压力。*PRESSURE* 值越大，表明地区经济增长压力越大。其中，地级市政府每年1月下旬至2月中旬在市级人大会议做政府工作报告，对上一年地区生产总值进行总结回顾，并对当年地区经济增长目标进行展望。经济增长目标值是政府根据历史数据以及当前宏观经济运行情况，通过科学的估计手段制定的，不仅体现了对市场未来经济的发展预期，还具备可行性，符合现实情况。这一数据经过了本级人民代表大会批准，因此具备一定的科学性和可信性。考虑到政府工作报告中的经济增长目标往往带有“左右”、“约”、“不低于”等修饰性词语，如“预期地区生产总值增长8%左右”，这种情况下，本章使用具体数据8%进行衡量。部分地级市政府工作报告对未来一年经济增长目标的预测采用区间值进行估计，例如“预期地区生产总值增长7%—8%”，此时使用区间中值进行衡量。

4.2.2.3 分组变量

本章研究内容的分组变量为政绩考核新标准的实施（*TIME*）。政绩考核新标准于2013年12月发布，正式开始实施时间为2014年，因此，参照程仲鸣等（2020）[167]，以政绩考核制度新标准的正式实施年份（2014年）为分界点，当样本所处年份位于2014年及以后，*TIME* 为1，否则为0。

4.2.2.4 控制变量

企业社会责任报告披露意愿还可能受到公司财务特征、治理特征以及其他宏观因素的影响。因此，本章参照倪昌红（2019）[224]、全晶晶（2022）[233]等的研究，选取如下控制变量。

财务特征控制变量：①企业规模（*SIZE*）。通常而言，规模较大的企业拥有更雄厚的实力履行社会责任，例如，解决更多员工就业、对社会进行捐赠等，同时规模大的企业也会受到媒体、政府、社会公众的关注，因此，规模大的企业更愿意披露社会责任报告。②资产负债率（*LEV*）。资产负债率能够反映出企业的债务水平，当企业的资产负债率较高时，债务人会更关心他们的资金安全，更希望企业能够提升经营绩效，而非社会责任，因而对企业社会责任报告的披露具有一定影响。③盈利能力（*ROA*）。盈利能力好的企业有更雄厚的资金实力履行社会责任，会影响企业社会责任报告的披露。④企业成长性（*GROWTH*）。成长性更高的企业可能更需要足够的资金用于发展主营业务，扩大业务规模，企业重心并未体现在社会责任活动中，因而社会责任报告披露的意愿更低。⑤企业现金流（*CFO*）。现金流直接决定了企业的经济实力，进而对企业社会责任活动具有一定的影响。⑥产权性质（*STATE*）。产权性质不同的企业受政府的干预程度不同，因而其披露社会责任报告的意愿受政策的影响不同。若为国企，则 *STATE* 为 1，否则为 0。

治理特征控制变量：①高管持股比例（*SHARE*）。管理层是企业社会责任相关决策的关键决策者，管理层持股能够激励管理层为实现股东利益最大化做努力，但是过高的持股比例也会导致管理层权力过大，这会影响管理层对企业责任披露的决策。②机构持股比例（*INSTIHOLD*）。机构投资者对企业的价值最为关注，直接决定了他们能够获取的利益，因此，机构投资者更愿意监督企业披露社会责任报告，促使企业提升价值。③总经理和董事长两职合一（*DUAL*），两职合一可能导致总经理或董事长的权力过大，影响企业的社会责任信息披露。④独立董事占比（*IDDIRE*）。独立董事越多，对管理层的监督力度越大，能够及时督促企业考虑利益相关者的利益，进而披露社会责任报告。

其他控制变量：①是否为重污染企业（*POLLUTION*）。企业的行业性质会对企业社会责任报告披露产生影响。相比于非重污染企业，重污染企业的社会责任更容易受到关注，主要体现在环境保护方面。本书主要参照陶锋等（2021）对是否为重污染企业进行划分[247]。②宏观层面控制变量包括地区人均生产总值（*GDPPER*）。不同地区本身的经济发展情况不同会使得公众以及政府对企业在社会责任方面的要求不同，因而也会对企业社会责任报告的披露产生一定的影响。各变量具体变量定义如表 4－2 所示。

表 4-2　　变量定义表

变量类型	变量含义	变量名	计算方法
被解释变量	企业社会责任报告披露意愿	*CSR_DUM*	若企业当年披露了社会责任报告，则令 *CSR_DUM* 为 1，否则为 0
解释变量	地区经济增长压力	*PRESSURE*	上一年各地级市经济增长目标 - 实际经济增长速度
分组变量	政绩考核新标准的实施	*TIME*	2014 年之前，令 *TIME* 为 0；2014 年及以后，令 *TIME* 为 1
控制变量	公司规模	*SIZE*	Ln（总资产）
	资产负债率	*LEV*	总负债/总资产
	盈利能力	*ROA*	净利润/总资产
	企业成长性	*GROWTH*	营业收入增长率
	企业现金流	*CFO*	企业经营活动现金流净额/企业总资产
	产权性质	*STATE*	国企为 1，否则为 0
	高管持股比例	*SHARE*	高级管理人员持股数/公司总股本
	机构持股比例	*INSTIHOLD*	机构持股合计/流通 A 股
	两职合一	*DUAL*	总经理和董事长两职合一，则为 1，否则为 0
	独立董事占比	*IDDIRE*	独立董事人数占董事会总人数的比值
	是否为重污染企业	*POLLUTION*	重污染企业为 1，否则为 0
	地区人均生产总值	*GDPPER*	地级市人均生产总值的自然对数
	年度	*YEAR*	年度虚拟变量
	行业	*INDUSTRY*	行业虚拟变量

4.2.3　模型构建

为检验地区经济增长压力对企业社会责任报告披露意愿的影响，本章使用 Logit 模型，构建模型如式（4-1）所示，检验假设 H4-1。

$$
\begin{aligned}
CSR\_DUM_{i,t} = {} & \alpha_0 + \alpha_1 PRESSURE_{c,t} + \alpha_2 SIZE_{i,t} + \alpha_3 LEV_{i,t} + \alpha_4 ROA_{i,t} \\
& + \alpha_5 GROWTH_{i,t} + \alpha_6 CFO_{i,t} + \alpha_7 STATE_{i,t} + \alpha_8 SHARE_{i,t} \\
& + \alpha_9 INSTIHOLD_{i,t} + \alpha_{10} DUAL_{i,t} + \alpha_{11} IDDIRE_{i,t} \\
& + \alpha_{12} POLLUTION_{i,t} + \alpha_{13} GDPPER_{c,t} \\
& + \sum YEAR + \sum INDUSTRY + \varepsilon_{i,t} \qquad (4-1)
\end{aligned}
$$

为验证政绩考核新标准的实施对地区经济增长压力与企业社会责任报告披露意愿相关关系的作用，本章参照 Acharya 等（2017）[1]、程仲鸣等（2020）[167]、Xiao 和 Shen（2022）[152]的研究思路，首先将样本按照政绩考核新标准实施前后进行分组，分别检验地区经济增长压力对企业社会责任报告意愿的影响，以检验假设 H4－2，同时构建模型进行稳健性检验，如式（4－2）所示。

$$\begin{aligned} CSR\_DUM_{i,t} = {} & \alpha_0 + \alpha_1 PRESSURE_{c,t} + \alpha_2 PRESSURE_{c,t} \times TIME_t + \alpha_3 TIME_t \\ & + \alpha_4 SIZE_{i,t} + \alpha_5 LEV_{i,t} + \alpha_6 ROA_{i,t} + \alpha_7 GROWTH_{i,t} + \alpha_8 CFO_{i,t} \\ & + \alpha_9 STATE_{i,t} + \alpha_{10} SHARE_{i,t} + \alpha_{11} INSTIHOLD_{i,t} + \alpha_{12} DUAL_{i,t} \\ & + \alpha_{13} IDDIRE_{i,t} + \alpha_{14} POLLUTION_{i,t} + \alpha_{15} GDPPER_{c,t} \\ & + \sum YEAR + \sum INDUSTRY + \varepsilon_{i,t} \end{aligned} \tag{4-2}$$

其中，i 表示企业；t 表示时间；c 表示城市；*CSR_ DUM* 表示企业社会责任报告披露意愿；*PRESSURE* 表示地区经济增长压力；*TIME* 表示是否实施政绩考核新标准；其余为控制变量。此外，本章还控制了年度和行业双向固定效应。依据假设 H4－1，本章预期，*PRESSURE* 的回归系数显著为负，即地区经济增长压力越大，企业自愿披露社会责任报告的意愿越低。依据假设 H4－2，本章预期，地区经济增长压力对企业社会责任报告披露意愿的影响在政绩考核新标准实施之前更为显著，政绩考核新标准实施之后地区经济增长压力与企业社会责任报告披露意愿的相关关系有所减弱，同时模型 4－2 中 $PRESSURE \times TIME$ 的回归系数显著为正，即政绩考核新标准的实施减少了地区经济增长压力对企业社会责任报告披露意愿的负向影响。

4.3　实证结果与分析

4.3.1　描述性统计

4.3.1.1　分年度样本公司企业社会责任报告披露情况

表 4－3 列示了分年度样本公司社会责任报告披露意愿（*CSR_DUM*）均值的描述性统计结果。由表 4－3 可知，*CSR_DUM* 的均值在 2010 年为 0.1054，说

明2010年样本公司中有10.54%的企业自愿披露社会责任报告；2019年，*CSR_DUM*的均值为0.1798，即在2019年，自愿披露社会责任报告的企业占比上升为17.98%。在表中可以看出，2010—2019年，*CSR_DUM*的均值呈现出逐年递增的趋势，表明样本公司中自愿披露社会责任报告的企业占比在逐年增加，企业社会责任报告的披露意愿不断提升。

表4-3　　分年份样本企业社会责任报告披露意愿统计

年份（*YEAR*）	*CSR_DUM* 均值	样本量
2010	0.1054	740
2011	0.1230	1008
2012	0.1326	1184
2013	0.1329	1234
2014	0.1403	1226
2015	0.1501	1319
2016	0.1510	1457
2017	0.1540	1545
2018	0.1571	1910
2019	0.1798	1969

4.3.1.2　主要研究变量描述性统计

表4-4列示了描述性统计结果。结果显示，企业社会责任报告披露意愿（*CSR_DUM*）的均值为0.1475，即2010—2019年所有的样本公司中14.75%的企业自愿发布了社会责任报告。尽管由表4-4可知，企业社会责任报告披露数量呈现逐年上涨的趋势，但是披露的整体比例还相对较低，超过50%的上市公司仍未披露。地区经济增长压力（*PRESSURE*）的均值为0.3705，最小值为-3.9000，最大值为5.7000，说明部分地区经济增长压力较大，也有部分地区经济发展情况较好，经济增长压力较小；中位数为0.2500，表明超过半数的上市公司所在地区实际经济增长速度小于经济增长目标，存在一定的经济增长压力。政绩考核新标准实施变量（*TIME*）的均值为0.6935，表明样本公司中，有69.35%的样本位于政绩考核新标准实施之后。对于控制变量，企业规模（*SIZE*）的均值为21.8923，中位数为21.8047，均值与中位数差距较小，但是企业规模的最小值为19.6869，而最大值高达24.8195，说

明不同企业之间在规模方面仍有显著差异。资产负债率（*LEV*）最小值和最大值分别为 0.0503 和 0.8875，说明不同上市公司之间的财务杠杆相差较大。产权性质（*STATE*）的均值为 0.3209，表明样本公司中约有 32.09% 为国有企业。是否为重污染企业变量（*POLLUTION*）的均值为 0.2426，表明样本公司中约 24.26% 的上市公司为重污染企业。地区人均 GDP（*GDPPER*）的均值为 11.3442，中位数为 11.3985，标准差为 0.5773，最小值为 9.0777，最大值为 15.6752，表明不同地区之间经济发展程度还存在较大的差异。上述变量描述性统计均与既有研究保持一致，在合理的范围之内。

表 4－4　　描述性统计

变量	样本量	均值	标准差	最小值	中位数	最大值
CSR_DUM	13592	0.1475	0.3546	0.0000	0.0000	1.0000
PRESSURE	13592	0.3705	1.5285	－3.9000	0.2500	5.7000
TIME	13592	0.6935	0.4611	0.0000	1.0000	1.0000
SIZE	13592	21.8923	1.0703	19.6869	21.8047	24.8195
LEV	13592	0.4165	0.2074	0.0503	0.4048	0.8875
ROA	13592	0.0415	0.0594	－0.2174	0.0390	0.2141
GROWTH	13592	0.2060	0.4888	－0.5395	0.1186	3.3347
CFO	13592	0.0434	0.0691	－0.1651	0.0432	0.2338
STATE	13592	0.3209	0.4668	0.0000	0.0000	1.0000
SHARE	13592	0.0763	0.1423	0.0000	0.0018	0.6118
INSTIHOLD	13592	0.3757	0.2238	0.0012	0.3828	0.8439
DUAL	13592	0.2734	0.4457	0.0000	0.0000	1.0000
IDDIRE	13592	0.3736	0.0517	0.3333	0.3333	0.5714
POLLUTION	13592	0.2426	0.4287	0.0000	0.0000	1.0000
GDPPER	13592	11.3442	0.5773	9.0777	11.3985	15.6752

4.3.2　回归结果分析

4.3.2.1　地区经济增长压力与 CSR 报告披露意愿

为验证地区经济增长压力对企业社会责任报告披露意愿的影响，本章基于式（4－1），使用 Logit 回归模型，逐步加入控制变量进行回归，结果如表 4－5 所示。首先，列（1）仅控制了行业—年度固定效应。可见，在不考虑其他控制变量的情况下，地区经济增长压力（*PRESSURE*）的回归系数为 -0.0857，在5%的水平下显著，初步验证了假设H4-1，即地区经济增长压力较大时，企业披露社会责任报告的意愿较低。其次，在列（2）中，考虑企业特征后，地区经济增长压力与企业社会责任报告披露意愿仍在5%的水平上负相关。列（3）中，进一步在列（2）的基础上加入公司治理特征的控制变量，回归结果显示，同时考虑公司特征和公司治理的因素后，地区经济增长压力与社会责任报告披露意愿仍在5%的水平上显著。最后，在列（4）中，控制是否为重污染企业的行业特征变量，以及地区人均GDP后，*PRESSURE* 的回归系数为 -0.1601，在5%的水平下显著。上述结果表明，当地区经济增长压力较大时，上市公司更多将注意力集中于提升经济绩效以迎合地方政府的经济需求，披露动机不足，降低了社会责任报告的披露意愿，支持了假设H4-1。此外，企业规模越大，越可能披露社会责任报告。资产负债率越大，企业社会责任报告的意愿越低等，均与既有研究一致。

表4-5　　地区经济增长压力与CSR报告披露意愿

变量	(1) *CSR_DUM*	(2) *CSR_DUM*	(3) *CSR_DUM*	(4) *CSR_DUM*
PRESSURE	-0.0857** (-2.07)	-0.1546** (-2.05)	-0.1535** (-1.98)	-0.1601** (-2.00)
SIZE		0.7491*** (23.16)	0.7207*** (22.17)	0.7202*** (22.08)
LEV		-1.0193*** (-5.74)	-1.0291*** (-5.95)	-1.0332*** (-5.98)
ROA		0.3897 (0.71)	0.4254 (0.76)	0.4358 (0.78)
GROWTH		-0.1573*** (-2.74)	-0.1508*** (-2.60)	-0.1504*** (-2.59)
CFO		0.9321** (2.19)	0.8683** (2.09)	0.8606** (2.07)
STATE		0.2773*** (4.65)	0.1822*** (2.92)	0.1786*** (2.85)
SHARE			-0.7200*** (-2.68)	-0.7041*** (-2.61)

续表

变量	(1) CSR_DUM	(2) CSR_DUM	(3) CSR_DUM	(4) CSR_DUM
INSTIHOLD			0.2078 (1.57)	0.2145 (1.61)
DUAL			-0.0915 (-1.28)	-0.0903 (-1.26)
IDDIRE			-0.7044 (-1.40)	-0.7021 (-1.40)
POLLUTION				0.1004 (0.38)
GDPPER				-0.0408 (-0.79)
_CONS	-1.7857*** (-15.92)	-17.5438*** (-25.05)	-16.6512*** (-23.26)	-16.2063*** (-17.67)
YEAR	控制	控制	控制	控制
INDUSTRY	控制	控制	控制	控制
Pseudo R^2	0.0397	0.1051	0.1071	0.1072
N	13592	13592	13592	13592

注：***、**、*分别表示 1%、5%、10%的显著性水平，括号内为系数的 t 统计量，下同。

4.3.2.2 地区经济增长压力、政绩考核与 CSR 报告披露意愿

为检验政绩考核新标准的实施对地区经济增长压力与企业社会责任报告披露意愿相关关系的影响，本章依据政绩考核新标准是否实施将样本分组回归，并基于式（4-2）进行检验。表 4-6 列示了实施政绩考核新标准前后的回归结果。由表 4-6 列（1）、列（2）可知，政绩考核新标准实施之前，地区经济增长压力（*PRESSURE*）的回归系数为 -1.3804，且在 1% 的水平下显著，即地区经济增长压力显著降低了企业社会责任报告的披露意愿。而政绩考核新标准实施之后，地区经济增长压力（*PRESSURE*）的回归系数为 -0.0139，但不显著。由列（3）可知，交乘项（*PRESSURE* × *TIME*）的回归系数为 1.2807，且在 1% 的水平下显著，这验证了列（1）和列（2）分组回归结果的稳健性。上述结果表明，政绩考核新标准实施之后，经济增长不再作为地方官员政绩考核的唯一指标，有效抑制了地区经济增长压力对企业

社会责任报告披露意愿的负向影响。

表 4-6 地区经济增长压力、政绩考核与 CSR 报告披露意愿

变量	(1) *CSR_DUM* 实施前	(2) *CSR_DUM* 实施后	(3) *CSR_DUM* 全样本
PRESSURE	-1.3804*** (-3.76)	-0.0139 (-0.09)	-1.3909*** (-3.96)
TIME			-1.0776*** (-2.85)
PRESSURE × TIME			1.2807*** (3.60)
SIZE	0.7331*** (11.54)	0.7153*** (18.37)	0.7216*** (22.14)
LEV	-1.1016*** (-3.54)	-0.8244*** (-3.94)	-1.0309*** (-5.97)
ROA	3.8891*** (3.37)	-0.3632 (-0.58)	0.4551 (0.81)
GROWTH	-0.1024 (-0.97)	-0.1709** (-2.43)	-0.1499*** (-2.59)
CFO	-0.3550 (-0.48)	1.4885*** (2.93)	0.8688** (2.09)
STATE	-0.0930 (-0.78)	0.3036*** (4.13)	0.1786*** (2.86)
SHARE	0.3719 (0.82)	-1.2402*** (-3.62)	-0.6970*** (-2.59)
INSTIHOLD	0.2636 (1.11)	0.0970 (0.60)	0.2168 (1.63)
DUAL	-0.1698 (-1.15)	-0.0648 (-0.78)	-0.0887 (-1.24)
IDDIRE	-0.4795 (-0.49)	-0.8223 (-1.39)	-0.7036 (-1.40)
POLLUTION	-0.1455 (-0.29)	0.2338 (0.76)	0.1086 (0.42)

续表

变量	(1) *CSR_DUM* 实施前	(2) *CSR_DUM* 实施后	(3) *CSR_DUM* 全样本
GDPPER	-0.0749 (-0.92)	-0.0342 (-0.50)	-0.0451 (-0.87)
_CONS	-15.0820*** (-9.07)	-16.1277*** (-13.30)	-14.9882*** (-15.47)
YEAR	控制	控制	控制
INDUSTRY	控制	控制	控制
Pseudo R^2	0.0958	0.1200	0.1082
N	4077	9426	13592

注：由于使用 logit 回归模型在回归后，stata 自动 drop 部分变量，因而列（1）与列（2）样本量之和与（3）样本量不同。

4.3.3　机制检验

4.3.3.1　基于官员特征的分组检验

上述结果显示，地区经济增长压力与企业社会责任报告披露意愿呈显著负相关关系。这在一定程度上表明，当地区经济增长压力较大时，地方官员着眼于提升地区短期经济绩效，对社会责任关注不足，降低了企业披露社会责任报告的意愿。周黎安（2007）指出，地方官员优先发展短期经济的动力主要来自晋升激励[305]。然而，地方官员能否实现晋升不仅取决于其政绩，还与其个人特征密不可分（张军和高远，2007）[291]，例如，地方官员的年龄、学历和任期从侧面上反映了其晋升的动机（周敏等，2017[307]；王砾等，2018[257]；金刚和沈坤荣，2019[194]）。因此，本部分将基于式（4-1），依次按照地级市市长年龄、学历以及任期时间对样本进行分组，分别探讨地区经济增长压力对企业社会责任报告披露意愿的影响机制。

首先，针对年龄，受年龄所限，当官员临近退休时将失去晋升机会，随着年龄接近退休年龄，晋升的可能性降低，发展经济的动力也随之降低（周黎安，2007）[305]。而晋升前景更好的年轻地方官员在政治上的上进心更强，因而更有动力赢得晋升锦标赛（Li 和 Lu，2020）[83]。纪志宏等（2014）调查发现，54 岁为官员仕途的分水岭，当地级市市长年龄超过 54 岁时，晋升概率明显降低，因而其行为受地区经济增长压力的影响相对较弱[192]。当市长年龄在 54 岁及以下时，晋升机会相对较高，此时，地方官员有更强的动机彰显其经济绩效，以实现政治晋升，因而面临更高的经济增长压力。本章预期，地区经济增长压力对企业社会责任报告披露意愿的负向影响在地方官员年龄较小的分组中更为显著。由表 4 - 7 列（1）、列（2）可知，地方官员年龄在 54 岁及以下的分组中，地区经济增长压力（*PRESSURE*）与企业社会责任报告披露意愿在 10% 的水平下显著负相关，而大于 54 岁的分组则不显著，验证了上述论证，表明当官员晋升动机更强时，官员晋升激励越大，地区经济增长压力对企业社会责任报告披露意愿的影响越显著。

其次，针对学历，根据官员能力观，受教育程度越高的官员往往能力越强，晋升预期较大（Besley 等，2011）[13]。当所管辖区经济发展滞后时，学历较高的官员可能更不甘落后，迫切提升经济利益，加大对地方企业的干预程度，进而影响企业社会责任报告披露意愿。因此，本章预期，地区经济增长压力对企业社会责任报告披露意愿的影响在官员学历较高的分组中更为显著。依据市长最后学历是否为硕士及以上，将样本分为两组。表 4 - 7 列（3）、列（4）显示，在地方官员学历较高组，即学历为硕士及硕士以上时，地区经济增长压力（*PRESSURE*）的回归系数为 - 0. 1587，且在 10% 的水平下显著，而在学历较低组中地区经济增长压力（*PRESSURE*）的回归系数为 - 0. 0046，但不显著，说明晋升锦标赛激励主要对高学历官员产生更大的压力，加强了地区经济增长压力对企业社会责任报告披露意愿的抑制作用。

最后，针对任期时间，社会责任的投入通常在短期内难以看到经济回报，具有长期性。但是，受年龄限制，当地方官员在同一职位任期较长时，其想要实现晋升的欲望将更加迫切（Lyu 等，2018）[95]，受晋升锦标赛的激励更大，迫切提高地区经济增长速度，以彰显其政绩。此时，地方官员有更大的动机干预企业行为，促使企业提升短期经济绩效而减少对社会责任的关注。因此，本章预期，地区经济增长压力对企业社会责任报告披露意愿在地方官员任期较长的分组中更为显著。本章参照张军和高远（2007）[291]，使用当年年份与地方官员任职开始年份的差值计算市长任期年限。1—6 月任职则视该年为任职起始年，7—12 月任职则视为下年开始任职。依据所有市长任期年度中位数将样本划分为两组。表 4 - 7 列（5）、列（6）显示，在地方官员任期较长的分组中，地区经增长压力（*PRESSURE*）的回归系数为 -0.6348，且在 5% 的水平下显著，而在任期较短的分组中，地区经济增长压力（*PRESSURE*）的回归系数为 -0.0246，但不显著。上述结果表明，当地区经济增长压力较大时，任期时间较长进一步增加了地方官员晋升压力，导致官员迫切提升短期经济利益而忽视社会责任，督促企业快速提高经济回报，进而降低了对社会责任报告的披露意愿。

表 4-7　　基于官员特征的分组检验

变量	(1)	(2)	(3)	(4)	(5)	(6)
	官员年龄		官员学历		官员任期	
	Age > 54	Age ≤ 54	硕士研究生及以上	本科及以下	任期较长	任期较短
PRESSURE	-0.0203 (-0.71)	-0.0403* (-1.68)	-0.1587* (-1.86)	-0.0046 (-0.02)	-0.6348** (-2.10)	-0.0246 (-0.14)
SIZE	0.7475*** (14.31)	0.7206*** (16.79)	0.7797*** (20.55)	0.5728*** (7.43)	0.8173*** (14.72)	0.6699*** (16.43)
LEV	-0.9153*** (-3.45)	-1.2140*** (-5.30)	-1.1346*** (-5.66)	-1.0058** (-2.42)	-0.9161*** (-3.15)	-1.0981*** (-5.06)
ROA	0.1729 (0.20)	0.3744 (0.50)	0.7635 (1.14)	-1.2468 (-0.99)	2.1615** (2.27)	-0.3840 (-0.56)
GROWTH	-0.1050 (-1.20)	-0.1747** (-2.24)	-0.1540** (-2.26)	-0.2981** (-2.30)	-0.3010*** (-3.02)	-0.0965 (-1.36)
CFO	-0.2066 (-0.34)	1.7997*** (3.10)	1.2249** (2.55)	0.5431 (0.55)	0.4873 (0.71)	1.0387* (1.95)
STATE	0.3521*** (3.49)	0.0763 (0.93)	0.0807 (1.14)	0.6210*** (3.86)	0.2011* (1.90)	0.1756** (2.23)
SHARE	-0.8773** (-2.14)	-0.5653 (-1.56)	-1.0190*** (-3.10)	-0.1319 (-0.24)	-0.5502 (-1.24)	-0.8266** (-2.38)
INSTIHOLD	-0.0568 (-0.26)	0.4043** (2.36)	0.5325*** (3.47)	-1.0024*** (-3.17)	0.0422 (0.18)	0.2990* (1.82)
DUAL	0.0153 (0.14)	-0.1323 (-1.37)	-0.0898 (-1.06)	-0.1836 (-1.14)	-0.0099 (-0.08)	-0.1260 (-1.42)
IDDIRE	-0.1386 (-0.17)	-1.1004* (-1.68)	-1.0930* (-1.90)	-1.2519 (-1.13)	-1.6458* (-1.92)	-0.1692 (-0.27)

续表

变量	(1)	(2)	(3)	(4)	(5)	(6)
	官员年龄		官员学历		官员任期	
	Age＞54	Age≤54	硕士研究生及以上	本科及以下	任期较长	任期较短
POLLUTION	-0.0434 (-0.10)	0.2106 (0.61)	0.2574 (0.88)	-1.2701* (-1.76)	0.3091 (0.72)	-0.0786 (-0.23)
GDPPER	-0.2862*** (-2.93)	0.0197 (0.30)	0.0385 (0.63)	0.1394 (0.91)	0.0823 (0.93)	-0.0539 (-0.80)
_CONS	-13.8016*** (-9.15)	-17.2197*** (-14.41)	-18.5360*** (-17.19)	-13.6544*** (-5.52)	-19.2884*** (-12.02)	-15.0244*** (-12.74)
YEAR	控制	控制	控制	控制	控制	控制
INDUSTRY	控制	控制	控制	控制	控制	控制
Pseudo R^2	0.1113	0.1178	0.1267	0.1553	0.1368	0.0982
N	5170	8344	11613	1845	4920	8601

注：由于使用 logit 回归模型，回归后 stata 自动 drop 部分变量，导致样本量不同。

4.3.3.2 基于产权性质的分组检验

政府对不同产权性质的干预程度不同，可能导致地区经济增长压力在产权性质不同的企业中产生的影响存在差异。首先，依据政治动力观（李茫茫等，2021）[201]，国有企业往往具有发展经济、解决就业等多重目标，扮演着地方政府代理人的角色（Wei，2021）[147]，受地方政府的影响较大。其次，国有企业高管晋升多由政府决定，当地区存在经济增长压力时，国有企业高管可能会迎合地方官员快速提升经济的目标（程仲鸣等，2020）[167]，降低对社会责任报告的关注（黎文靖，2012）[196]。最后，国有企业的业务多为传统行业，相对落后，对地方政府提供的商业机会、税收优惠等倾向性财政政策依赖性更强。与之相比，由于所有权限制，政府对非国有企业的干预程度相对有限（Luo 等，2017[94]；Chen 等，2020[22]）。因此，当地区经济增长压力较大时，国有企业可能更倾向于优先遵循地方官员的意志发展短期经济，而忽视对社会责任的披露，降低披露社会责任报告的意愿。基于此，地区经济增长压力对企业社会责任报告披露意愿的影响在国有企业中更为显著。

本章将样本按照产权性质进行划分，分别基于式（4-1）检验地区经济增长压力对国有企业与非国有企业社会责任报告披露意愿的影响，实证结果如表 4 - 8 所示。针对国有企业，地区经济增长压力（*PRESSURE*）的回归系数为 -0.4390，且在 1% 的水平下显著；针对非国有企业，地区经济增长压力（*PRESSURE*）的回归系数为 -0.0388，但不显著。上述结果表明，相比于非国有企业，地区经济增长压力与企业社会责任报告披露意愿的负相关关系在国有企业中更为显著。这表明，国有企业作为地方政府的代理人，受地方政府的影响更大。当地区具有较大的经济增长压力时，地方政府更可能直接将经济增长压力转嫁于国有企业，国有企业将更多地遵循地方政府的意愿优先发展经济，其社会责任报告披露意愿明显降低。相比之下，非国有企业社会责任报告披露意愿受地区经济增长压力的影响更小。

表 4 - 8　　基于产权性质的分组检验

变量	(1) 国有企业	(2) 非国有企业
PRESSURE	-0.4390*** (-2.90)	-0.0388 (-0.71)
SIZE	0.6766*** (12.00)	0.7840*** (18.04)
LEV	-1.6417*** (-5.52)	-0.4074* (-1.80)
ROA	-1.6474* (-1.72)	1.4123** (1.98)
GROWTH	-0.0757 (-0.88)	-0.2367*** (-2.84)
CFO	0.8888 (1.30)	1.2771** (2.39)
SHARE	-10.2599*** (-3.21)	-0.8990*** (-3.19)
INSTIHOLD	1.0963*** (4.18)	-0.2779* (-1.67)
DUAL	-0.2010 (-1.22)	0.0295 (0.36)
IDDIRE	-2.6062*** (-2.98)	0.8355 (1.32)

续表

变量	(1) 国有企业	(2) 非国有企业
POLLUTION	0.6536* (1.87)	−0.3651 (−0.92)
GDPPER	0.1625* (1.73)	−0.1519** (−2.43)
_CONS	−18.2171*** (−10.95)	−16.3532*** (−13.99)
YEAR	控制	控制
INDUSTRY	控制	控制
Pseudo R^2	0.1531	0.1185
N	4317	9190

注：由于使用 logit 回归模型，回归后 stata 自动 drop 部分变量，导致样本量不同。

4.3.3.3 基于企业经济贡献度的分组检验

上述结果表明，面临地区经济增长压力时，地方政府更关注企业的经济绩效而非社会责任表现，导致企业披露社会责任报告的动机更弱。考虑到经济贡献度较大的企业在环境等方面也具有更大的议价能力，当地区面临较大的经济增长压力时，经济贡献度较大的企业迎合了地方官员发展经济的目标，其污染等非社会责任行为更容易获得宽容（Liu 等，2021）[88]，企业披露社会责任报告的动机相应减弱，因此，相比于经济贡献度较小的企业，地区经济增长压力对企业社会责任报告披露意愿的影响在经济贡献度较大的企业中更为显著。

参照 Liu 等（2021）[88]、彭韶兵等（2014）[228]、张爱萍和胡奕明（2021）[286]，本书使用企业生产总值占其所在城市当年生产总值比值的对数衡量企业经济贡献度，具体计算公式如式（4－3）所示。

$$CON\_GDP = \ln\left(1 + \frac{SALE + D.INVENTORY}{GDP}\right) \tag{4-3}$$

其中，*CON_GDP* 为企业的经济贡献。企业的生产总值主要体现为当期生产的产品价值，使用企业当年销售收入（*SALE*）和当期存货增量（*D.INVENTORY*）的总和衡量。*GDP* 为企业所在城市当年生产总值。本章依据企业的经济贡献度大小将样本分为两组，如果企业的经济贡献度（*CON_GDP*）高于当年其所在城市企业经济贡献度的中位数，则视为该企业经济贡献度较大，否则视为经济贡献度较小。本章基于式（4－1）进行分组检验，分组结果如表 4－9 所示。针对经济贡献度较小的企业，地区经济增长压力（*PRESSURE*）的回归系数不显著。而针对经济贡献度较大的企业，地区经济增长压力（*PRESSURE*）的回归系数为－0.1378，且在 10% 的水平下显著。上述结果表明，地区经济增长压力与企业社会责任报告披露意愿的负相关关系主要在经济贡献度较大的企业中更为显著。这表明，当地区存在经济增长压力时，地方政府更可能对经济贡献度较大的企业进行干预，促使其提高经济绩效，而对社会责任关注不足，导致企业缺少社会责任报告披露的动力与意愿。

表 4－9　　基于企业经济贡献度的分组检验

变量	(1) 经济贡献度较小	(2) 经济贡献度较大
PRESSURE	－0.0637 (－1.20)	－0.1378* (－1.91)
SIZE	0.8469*** (9.20)	0.6760*** (18.30)
LEV	－0.2317 (－0.56)	－1.2953*** (－6.61)
ROA	2.9809* (1.78)	－0.1838 (－0.31)
GROWTH	－0.2775 (－1.41)	－0.1355** (－2.20)
CFO	0.1062 (0.10)	1.0475** (2.32)
STATE	0.3367* (1.88)	0.1577** (2.35)
SHARE	－0.7518 (－1.26)	－0.6509** (－2.10)
INSTIHOLD	－0.0806 (－0.22)	0.2364 (1.63)
DUAL	－0.0444 (－0.24)	－0.1045 (－1.33)

续表

变量	(1) 经济贡献度较小	(2) 经济贡献度较大
IDDIRE	-3.6287** (-2.54)	-0.2060 (-0.38)
POLLUTION	-0.2752 (-0.37)	-0.1063 (-0.35)
GDPPER	-0.3222** (-2.04)	0.0340 (0.61)
_CONS	-30.6467*** (-9.99)	-15.9562*** (-16.38)
YEAR	控制	控制
INDUSTRY	控制	控制
Pseudo R^2	0.1359	0.0972
N	3166	10210

注：由于使用 logit 回归模型在回归后，stata 自动 drop 部分变量，因而样本量不同。

4.4 异质性分析

4.4.1 媒体关注度

媒体报道能够引起社会公众以及资本市场对企业的广泛关注，不仅发挥着对企业的外部监督作用，也是企业维持声誉的重要途径（于忠泊等，2011）[280]。媒体关注度较高的企业的行为受到更多利益相关者的监督，披露社会责任报告能够给企业带来更多利益回报，例如声誉等（齐岳等，2020）[229]。尽管地方政府将经济增长压力转嫁于企业，但由于不主动披露社会责任报告给企业带来的声誉损失远大于披露成本，企业仍将继续选择披露社会责任报告。但是，若企业的媒体关注度较低，其不披露社会责任报告对企业造成的声誉损失相对较小，此时，企业更可能为了提高经济绩效而降低社会责任报告的披露意愿。因此，基于上述分析，地区经济增长压力对企业社会责任报告的披露意愿的负相关关系在媒体关注度较低的企业中更为显著。

媒体关注度使用网络财经新闻和报刊新闻在当年对企业的新闻报道数量的自然对数衡量，具体数据通过中国上市公司财经新闻数据库获得。该数据库收录的财经新闻报道范围更为全面，涵盖了 400 多家网络媒体（包括和讯网、腾讯财经、新浪财经等）和 600 多家报纸刊物（包括上海证券报、证券日报、中国证券报等主流财经报纸）。本章首先按照媒体报道数量计算了年度中位数，随后对样本进行划分。若低于中位数，则视为媒体关注度较低，否则，视为媒体关注度较高。分别基于式（4-1）进行分组检验。由表 4-10 可知，针对媒体关注度较低组，地区经济增长压力（*PRESSURE*）的回归系数为 -0.3942，在 1% 的水平下显著，而针对媒体关注度较高组，地区经济增长压力（*PRESSURE*）的回归系数为 -0.0820，但不显著。该结果表明，在媒体关注度较低的情况下，地区经济增长压力对企业社会责任报告披露意愿的负向影响更为显著，即媒体关注度较低时企业更可能受地区经济增长压力的影响降低对社会责任报告的披露意愿。

表 4-10　　　　异质性分析：媒体关注度

变量	(1) 媒体关注度较低	(2) 媒体关注度较高
PRESSURE	-0.3942 *** (-3.09)	-0.0820 (-1.05)
SIZE	0.6826 *** (13.16)	0.7618 *** (16.81)
LEV	-0.6535 *** (-2.59)	-1.3756 *** (-5.63)
ROA	-0.5555 (-0.64)	0.9400 (1.27)
GROWTH	-0.1870 ** (-2.06)	-0.1348 * (-1.71)
CFO	1.6881 ** (2.40)	0.3685 (0.68)
STATE	0.2771 *** (2.77)	0.1394 * (1.66)
SHARE	-0.8553 ** (-2.21)	-0.6417 * (-1.69)

续表

变量	(1) 媒体关注度较低	(2) 媒体关注度较高
INSTIHOLD	-0.2737 (-1.36)	0.4735*** (2.63)
DUAL	-0.0316 (-0.29)	-0.1431 (-1.47)
IDDIRE	-2.0801*** (-2.61)	0.1785 (0.26)
POLLUTION	0.7174** (2.11)	-1.0616** (-2.48)
GDPPER	-0.1636** (-2.12)	0.0432 (0.61)
_CONS	-13.9144*** (-9.63)	-18.1226*** (-14.38)
YEAR	控制	控制
INDUSTRY	控制	控制
Pseudo R^2	0.1077	0.1193
N	6701	6766

注：由于使用 logit 回归模型在回归后，stata 自动 drop 部分变量，因而样本量不同。

4.4.2 投资者关注度

伴随“双碳”目标、生态文明建设、ESG 等理念的兴起，企业社会责任逐渐引起投资者的关注，并对投资者的决策产生越来越重要的影响。为获得投资者的认可，企业有足够的动机积极披露社会责任报告，向投资者传递其良好的社会责任表现（全晶晶，2022）[233]，特别是投资者关注度较高的企业，积极披露社会责任报告能给企业带来更高的收益。因此，对投资者关注度较高的企业来说，在地区存在经济增长压力时，尽管企业面临地方政府给予的经济增长压力，但企业同时受投资者的关注，不得不披露社会责任报告以维持企业在市场中的竞争力，相反，对投资者关注度较低的企业来说，地区经济增长压力对企业社会责任报告披露意愿的负向影响可能更为显著。

在互联网时代，股吧等社交媒体已经成为投资者互动的重要平台（黄灿和蒋青嬗，2022）[182]，因此，本章使用上市公司股吧发帖量、阅读数和评论数三个指标衡量投资者关注度。该数据来自股吧评论数据库（GUBA），汇总了中国最大的股吧论坛的相关发帖情况，能够直接反映投资者对股票的关注情况。因此，参照伊志宏等（2019）[279]、孙鲲鹏等（2020）[242]，本章分别取发帖量、阅读数和评论数的自然对数作为分组变量，按照年度中位数进行分组，若小于等于年度中位数，则表明该上市公司的投资者关注度较低，否则该上市公司的投资者关注度较高。基于式（4－1）进行分组回归，表 4－11 列示了回归结果。当发帖量、阅读数、评论数较低时，地区经济增长压力（*PRESSURE*）的回归系数分别为－0.2913、－0.2801 和－0.2830，且均在 5% 的水平下显著。但是，当发帖量、阅读数、评论数较多时，地区经济增长压力（*PRESSURE*）的回归系数分别为－0.1172、－0.1283、－0.1209，且均不显著。上述结果表明，当企业的投资者关注度较低时，地区经济增长压力对企业社会责任报告披露意愿的负向影响更为显著。而企业的投资者关注度较高时，地区经济增长压力对企业社会责任报告披露意愿无显著影响。

表 4－11　　异质性分析：投资者关注度

变量	(1)	(2)	(3)	(4)	(5)	(6)
	发帖量		阅读数		评论数	
	投资者关注度较低	投资者关注度较高	投资者关注度较低	投资者关注度较高	投资者关注度较低	投资者关注度较高
PRESSURE	－0.2913** (－2.38)	－0.1172 (－1.37)	－0.2801** (－2.18)	－0.1283 (－1.41)	－0.2830** (－2.17)	－0.1209 (－1.40)
SIZE	0.7988*** (15.13)	0.6893*** (15.15)	0.7384*** (13.95)	0.7057*** (15.66)	0.7835*** (15.04)	0.6986*** (15.55)
LEV	－0.8188*** (－3.09)	－1.1513*** (－4.94)	－0.7982*** (－2.95)	－1.1279*** (－4.91)	－0.9405*** (－3.59)	－1.1110*** (－4.78)
ROA	0.5209 (0.55)	0.5094 (0.55)	0.9214 (0.95)	0.3323 (0.47)	－0.4205 (－0.45)	0.9758 (1.35)
GROWTH	－0.1222 (－1.32)	－0.1954*** (－2.60)	－0.1502* (－1.65)	－0.1758** (－2.36)	－0.0348 (－0.38)	－0.2418*** (－3.21)
CFO	0.9577 (1.50)	0.9855* (1.77)	0.7551 (1.17)	1.1562** (2.07)	1.1922* (1.89)	0.8398 (1.48)

续表

变量	(1)	(2)	(3)	(4)	(5)	(6)
	发帖量		阅读数		评论数	
	投资者关注度较低	投资者关注度较高	投资者关注度较低	投资者关注度较高	投资者关注度较低	投资者关注度较高
STATE	0.2853*** (2.93)	0.1493* (1.78)	0.2252** (2.28)	0.1965** (2.37)	0.1981** (2.06)	0.1962** (2.31)
SHARE	-0.4360 (-1.22)	-1.1793*** (-2.72)	-0.6316* (-1.76)	-0.8528** (-1.99)	-0.7456** (-2.07)	-0.7859* (-1.89)
INSTIHOLD	0.0174 (0.09)	0.3112 (1.64)	0.0915 (0.46)	0.2701 (1.42)	-0.0905 (-0.46)	0.4354** (2.26)
DUAL	-0.0875 (-0.83)	-0.0718 (-0.72)	-0.0314 (-0.30)	-0.1469 (-1.48)	-0.0549 (-0.52)	-0.1260 (-1.25)
IDDIRE	-0.9611 (-1.30)	-0.4250 (-0.62)	-1.2515* (-1.65)	-0.3162 (-0.47)	-0.6701 (-0.93)	-0.6678 (-0.95)
POLLUTION	1.2231** (2.56)	-0.8026** (-2.41)	1.1096** (2.47)	-0.8358** (-2.35)	0.8390* (1.93)	-0.7368** (-2.07)
GDPPER	-0.2909*** (-3.73)	0.1612** (2.27)	-0.3184*** (-4.03)	0.1799*** (2.59)	-0.2860*** (-3.68)	0.1580** (2.21)
_CONS	-14.8250*** (-10.56)	-17.9763*** (-14.22)	-13.3780*** (-9.46)	-18.4434*** (-14.80)	-14.4874*** (-10.41)	-18.1258*** (-14.26)
YEAR	控制	控制	控制	控制	控制	控制
INDUSTRY	控制	控制	控制	控制	控制	控制
Pseudo R^2	0.1133	0.1155	0.1101	0.1149	0.1117	0.1162
N	6671	6791	6660	6794	6670	6794

注：由于使用 logit 回归模型在回归后，stata 自动 drop 部分变量，因而样本量不同。

4.5 进一步分析

在考察地区经济增长压力对企业社会责任报告披露意愿的基础上，本章进一步以披露社会责任报告的企业为样本，从社会责任报告披露及时性的角度检验地区经济增长压力对企业社会责任报告的影响。当地区存在经济增长压力时，地方政府更关注企业的经济绩效，忽视企业的社会责任，导致企业披露社会责任报告的动机相应减弱，减缓对中央发布社会责任报告政策的响应速度。因此，地区经济增长压力越大，企业社会责任报告披露越不及时。本章建立式（4－4），进一步检验地区经济增长压力对企业社会责任报告披露及时性的影响。

$$
\begin{aligned}
DAY_{i,t} = {} & \alpha_0 + \alpha_1 PRESSURE_{c,t} + \alpha_2 SIZE_{i,t} + \alpha_3 LEV_{i,t} + \alpha_4 ROA_{i,t} + \alpha_5 GROWTH_{i,t} \\
& + \alpha_6 CFO_{i,t} + \alpha_7 STATE_{i,t} + \alpha_8 SHARE_{i,t} + \alpha_9 INSTIHOLD_{i,t} \\
& + \alpha_{10} DUAL_{i,t} + \alpha_{11} IDDIRE_{i,t} + \alpha_{12} VOL_{i,t} + \alpha_{13} POLLUTION_{i,t} \\
& + \alpha_{14} GDPPER_{c,t} + YEAR + INDUSTRY + \varepsilon_{i,t} \qquad (4-4)
\end{aligned}
$$

其中，i 表示企业；t 表示时间；c 表示城市；DAY 为企业社会责任报告披露及时性，使用社会责任报告披露的日期与财务报告日之间的天数衡量；其余变量同式（4－1）。本章采用式（4－4）进行回归分析，结果如表 4－12 列（1）—列（4）所示。仅控制行业、年度时，地区经济增长压力（*PRESSURE*）的回归系数为 0.4253，且在 5% 的水平下显著。逐步加入控制变量后，地区经济增长压力（*PRESSURE*）与企业社会责任报告披露及时性均显著正相关，说明当地区经济增长压力较大时，地方官员将降低对企业社会责任的关注度，导致企业减缓社会责任报告的披露速度。

此外，考虑到企业社会责任报告披露及时性可能会受到年报披露时间的影响，本章进一步控制了年报披露时间并重新进行回归，结果如表 4－12 列（5）所示。地区经济增长压力的回归系数为 0.3949，且在 10% 的水平下显著，验证了上述结论的稳健性。

表 4－12　地区经济增长压力对社会责任报告披露及时性的影响

变量	(1) *DAY*	(2) *DAY*	(3) *DAY*	(4) *DAY*	(5) *DAY*
PRESSURE	0.4253** (2.00)	0.3325* (1.80)	0.3442* (1.73)	0.3785* (1.86)	0.3949* (1.83)
SIZE		1.3820*** (2.78)	1.3894*** (4.49)	1.3289*** (4.24)	1.3467*** (4.27)
LEV		−2.0964 (−0.54)	−2.4634 (−1.12)	−2.3452 (−1.07)	−2.4002 (−1.11)

续表

变量	(1) *DAY*	(2) *DAY*	(3) *DAY*	(4) *DAY*	(5) *DAY*
ROA		-25.6498*** (-3.05)	-27.0039*** (-3.84)	-26.6987*** (-3.80)	-26.0711*** (-3.74)
GROWTH		-2.9780** (-2.49)	-2.8886*** (-2.78)	-2.8472*** (-2.74)	-2.8216*** (-2.63)
CFO		-19.4043** (-2.58)	-18.9000*** (-3.68)	-18.9527*** (-3.68)	-19.9381*** (-3.68)
STATE		-2.5835 (-1.66)	-2.6590*** (-3.81)	-2.6585*** (-3.80)	-2.7038*** (-3.73)
SHARE			-4.8060 (-1.09)	-5.3167 (-1.20)	-5.7898 (-1.15)
INSTIHOLD			0.9457 (0.57)	0.8760 (0.53)	1.2288 (0.73)
DUAL			2.0996** (2.53)	2.1345** (2.57)	2.1112** (2.51)
IDDIRE			-17.7941*** (-3.24)	-17.8580*** (-3.25)	-18.6791*** (-3.31)
POLLUTION				4.6801 (1.54)	5.0426* (1.74)
GDPPER				0.5183 (0.85)	0.5160 (0.83)
ANNUAL					17.5935*** (10.25)
_CONS	96.4837*** (33.62)	71.2505*** (6.89)	77.2650*** (11.30)	73.1814*** (8.39)	71.8862*** (8.24)
YEAR	控制	控制	控制	控制	控制
INDUSTRY	控制	控制	控制	控制	控制
adj. R^2	0.1221	0.1427	0.1456	0.1458	0.1557
N	3684	3684	3684	3684	3684

注：本表仅以披露社会责任报告的企业为样本，故样本量为3684。

4.6 稳健性检验

4.6.1 倾向得分匹配

考虑到存在经济增长压力地区的样本与不存在经济增长压力地区的样本之间可能存在系统性差异，为减少该差异对结论产生的影响，本章使用倾向得分匹配法对存在经济增长压力地区的样本与不存在地区经济增长压力地区的样本进行匹配，重新检验地区经济增长压力对企业社会责任报告披露意愿的影响。首先，按照地区上一年度是否达成经济增长目标将样本划分为存在经济增长压力和不存在经济增长压力两组。若上一年度达成了既定的目标，则下一年度地方政府的经济增长压力相对较小；若上一年度未达成既定的目标，则下一年度地方政府将面临更大的经济增长压力。其次，以上述控制变量作为协变量，使用 Logit 模型将存在经济增长压力和不存在经济增长压力的样本进行匹配。具体选择 1:4 最近邻匹配，尽可能保留更多样本，最终样本量为 12805。平衡性检验结果如表 4-13 所示，匹配后协变量标准偏误均小于 10%，且通过了 t 检验，表明该匹配结果成立。

表 4-13　平衡性检验结果

协变量		均值		标准偏误 (%)	误差削减 (%)	*t* 检验	
		处理组	对照组			*t*	*p*
SIZE	匹配前	21.9500	21.8180	12.3		7.13	0.00
	匹配后	21.9500	21.9590	-0.9	92.7	-0.55	0.59
LEV	匹配前	0.4206	0.4113	4.4		2.57	0.01
	匹配后	0.4205	0.4221	-0.8	82.3	-0.48	0.63
ROA	匹配前	0.0396	0.0440	-7.4		-4.27	0.00
	匹配后	0.0396	0.0393	0.6	91.3	0.39	0.70
GROWTH	匹配前	0.1816	0.2374	-11.4		-6.61	0.00
	匹配后	0.1817	0.1922	-2.1	81.1	-1.42	0.16
CFO	匹配前	0.0456	0.0408	6.9		4.02	0.00
	匹配后	0.0456	0.0456	-0.1	99	-0.04	0.97

续表

协变量		均值		标准偏误（%）	误差削减（%）	t检验	
		处理组	对照组			t	p
STATE	匹配前	0.3188	0.3237	-1.0		-0.60	0.55
	匹配后	0.3188	0.3189	0.0	98	-0.01	0.99
SHARE	匹配前	0.0755	0.0774	-1.3		-0.75	0.45
	匹配后	0.0755	0.0732	1.6	-20.4	0.98	0.33
INSTIHOLD	匹配前	0.3786	0.3720	3.0		1.72	0.09
	匹配后	0.3786	0.3820	-1.5	49.6	-0.92	0.36
DUAL	匹配前	0.2711	0.2763	-1.2		-0.67	0.51
	匹配后	0.2712	0.2672	0.9	22.3	0.56	0.58
IDDIRE	匹配前	0.3736	0.3738	-0.4		-0.22	0.83
	匹配后	0.3735	0.3730	1.1	-183.7	0.67	0.50
POLLUTION	匹配前	0.2545	0.2272	6.4		3.68	0.00
	匹配后	0.2546	0.2561	-0.4	94.5	-0.21	0.83
GDP	匹配前	11.3190	11.3760	-9.9		-5.77	0.00
	匹配后	11.3190	11.3160	0.5	94.5	0.34	0.73

基于倾向得分匹配结果，本章采用式（4-1）重新检验。回归结果如表4-14列（1）所示，地区经济增长压力（*PRESSURE*）的回归系数为-0.1555，且在10%的水平下显著，说明控制样本偏差后，地区经济增长压力仍显著降低了企业社会责任报告披露意愿，验证了主假设的稳健性。

4.6.2 熵平衡检验

考虑到倾向得分匹配法在匹配过程中会造成大量样本缺失，削弱了结果的信服力，因此，本章使用 Hainmueller（2012）提出的熵平衡数据处理方法[55]。熵平衡方法能够避免样本信息丢失，尽可能使样本内生偏误减小，使匹配结果更为精确，得出的结论更加稳健。因此，根据所在地区是否存在地区经济增长压力将样本分为两组，并对控制组重新加权，使得存在经济增长压力地区和不存在经济增长压力地区的企业特征变量的均值、方差、偏度均接近一致，在此基础上，使用式（4-1）重新进行回归。如表4-14列（2）所示，地区经济增长压力的回归系数为-0.1246，且在10%的水平下显著。

这表明在控制样本偏差后，地区经济增长压力仍显著降低了企业披露社会责任报告的意愿，验证了上述结论的稳健性。

表 4-14　PSM、熵平衡检验结果

变量	(1) PSM	(2) 熵平衡
PRESSURE	-0.1555* (-1.93)	-0.1246* (-1.75)
SIZE	0.7267*** (21.63)	0.6939*** (7.67)
LEV	-1.0896*** (-6.12)	-0.9969*** (-2.68)
ROA	0.3539 (0.60)	0.6359 (0.81)
GROWTH	-0.1554*** (-2.63)	-0.1207** (-2.19)
CFO	0.8552** (1.99)	0.7706 (1.17)
STATE	0.1809*** (2.80)	0.1766 (1.01)
SHARE	-0.6976** (-2.48)	-0.7791* (-1.70)
INSTIHOLD	0.2423* (1.77)	0.2284 (0.72)
DUAL	-0.1264* (-1.70)	-0.1346 (-1.08)
IDDIRE	-0.9473* (-1.81)	-0.5602 (-0.56)
POLLUTION	0.1784 (0.66)	0.0778 (0.15)
GDPPER	-0.0426 (-0.79)	-0.0220 (-0.16)
_CONS	-16.2560*** (-17.15)	-15.9182*** (-5.58)
YEAR	控制	控制
INDUSTRY	控制	控制
Pseudo R^2	0.1085	0.1045
N	12805	13592

4.6.3 工具变量法检验

考虑到地区经济增长压力与企业社会责任报告披露意愿之间的关系可能受遗漏变量等内生性问题的影响，本章参照纪祥裕和唐荣（2021）[191]、李书娟等（2021）[203]，使用各省份地级市数量作为工具变量。各省份地级市数量会对地方的经济发展具有影响，但不会直接影响企业的社会责任报告披露意愿。因此，本章使用地级市数量作为工具变量进行回归。表4-15为工具变量检验结果。由列（1）可知，地级市数量（*CITY*）与地区经济增长压力（*PRESSURE*）在5%的水平下显著负相关，工具变量满足了相关性要求。列（2）中，第二阶段地区经济增长压力与企业社会责任报告披露意愿仍在1%的水平下显著负相关，说明在控制内生性后，地区经济增长压力依旧显著降低了企业社会责任报告披露意愿。

表4-15　　　　工具变量检验结果

变量	(1) *PRESSURE*	(2) *CSR*
CITY	-0.0033** (-2.53)	
PRESSURE		-1.0866*** (-5.86)
SIZE	0.0214*** (3.18)	0.0583 (1.47)
LEV	0.0524 (1.03)	-0.1747* (-1.81)
ROA	-0.0947 (-0.82)	0.1576 (1.03)
GROWTH	-0.0044 (-0.29)	-0.0120 (-0.53)
CFO	0.0417 (0.61)	0.0595 (0.66)
STATE	0.0145 (0.67)	0.0019 (0.07)

续表

变量	(1) *PRESSURE*	(2) *CSR*
SHARE	0.0153 (0.53)	-0.0787 (-1.38)
INSTIHOLD	-0.0320 (-1.08)	0.0577 (1.58)
DUAL	-0.0027 (-0.30)	-0.0069 (-0.49)
IDDIRE	-0.0712 (-0.64)	0.0011 (0.01)
POLLUTION	-0.0483 (-1.15)	0.0719 (1.31)
GDPPER	-0.1221*** (-4.44)	0.1379*** (9.12)
_CONS	1.8583*** (5.86)	-3.9463*** (-4.13)
YEAR	控制	控制
INDUSTRY	控制	控制
N	3684	3684

注：当 RSS > TSS 时，R^2 在 2SLS 中可能是负数。

4.6.4　替换回归模型

本章还使用 probit 模型进行稳健性检验。如表 4-16 列（1）所示，地区经济增长压力（*PRESSURE*）的回归系数为 -0.0899，且仍在 5% 的水平下显著，即地区经济增长压力显著降低了企业社会责任报告的披露意愿，验证了前述结论的稳健性。

4.6.5　替换主要变量衡量方式

本章改变解释变量的衡量方式。具体参照任晓怡等（2021）[235]，使用地级市政府在政府工作报告中发布的经济增长目标衡量地区经济增长压力

(*TARGET*)。政府经济增长目标设定得越高，地方官员为达成经济目标所面临的经济增长压力越大。如表 4－16 列（2）所示，地区经济增长压力的回归系数分别为－0.1144，且在 1% 的水平下显著，表明地区经济增长压力降低了企业社会责任报告的披露意愿，验证了上述结论的稳健性。

表 4－16　　替换回归模型与主要变量衡量方式

变量	(1) Probit	(2) 替换变量
PRESSURE	－0.0899** (－2.07)	
TARGET		－0.1144*** (－4.52)
SIZE	0.4016*** (22.69)	0.7156*** (21.96)
LEV	－0.5633*** (－6.09)	－1.0285*** (－5.98)
ROA	0.2296 (0.77)	0.4495 (0.80)
GROWTH	－0.0813*** (－2.59)	－0.1444** (－2.48)
CFO	0.4944** (2.17)	0.8578** (2.07)
STATE	0.0921*** (2.69)	0.1850*** (2.95)
SHARE	－0.3480** (－2.51)	－0.6745** (－2.50)
INSTIHOLD	0.1142 (1.57)	0.2257* (1.70)
DUAL	－0.0447 (－1.18)	－0.0909 (－1.27)
IDDIRE	－0.3829 (－1.40)	－0.6498 (－1.29)
POLLUTION	0.0791 (0.55)	0.1237 (0.47)

续表

变量	(1) Probit	(2) 替换变量
GDPPER	-0.0285 (-1.01)	-0.0284 (-0.55)
_CONS	-9.0290*** (-18.11)	-16.2498*** (-17.73)
YEAR	控制	控制
INDUSTRY	控制	控制
Pseudo R^2	0.1075	0.1079
N	13592	13592

4.7　本章小结

本章主要从企业是否愿意披露社会责任报告的角度，考察地区经济增长压力对企业社会责任报告披露意愿的影响，以及地方官员政绩考核新标准实施之后对二者关系的影响。本章以 2010—2019 年非强制性要求披露社会责任报告的中国 A 股上市公司为研究对象，对上述问题进行了实证检验，得出以下主要研究结论：地区经济增长压力越大，企业社会责任报告披露意愿越低；政绩考核新标准的实施，有效缓解了二者之间的负相关关系。机制检验发现，地区经济增长压力对企业社会责任报告披露意愿的影响主要在地方官员晋升激励较大的地区、国有企业以及经济贡献度较大的企业中更为显著。异质性分析发现，相比于媒体和投资者关注度较高的企业，地区经济增长压力对企业社会责任报告披露意愿的影响主要在媒体和投资者关注度较低的企业中更为显著。针对披露社会责任报告的企业，地区经济增长压力显著降低了企业社会责任报告披露的及时性。此外，本章还进行了 PSM、工具变量法等稳健性检验，结论仍然成立。

上述研究结果表明，当地区存在经济增长压力时，地方政府倾向于优先发展短期经济而淡化对环境、公益等社会问题的关注，降低了企业披露社会责任报告的意愿。政绩考核标准实施之后，弱化经济指标对官员政绩考核的重要性，实行环境、社会等多维度的政绩考核评价标准，总体上能够有效减少地区经济增长压力对企业社会责任报告披露意愿的负面影响。此外，媒体和投资者的关注有助于减少地区经济增长压力对企业社会责任报告披露意愿的不利影响，充分发挥市场对企业社会责任报告披露的引导作用，弥补了正式制度的不足。本章基于宏观经济增长的视角，探讨了地区经济增长压力带来的制度压力对企业社会责任报告披露意愿的影响，结合中国制度背景深入挖掘了企业社会责任报告自愿披露背后的动因，丰富了企业社会责任报告披露的相关文献，补充了地区经济增长压力的微观经济后果研究，同时也为当前政绩考核制度的改进提供了微观证据及合理建议。

第 5 章

地区经济增长压力、政绩考核与 CSR 报告内容

尽管越来越多的上市公司开始披露社会责任报告，但企业社会责任报告的内容质量参差不齐，导致企业社会责任报告缺乏实际意义，难以发挥其价值（贺小刚等，2019）[179]，甚至误导信息使用者（Mishra 和 Modi，2013）[111]。因此，如何提高社会责任报告内容质量这一问题亟待解决。2018 年，证监会修订了《上市公司治理准则》，强调企业应当在社会责任方面发挥带头作用，同时还进一步提出上市公司披露的信息应该真实、准确、完整，对自愿披露的信息不得进行选择性披露。学术界也从多个方面对企业社会责任报告内容质量的影响因素进行了探讨，包括企业基本特征（沈洪涛，2007[236]；Hahn 和 Kühnen，2013[54]）、公司治理水平（Mallin 等，2013[100]；秦续忠等，2018[231]）、管理层个人特征（Cronqvist 和 Yu，2017[29]；李维等，2021[205]）以及区域文化（邹萍，2020）[309]、法律法规等（Aguilera 等，2007）[2]外部制度环境。尽管也有部分学者从寻租的角度，探讨了政治氛围（倪昌红，2019）[224]、政治关联（黎文靖，2012）[196]等对企业社会责任报告披露内容质量的影响，然而少有学者基于中国式财政分权制度背景，探讨经济增长压力如何作用于企业社会责任报告内容。

当地区存在经济增长压力时，为提升经济绩效，地方官员对区域内企业追求经济利润的行为往往乐见其成（Piotroski 和 Zhang，2014）[122]，降低对社会责任的关注度，挤占企业在社会公益等方面的资源（Wei，2021）[147]，进而影响企业社会责任表现，对企业社会责任报告内容产生一定影响。当官员政绩考核标准发生变化，不再以经济激励为主要导向时，地区经济增长压力对企业社会责任报告内容的影响有何变化？对这一问题的研究有助于揭露企业社会责任报告信息内容的根本影响因素，对监管部门从根本上提高企业

社会责任报告内容的质量具有重要的理论意义与现实意义。

基于上述分析，本章侧重于从社会责任报告内容的角度，使用内容分析法对企业社会责任报告的内容质量进行分析，以披露社会责任报告的A股上市公司为样本，探讨地区经济增长压力对企业社会责任报告内容的影响及影响机制，并在此基础上，研究政绩考核新标准对地区经济增长压力与企业社会责任报告内容关系的影响。研究发现，地区经济增长压力越大，该地区企业社会责任报告内容质量越低；政绩考核新标准的实施有效缓解了二者之间的负相关关系。机制检验发现，在地方官员晋升激励较大的地区、国有企业以及经济贡献度较大的企业中，地区经济增长压力对企业社会责任报告内容质量的抑制作用更为显著。异质性分析发现，在自愿披露社会责任报告、未按照GRI标准披露社会责任报告以及媒体和投资者关注度较低的企业中，地区经济增长压力显著降低了企业社会责任报告内容质量。细分企业社会责任表现，地区经济增长压力主要对股东权益、债权人权益、职工权益、安全生产内容等内部社会责任表现，以及客户及消费者权益、供应商权益、环境和可持续发展、公共关系和社会公益事业等外部社会责任表现产生负面影响。此外，地区经济增长压力对企业社会责任报告内容质量还具有长期动态影响。

5.1 理论分析与假设提出

5.1.1 地区经济增长压力与CSR报告内容

地区经济增长压力导致地方政府以及企业将注意力集中于发展短期经济，减少了对企业社会责任的资源投入以及关注度，进而降低了企业社会责任报告的内容质量。具体分析如下。

一方面，地区经济增长压力挤占了企业投入社会责任的资源，进而导致企业社会责任表现较差，社会责任报告内容质量相应降低。具体而言，当地区存在经济增长压力时，地方政府会将经济增长压力转嫁于企业。分税制改革以来，中央政府利用人事控制权激励地方官员提升经济绩效，经济发展一度成为地方官员政绩考核的关键指标（周黎安，2007[305]；Chen等，2020[22]）。而企业是增加税收和发展经济的主力军，地方政府在税收、经济、就业等方面严重依赖地方企业（Liu 等，2021）[88]。例如，罗平锌电（002114）营业收入在曲靖市生产总值中占比最高，达到 1.90%，在罗平县生产总值的占比更是高达 22.9%。因此，当面临较大的经济增长压力时，地方官员往往有动机将压力转嫁于企业，要求企业快速提升经济利润以实现既定经济目标。

对企业而言，企业有动机遵循地方政府发展经济的意愿，对经济利润的追求导致企业社会责任表现降低，社会责任报告内容质量随之降低。企业对地方政府的资源具有较强的依赖性。为获得地方政府的认可和资源，如商业机会、许可证、税收优惠等（Luo 等，2017）[94]，企业更愿意遵循地方政府的意志，尽力迎合地方政府的需求（邹萍，2018）[310]。当存在地区经济增长压力时，地方政府对企业经济绩效的关注会使企业有更强的动机提高经济绩效。履行社会责任需要企业付出较高的成本，且在短期内难以看到成效，因此，在资源有限的情况下，追求经济利润必然挤占企业承担社会责任的投入（Wei，2021[147]；Zhao 和 Murrell，2016[157]）。企业社会责任报告是企业社会责任履行的主要体现，“做的多则说的多”，企业所承担的社会责任越多，其社会责任报告内容越充实，内容质量越高，而企业社会责任履行较少则意味着企业难以有更多信息进行披露（Nazari 等，2017[114]；倪昌红，2019[224]）。

另一方面，地区经济增长压力使得地方政府对企业的社会责任表现关注不足，降低了企业提高社会责任报告内容质量的积极性。当地区存在经济增长压力时，地方政府对经济目标的过分关注，使得地方官员的“天平”倾斜，地方政府对环境、公共利益等社会责任重视不足。此时，即使企业提高社会责任报告内容质量，也难以获得地方政府的青睐，地方政府甚至不希望看到企业将有限的资源用于对短期经济无益的社会责任活动，并将企业的社会责任投入视为一种成本（Luo 等，2017）[94]。在这种情况下，企业将会减少对企业社会责任表现具体内容的披露。

此外，监管部门尚未制定强制性的社会责任报告框架，且未要求强制审计，使得企业管理层在决定发布社会责任报告时具有较大的自由裁量权（Pinnuck 等，2021）[121]。当企业社会责任表现不佳或不愿意披露更多社会责任内容时，机会主义管理者可能会选择不披露或少披露其关注较少的领域，进而降低企业社会责任报告内容质量（Du 和 Yu，2021）[41]。

因此，基于上述分析，提出假设 H5－1：地区经济增长压力越大，企业社会责任报告内容质量越低。

5.1.2 地区经济增长压力、政绩考核与 CSR 报告内容

政绩考核新标准的实施缓解了地方政府的经济增长压力，提高了地方政府对企业社会责任的关注度，进而有助于减少地区经济增长压力对企业社会责任报告内容的不利影响。

政绩考核新标准将环境、文化、安全生产、社会和谐等因素纳入地方官员政绩考核指标之中，改变了传统的仅以经济为主的政绩考核体系，形成了多元化的政绩考核体系。政绩考核新标准鼓励地方官员借助所在地区特有的自然禀赋，优先考虑环境保护、提高社会福利等，从多方面实现政治晋升（张彩云等，2018）[287]，扭转了地方官员“唯 GDP”的政治晋升制度，弱化了经济发展对官员晋升的激励作用，进而遏制了地方政府发展经济的短视行为，提高了地方政府对企业社会责任的重视程度。

在此情况下，一方面，从企业社会责任表现来看，企业更愿意将其资源用于履行社会责任，遵循地方政府意愿，企业的社会责任行为还能得到地方政府的资源支持，因此企业在承担社会责任时会更加积极，企业社会责任报告内容也随之更加充实，社会责任报告内容质量会更高。另一方面，从企业披露动机来看，政绩考核新标准实施之后，地方政府也对企业社会责任表现更加关注。社会责任报告是反映企业社会责任表现的主要载体，企业有较强的动机提高社会责任报告内容质量，以获得政府的支持和认可。若企业社会责任报告披露的内容较差，则更容易暴露企业较差的社会表现，企业会遭受更多惩罚。

综上所述，政绩考核新标准的实施有助于缓解地区经济增长压力对企业社会责任报告内容的不利影响。

基于此，提出假设 H5 - 2：政绩考核新标准的实施缓解了地区经济增长压力与企业社会责任报告内容质量的负相关关系。

5.2 样本选择和研究设计

5.2.1 样本选择与数据来源

2008 年证券交易所正式提出采取强制和自愿相结合的方式鼓励企业披露

社会责任报告，企业陆续开始披露社会责任报告，直至 2010 年，披露企业社会责任报告的企业数量呈现跳跃式上升。考虑到数据的可获得性，本章内容的样本开始于 2010 年。2020 年全球暴发新冠疫情，对中国乃至全球经济均产生重大影响，导致诸多企业停工停产。由于 2010—2019 年样本范围足够支撑本章的研究内容，故以 2010—2019 年为样本时间区间。因本章内容的研究对象为企业社会责任报告的内容，故本章仅选取了披露社会责任报告的企业样本。考虑到直辖市城市定位与一般地级市不同，并且直辖市属于省级行政单位，直属中央政府管理，而地级市属于地级行政区，级别不同使得一般地级市的政府官员与直辖市政府官员面临的晋升机遇和晋升压力不同，故剔除位于四个直辖市的样本。此外，还剔除了资产与所有者权益小于等于 0 的样本、ST 类企业样本、金融保险类企业样本以及缺失值样本，最终共获得 3684 个公司—年度有效样本，样本筛选过程如表 5－1 所示。社会责任报告内容评分来自润灵环球数据库。地区经济增长目标数据通过手工搜集各地级市政府工作报告数据获得。地方官员特征数据依据择城网、地方领导资料库、百度百科等网页手工搜集。宏观经济数据来自《中国区域经济统计年鉴》，财务数据来源于 Wind 和 CSMAR 数据库。为避免极端值的影响，对连续变量进行了上下 1% 的缩尾处理。

表 5－1　　样本选择

项目	样本观测（公司—年度）	样本观测（公司观测）
2010—2019 年 A 股上市公司	3704	28502
其中：披露社会责任报告的上市公司	1069	6867
减：直辖市上市公司	286	1909
减：金融业、保险业样本	50	278
减：总资产、所有者权益为负值或零的样本及 ST，*ST 公司	35	191
减：数据缺失样本	139	805
最终样本数	559	3684

5.2.2 变量定义

5.2.2.1 被解释变量

本章的被解释变量为企业社会责任报告内容质量（*CSR*）。本章侧重于从社会责任报告内容的角度，探讨地区经济增长压力对企业社会责任报告的影响。本章首先依据企业社会责任报告中披露的内容，对每项内容设定分值和权重，通过内容分析法进行打分后取对数，进而衡量企业社会责任报告内容质量。润灵环球数据库对企业社会责任报告内容性评级（C）的指标设计，涵盖了经济绩效、社区参与及发展、环境、劳工与人权、消费者、公平运营共六项内容，并在这六项内容下细分“公益捐赠信息”、“消费者（客户）服务信息”等30个二级指标。可见，该评分方法相对完整、覆盖面广，目前广泛应用于企业社会责任报告的研究中（Luo 等，2017[94]；李维等，2021[205]）。因此，本章使用润灵环球数据库对企业社会责任报告内容性（Content）评分取自然对数（*CSR*）衡量企业社会责任报告内容的质量。*CSR* 值越高，企业社会责任报告内容质量越高。在稳健性检验中，使用和讯数据库与 CSMAR 数据库中对企业社会责任报告内容的打分以进行稳健性检验。

5.2.2.2 解释变量

本章的解释变量为地区经济增长压力（*PRESSURE*）。参照李茫茫等（2021）[201]、毛奕欢等（2022）[223]、马新啸等（2022）[222]，使用上一年各地级市经济增长目标与实际经济增长速度之间的差值进行衡量。若地区未达到年初设定的经济增长目标值，则会在下一年对该地区政府形成压力。*PRESSURE* 值越大，表明地区经济增长压力越大。其中，地级市政府每年1月下旬至2月中旬在市级人大会议做政府工作报告，对上一年地区生产总值进行总结回顾，并对当年地区经济增长目标进行展望。经济增长目标值是政府根据历史数据以及当前宏观经济运行情况，通过科学的估计手段制定的，不仅体现了对市场未来经济的发展预期，还具备可行性，符合现实情况。这一数据经过了本级人民代表大会批准，因此具备一定的科学性和可信性。考虑到政府工作报告中的经济增长目标往往带有“左右”、“约”、“不低于”等修饰性词语，如“预期地区生产总值增长8%左右”，这种情况下，本章使用具体数据8%进行衡量。部分地级市政府工作报告对未来一年经济增长目标的预测采用区间值进行估计，例如“预期地区生产总值增长 7%—8%”，此时使用区间中值进行衡量。

5.2.2.3　分组变量

本章的分组变量为政绩考核新标准的实施（*TIME*）。政绩考核新标准于 2013 年 12 月发布，正式开始实施时间为 2014 年，因此，参照程仲鸣等（2020）[167]，本章以政绩考核制度新标准的正式实施年份（2014 年）为分界点，当样本所处年份位于 2014 年及以后，*TIME* 为 1，否则为 0。

5.2.2.4　控制变量

企业社会责任报告披露意愿还可能受到公司财务特征、治理特征以及其他宏观因素的影响。因此，本章参照倪昌红（2019）[224]、全晶晶（2022）[233]等研究，选取的控制变量如下：财务特征控制变量包括企业规模（*SIZE*）、资产负债率（*LEV*）、盈利能力（*ROA*）、企业成长性（*GROWTH*）、企业现金流（*CFO*）、产权性质（*STATE*）；治理特征控制变量包括高管持股比例（*SHARE*）、机构持股比例（*INSTIHOLD*）、总经理和董事长两职合一（*DUAL*）、独立董事占比（*IDDIRE*）；其他控制变量包括是否为重污染企业（*POLLUTION*），具体参照陶锋等（2021）对重污染企业进行选择[247]；宏观层面控制变量包括地区人均生产总值（*GDPPER*），使用地级市人均生产总值的自然对数进行衡量。各变量具体变量定义如表 5－2 所示。

表 5－2　变量定义表

变量类型	变量含义	变量名	计算方法
被解释变量	企业社会责任报告内容质量	*CSR*	内容性评分的自然对数
解释变量	地区经济增长压力	*PRESSURE*	上一年经济增长目标－实际经济增长速度
分组变量	政绩考核新标准的实施	*TIME*	2014 年之前，令 *TIME* 为 0；2014 年及以后，令 *TIME* 为 1
控制变量	公司规模	*SIZE*	Ln（总资产）
	资产负债率	*LEV*	总负债/总资产
	盈利能力	*ROA*	净利润/总资产

续表

变量类型	变量含义	变量名	计算方法
控制变量	企业成长性	*GROWTH*	营业收入增长率
	企业现金流	*CFO*	企业经营活动现金流净额/企业总资产
	产权性质	*STATE*	国企为1，否则为0
	高管持股比例	*SHARE*	高级管理人员持股数/公司总股本
	机构持股比例	*INSTIHOLD*	机构持股合计/流通A股
	两职合一	*DUAL*	总经理和董事长两职合一，则为1，否则为0
	独立董事占比	*IDDIRE*	独立董事人数占董事会总人数的比值
	是否为重污染企业	*POLLUTION*	重污染企业为1，否则为0
	地区人均生产总值	*GDPPER*	地级市人均生产总值的自然对数
	年度	*YEAR*	年度虚拟变量
	行业	*INDUSTRY*	行业虚拟变量

5.2.3 模型构建

为检验地区经济增长压力对企业社会责任报告内容质量的影响，本章首先构建模型如式（5－1）所示，检验假设H5－1。

$$\begin{aligned} CSR_{i,t} = {} & \alpha_0 + \alpha_1 PRESSURE_{c,t} + \alpha_2 SIZE_{i,t} + \alpha_3 LEV_{i,t} + \alpha_4 ROA_{i,t} + \alpha_5 GROWTH_{i,t} \\ & + \alpha_6 CFO_{i,t} + \alpha_7 STATE_{i,t} + \alpha_8 SHARE_{i,t} + \alpha_9 INSTIHOLD_{i,t} + \alpha_{10} DUAL_{i,t} \\ & + \alpha_{11} IDDIRE_{i,t} + \alpha_{12} POLLUTION_{i,t} + \alpha_{13} GDPPER_{c,t} + \sum YEAR \\ & + \sum INDUSTRY + \varepsilon_{i,t} \end{aligned} \tag{5-1}$$

为验证政绩考核新标准的实施对地区经济增长压力与企业社会责任报告内容质量相关关系的作用，参照 Acharya 等（2017）[1]、程仲鸣等（2020）[167]、Xiao 和 Shen（2022）[152]的研究思路，首先依据 *TIME* 将样本按照政绩考核新标准实施前后进行分组，分别检验地区经济增长压力对企业社会责任报告内容质量的影响，以检验假设H5－2，同时构建模型进行稳健性检验，如式（5－2）所示。

$$
\begin{aligned}
CSR_{i,t} = {} & \alpha_0 + \alpha_1 PRESSURE_{c,t} + \alpha_2 PRESSURE_{c,t} \times TIME_t + \alpha_3 TIME_t + \alpha_4 SIZE_{i,t} \\
& + \alpha_5 LEV_{i,t} + \alpha_6 ROA_{i,t} + \alpha_7 GROWTH_{i,t} + \alpha_8 CFO_{i,t} + \alpha_9 STATE_{i,t} \\
& + \alpha_{10} SHARE_{i,t} + \alpha_{11} INSTIHOLD_{i,t} + \alpha_{12} DUAL_{i,t} + \alpha_{13} IDDIRE_{i,t} \\
& + \alpha_{14} POLLUTION_{i,t} + \alpha_{15} GDPPER_{c,t} + \sum YEAR \\
& + \sum INDUSTRY + \varepsilon_{i,t}
\end{aligned} \tag{5-2}
$$

其中，i 表示企业；t 表示时间；c 表示城市；*CSR* 表示企业社会责任报告内容质量；*PRESSURE* 表示地区经济增长压力；*TIME* 表示是否实施政绩考核新标准；其余为控制变量。此外，本章还控制了年度和行业双向固定效应。依据假设 H5－1，*PRESSURE* 的回归系数显著为负，即地区经济增长压力降低了企业社会责任报告内容质量。依据假设 H5－2，地区经济增长压力对企业社会责任报告内容的影响在政绩考核新标准实施之前更为显著，在政绩考核新标准实施之后有所减弱。在式（5－2）中，*PRESSURE* × *TIME* 的回归系数显著为正，即政绩考核新标准的实施减少了地区经济增长压力对企业社会责任报告内容质量的负向影响。

5.3　实证结果与分析

5.3.1　描述性统计

表 5－3 列示了描述性统计结果。结果显示，企业社会责任报告内容质量（*CSR*）的均值为 2.7771，最小值为 1.8718，最大值为 3.4819，这表明，上市公司社会责任报告内容质量的整体水平还相对较低，并且企业社会责任报告内容质量存在较大差异。地区经济增长压力（*PRESSURE*）的均值为 0.3761，最小值为－4.0000，最大值为 6.1000，说明部分地区经济增长压力较大，也有部分地区经济发展情况较好，经济增长压力较小；中位数为 0.3000，表明超过半数的上市公司所在地区实际经济增长速度小于经济增长目标，存在一定的经济增长压力。政绩考核新标准实施变量（*TIME*）的均值为 0.6721，表明有 67.21% 的样本位于政绩考核新标准实施之后。其他控制变量描述性统计分析如下：企业规模（*SIZE*）的均值和中位数分别为

23.0499 和 22.9655，差距较小，基本符合正态分布；企业规模最小值为 20.3559，最大值为 26.2981，说明不同企业的规模仍存在显著差异。资产负债率（*LEV*）的均值与中位数接近一致，最小值和最大值分别为 0.0734 和 0.8838，说明不同上市公司的财务杠杆相差较大。产权性质（*STATE*）的均值为 0.5510，表明样本公司中约有 55.10% 的上市公司为国有企业。是否为重污染企业变量（*POLLUTION*）的均值为 0.2980，表明披露社会责任报告的样本公司中约 29.80% 的上市公司为重污染企业。地区人均 GDP（*GDPPER*）的均值为 11.2820，中位数为 11.3246，标准差为 0.5427，最小值为 9.8071，最大值为 12.2234，表明不同地区之间经济发展程度还存在较大的差异。上述变量描述性统计均与既有研究保持一致。

表 5-3　　　　描述性统计

变量	样本量	均值	标准差	最小值	中位数	最大值
CSR	3684	2.7771	0.3283	1.8718	2.7832	3.4819
PRESSURE	3684	0.3761	1.5934	-4.0000	0.3000	6.1000
TIME	3684	0.6721	0.4695	0.0000	1.0000	1.0000
SIZE	3684	23.0499	1.3064	20.3559	22.9655	26.2981
LEV	3684	0.4857	0.1968	0.0734	0.4978	0.8838
ROA	3684	0.0466	0.0555	-0.1516	0.0382	0.2319
GROWTH	3684	0.1503	0.2913	-0.4376	0.1065	1.5120
CFO	3684	0.0552	0.0661	-0.1257	0.0536	0.2436
STATE	3684	0.5510	0.4975	0.0000	1.0000	1.0000
SHARE	3684	0.0263	0.0780	0.0000	0.0001	0.4624
INSTIHOLD	3684	0.4893	0.2135	0.0126	0.5119	0.8953
DUAL	3684	0.1694	0.3751	1.0000	0.0000	1.0000
IDDIRE	3684	0.3726	0.0525	0.3333	0.3636	0.5714
POLLUTION	3684	0.2980	0.4575	0.0000	0.0000	1.0000
GDPPER	3684	11.2820	0.5427	9.8071	11.3246	12.2234

5.3.2 回归结果分析

5.3.2.1 地区经济增长压力与 CSR 报告内容质量

为验证地区经济增长压力对企业社会责任报告内容质量的影响，本章基于式（5－1）进行回归分析。表 5－4 展示了地区经济增长压力对企业社会责任报告内容质量的影响。首先，列（1）为仅控制行业—年度固定效应的回归结果。结果显示，地区经济增长压力（*PRESSURE*）的回归系数为 －0.0110，在 1% 的水平下显著，初步验证了假设 H5－1，即地区经济增长压力较大时，企业社会责任报告内容质量降低。其次，列（2）中，在考虑企业特征后，地区经济增长压力与企业社会责任报告内容质量仍在 1% 的水平下负相关。列（3）中，进一步在列（2）的基础上加入公司治理层面的控制变量，地区经济增长压力与企业社会责任报告内容质量仍在 1% 的水平下显著。最后，进一步控制企业行业特征等其他因素，如列（4）所示，地区经济增长压力（*PRESSURE*）的回归系数仍在 5% 的水平下显著为负。上述结果表明，当地区经济增长压力较大时，上市公司将更多资源用于发展经济，减少了对社会责任的承担，因而披露的社会责任报告内容质量更低，支持了假设 H5－1。其余控制变量均与既有研究一致。

表 5－4　　　地区经济增长压力与 CSR 报告内容质量

变量	(1) *CSR*	(2) *CSR*	(3) *CSR*	(4) *CSR*
PRESSURE	－0.0110 *** (－3.13)	－0.0095 *** (－2.91)	－0.0090 *** (－2.77)	－0.0065 ** (－1.96)
SIZE		0.1121 *** (21.66)	0.1134 *** (21.39)	0.1128 *** (21.05)
LEV		－0.0734 * (－1.95)	－0.0724 * (－1.92)	－0.0621 * (－1.65)
ROA		0.0394 (0.31)	－0.0147 (－0.11)	－0.0384 (－0.30)
GROWTH		－0.0116 (－0.62)	－0.0105 (－0.57)	－0.0123 (－0.67)
CFO		0.1423 (1.52)	0.1422 (1.52)	0.1590 * (1.70)
STATE		0.0132 (1.12)	0.0120 (0.96)	0.0158 (1.27)
SHARE			0.2318 *** (3.13)	0.2272 *** (3.06)

续表

变量	(1) CSR	(2) CSR	(3) CSR	(4) CSR
INSTIHOLD			0.0479 (1.58)	0.0460 (1.52)
DUAL			-0.0293** (-2.06)	-0.0311** (-2.19)
IDDIRE			-0.4441*** (-4.80)	-0.4339*** (-4.73)
POLLUTION				-0.3360*** (-7.18)
GDPPER				0.0351*** (3.38)
_CONS	2.6404*** (46.31)	0.1987* (1.76)	0.3157*** (2.72)	-0.0407 (-0.28)
YEAR	控制	控制	控制	控制
INDUSTRY	控制	控制	控制	控制
adj. R^2	0.0924	0.2284	0.2351	0.2462
N	3684	3684	3684	3684

注：***、**、*分别表示1%、5%、10%的显著性水平，括号内为系数的t统计量，下同。

5.3.2.2 地区经济增长压力、政绩考核与CSR报告内容质量

为检验政绩考核新标准的实施对地区经济增长压力与企业社会责任报告内容质量相关关系的影响，本章依据政绩考核新标准是否实施将样本进行分组回归，并基于式（5-2）进行稳健性检验。表5-4列示了实施政绩考核新标准前后的回归结果。由表5-5列（1）、列（2）可知，政绩考核新标准实施之前，地区经济增长压力（*PRESSURE*）的回归系数为-0.0128，且在1%的水平下显著，即地区经济增长压力显著降低了企业社会责任报告内容质量。而政绩考核新标准实施之后，地区经济增长压力（*PRESSURE*）的回归系数为-0.0002，且不再显著。由列（3）可知，交乘项（*PRESSURE*×*TIME*）的回归系数为0.0122，且在10%的水平下显著，这验证了列（1）和列（2）分组回归结果的稳健性。上述结果表明，*PRESSURE*仅在政绩考核新标准实施之前显著，而政绩考核新标准的实施，降低了经济增长在政绩考

核中的权重，有效缓解了地区经济增长压力，进而弱化了地区经济增长压力对企业社会责任报告内容质量的负向影响。

表 5－5　　地区经济增长压力、政绩考核与 CSR 报告内容质量

变量	(1) 实施前 *CSR*	(2) 实施后 *CSR*	(3) 全样本 *CSR*
PRESSURE	-0.0128 *** (-2.72)	-0.0002 (-0.04)	-0.0122 *** (-2.66)
TIME			-0.0747 *** (-2.75)
PRESSURE × *TIME*			0.0122 * (1.93)
SIZE	0.0988 *** (9.61)	0.1190 *** (19.05)	0.1129 *** (21.10)
LEV	-0.0519 (-0.78)	-0.0465 (-1.03)	-0.0618 (-1.64)
ROA	-0.2250 (-1.03)	0.0128 (0.08)	-0.0352 (-0.27)
GROWTH	-0.0417 (-1.37)	0.0042 (0.18)	-0.0128 (-0.69)
CFO	0.3177 ** (2.24)	0.0888 (0.73)	0.1600 * (1.72)
STATE	0.0157 (0.71)	0.0149 (0.99)	0.0157 (1.27)
SHARE	0.4663 *** (3.62)	0.1423 (1.57)	0.2276 *** (3.07)
INSTIHOLD	0.0802 (1.59)	0.0268 (0.71)	0.046 (1.53)
DUAL	-0.0025 (-0.10)	-0.0396 ** (-2.26)	-0.0310 ** (-2.18)
IDDIRE	-0.2478 (-1.60)	-0.5151 *** (-4.48)	-0.4332 *** (-4.72)

续表

变量	(1) 实施前 *CSR*	(2) 实施后 *CSR*	(3) 全样本 *CSR*
POLLUTION	-0.2244*** (-3.84)	-0.3891*** (-6.49)	-0.3381*** (-7.23)
GDPPER	0.0303* (1.84)	0.0392*** (2.93)	0.0366*** (3.51)
_CONS	0.2460 (0.96)	-0.2889 (-1.55)	-0.0692 (-0.47)
YEAR	控制	控制	控制
INDUSTRY	控制	控制	控制
adj. R^2	0.2288	0.2652	0.2467
N	1208	2476	3684

5.3.3 机制检验

5.3.3.1 基于官员特征的分组检验

上述结果显示，地区经济增长压力越大，企业社会责任报告内容质量越低。这在一定程度上表明，当存在经济增长压力时，地方官员为提升地区短期经济绩效，鼓励企业将资源用于发展经济绩效，挤占了企业承担社会责任的资源，从而使得企业社会责任报告内容质量相应降低。地方官员优先发展短期经济的动力主要来自晋升激励（周黎安，2007）[305]，而地方官员个人的晋升机会与晋升意志决定其面临的考核压力大小。因此，地方官员的个人特征在一定程度上反映了地方官员面临的经济增长压力。基于此，本章按照地方官员（市长）的年龄、学历以及任期对样本进行分组检验，探讨地区经济增长压力对企业社会责任报告内容质量的影响机制。具体分析如下。

针对官员年龄，纪志宏等（2014）调查发现，54 岁为官员仕途的分水岭，当地级市市长年龄超过 54 岁时，晋升概率明显降低，因而其行为受地区经济增长压力的影响较弱[192]。当市长年龄在 54 岁及以下时，晋升机会较大，地方官员更可能因实现政治晋升而面临经济增长压力，因此，当地方官员年龄在 54 岁及以下时，更会迫切提高经济绩效而忽视社会责任，挤占企业承担社会责任的资源，进而导致企业降低社会责任报告内容质量。本章手工搜集了地方官员（市长）的年龄，按照市长年龄将样本划分为两组，即 54 岁及以下和 54 岁以上，分别基于式（5－1）进行分组回归。回归结果如表 5－6 列（1）、列（2）所示。由列（1）、列（2）可知，在地方官员年龄大于 54 岁的分组中，地区经济增长压力（*PRESSURE*）的回归系数为 －0.0034，但不显著，而在地方官员年龄在 54 岁及以下的分组中，地区经济增长压力（*PRESSURE*）的回归系数为 －0.0072，且在 10% 的水平下显著。这说明当地方官员晋升动机更强时，地方官员面临的晋升压力更大，地区经济增长压力对企业社会责任报告内容质量产生的影响更为显著。

针对官员学历，依据官员能力观，受教育程度越高的官员往往能力越强，晋升预期较大（Besley 等，2011）[13]。当所管辖区经济发展滞后时，学历较高的官员可能更不甘落后，追切提升经济利益，此时面临的经济增长压力更大，更可能加大对地方企业的干预程度，进而影响企业社会责任报告内容质量。本章依据市长最后学历，将样本分为两组。表 5－6 列（3）、列（4）显示，在地方官员学历较高的分组中，地区经济增长压力与企业社会责任报告内容质量在 5% 的水平下显著负相关，而在地方官员学历较低的分组中，地区经济增长压力（*PRESSURE*）的回归系数为 0.0144，但不显著，说明经济增长考核对高学历官员产生更大的压力，加强了地区经济增长压力对企业社会责任报告内容质量的抑制作用。

针对官员任期，由于年龄限制，当在同一职位任期较长时，官员想要实现晋升的欲望将更加强烈（Lyu 等，2018）[95]。地方官员任期越长，其面临的经济增长压力越大，但是社会责任投入在短期内难以看到经济回报，具有长期性，不利于提升短期经济绩效。因此，地方官任期越长，地区经济增长压力对企业社会责任内容质量的负向影响可能更为显著。基于此，参照张军和高远（2007）[291]，本章使用当年年份与任职开始年份的差值计算市长任期年限。1—6 月任职则视该年为任职起始年，7—12 月任职则视为下年开始任职。依据所有市长任期时间中位数将样本划分为两组，基于式（5－1）进行分组检验，回归结果如表 5－6 列（5）、列（6）所示。在地方官员任期较长的分组中，地区经济增长压力（*PRESSURE*）的回归系数为 －0.0093，且在 5% 的水平下显著，在地方官员任期较短的分组中，地区经济增长压力（*PRESSURE*）的回归系数为 －0.0036，但不显著。这表明，任期时间增加了地方官员的晋升压力，导致官员迫切提升短期经济利益而忽视社会责任，督促企业快速提高经济回报，从而降低了企业披露社会责任报告的内容质量。

表 5-6　　　　基于官员特征的分组检验

变量	(1)	(2)	(3)	(4)	(5)	(6)
	官员年龄		官员学历		官员任期	
	Age>54	Age≤54	硕士研究生及以上	本科及以下	任期较长	任期较短
PRESSURE	-0.0034 (-0.56)	-0.0072* (-1.73)	-0.0081** (-2.24)	0.0144 (1.35)	-0.0093** (-2.04)	-0.0036 (-0.64)
SIZE	0.1310*** (15.23)	0.1040*** (14.99)	0.1155*** (19.91)	0.0918*** (6.96)	0.1183*** (18.14)	0.0996*** (10.49)
LEV	-0.0031 (-0.05)	-0.0878* (-1.82)	-0.0490 (-1.19)	-0.1232 (-1.35)	-0.0924** (-2.01)	0.0107 (0.16)
ROA	0.2043 (1.07)	-0.0667 (-0.43)	0.0785 (0.59)	-0.0349 (-0.13)	-0.0545 (-0.36)	0.0604 (0.29)
GROWTH	-0.0165 (-0.59)	-0.0165 (-0.73)	-0.0016 (-0.08)	-0.0168 (-0.42)	-0.0146 (-0.67)	-0.0019 (-0.06)
CFO	0.1137 (0.79)	0.1700 (1.55)	0.1066 (1.11)	0.0846 (0.42)	0.1847* (1.70)	0.1386 (0.92)
STATE	0.0308 (1.61)	0.0046 (0.30)	0.0054 (0.41)	0.0392 (1.40)	0.0216 (1.48)	0.0117 (0.56)
SHARE	0.1430 (1.28)	0.3223*** (3.14)	0.0868 (0.97)	0.6536*** (4.45)	0.1973** (2.17)	0.3251** (2.31)
INSTIHOLD	0.0391 (0.85)	0.0453 (1.24)	0.0289 (0.92)	0.0723 (1.04)	0.0212 (0.61)	0.0808 (1.61)
DUAL	-0.0279 (-1.21)	-0.0386** (-2.17)	-0.0233 (-1.50)	-0.1045*** (-3.13)	-0.0150 (-0.87)	-0.0734*** (-2.87)
IDDIRE	-0.3036** (-2.01)	-0.4409*** (-3.68)	-0.3303*** (-3.19)	-0.7571*** (-3.52)	-0.4515*** (-3.96)	-0.4014** (-2.40)
POLLUTION	-0.4220*** (-5.62)	-0.3084*** (-4.37)	-0.3324*** (-6.15)	-0.3550** (-2.24)	-0.3291*** (-5.34)	-0.3661*** (-3.79)
GDPPER	0.0873*** (4.20)	0.0254* (1.94)	0.0340*** (2.97)	-0.0572 (-1.51)	0.0324** (2.42)	0.0347* (1.81)

续表

变量	(1)	(2)	(3)	(4)	(5)	(6)
	官员年龄		官员学历		官员任期	
	Age > 54	Age ≤ 54	硕士研究生及以上	本科及以下	任期较长	任期较短
_CONS	-1.2437*** (-4.49)	0.3652* (1.94)	-0.0153 (-0.09)	1.1801** (2.49)	-0.1631 (-0.88)	0.2988 (1.10)
YEAR	控制	控制	控制	控制	控制	控制
INDUSTRY	控制	控制	控制	控制	控制	控制
adj. R^2	0.3170	0.2302	0.2557	0.2672	0.2471	0.2373
N	1453	2231	3026	658	2553	1131

5.3.3.2　基于产权性质的分组检验

产权性质不同，地方政府对企业的影响不同。一方面，国有企业多为地方支柱型企业，对地方的经济影响较大，并且国有企业是政府的代理人，地方政府有权对国有企业的经营投资决策进行更多的干预。当地区存在经济增长压力时，地方政府很可能将经济增长压力转嫁于国有企业（王砾等，2018）[257]。另一方面，国有企业的高管通常由政府指定，政府对国有企业的高管晋升具有较大的话语权。因此，国有企业高管更可能出于晋升的目的迎合地方政府官员（程仲鸣等，2020）[167]。基于此，当地区经济增长压力较大时，国有企业更可能优先遵循地方官员的意志发展短期经济，减少对社会责任的承担，因而其社会责任报告内容质量会相应降低。因此，地区经济增长压力对企业社会责任报告内容质量的影响在国有企业中更为显著。

基于上述分析，本章将样本按照产权性质进行划分，分别基于式（5-1）检验地区经济增长压力对国有企业与非国有企业社会责任报告内容质量的影响。回归结果如表 5-7 所示。结果表明，针对国有企业，地区经济增长压力（*PRESSURE*）的回归系数为 -0.0087，且在 5% 的水平下显著。针对非国有企业，地区经济增长压力（*PRESSURE*）的回归系数为 -0.0020，但不显著。上述结果表明，相比于非国有企业，地区经济增长压力（*PRESSURE*）与企业社会责任报告内容质量的负相关关系在国有企业中更显著。这说明当地区具有较大的经济增长压力时，地方政府更可能优先依赖于国有企业，导致国有企业将更多资源用于发展经济，挤占了国有企业履行社会责任的资源，进而降低社会责任报告内容质量。相比之下，非国有企业社会责任报告内容质量受地区经济增长压力的影响更小。

表 5－7　　　　基于产权性质的分组检验

变量	(1) 国有企业	(2) 非国有企业
PRESSURE	-0.0087** (-2.13)	-0.0020 (-0.36)
SIZE	0.0889*** (13.31)	0.1437*** (16.91)
LEV	0.0750 (1.61)	-0.1688*** (-2.62)
ROA	-0.0732 (-0.44)	0.0781 (0.39)
GROWTH	-0.0120 (-0.52)	-0.0153 (-0.50)
CFO	0.2536** (2.05)	0.0077 (0.06)
SHARE	3.0445*** (5.20)	0.1704** (2.07)
INSTIHOLD	0.1735*** (4.06)	-0.0645 (-1.48)
DUAL	-0.0388* (-1.75)	-0.0278 (-1.48)
IDDIRE	-0.3154** (-2.45)	-0.5669*** (-4.06)
POLLUTION	-0.4062*** (-8.31)	0.0262 (0.29)
GDPPER	0.0413*** (2.95)	0.0372** (2.18)
_CONS	0.5881*** (3.07)	-0.6197** (-2.49)
YEAR	控制	控制
INDUSTRY	控制	控制
adj. R^2	0.2576	0.3012
N	2030	1654

5.3.3.3　基于企业经济贡献度的分组检验

企业对其所管辖区的经济贡献度越大，地方政府对该企业的依赖度越强。当地区存在较大的经济增长压力时，经济贡献度较大的企业迎合了地方官员发展经济的目标，此时，地方政府会鼓励企业致力于提高经济绩效，带动地区经济增长，纵容其排污等非社会责任行为（Liu 等，2021）[88]。相反，经济贡献度较小的企业对地方政府的议价能力较弱。因此，当地区经济增长压力较大时，对辖区经济贡献度较大的企业更可能减少其社会责任的履行，进而降低其社会责任报告内容质量。

参照 Liu 等（2021）[88]、彭韶兵等（2014）[228]、张爱萍和胡奕明（2021）[286]，本章使用企业生产总值占其所在城市当年生产总值比值的对数衡量企业经济贡献度，计算公式如式（4－3）所示。依据企业的经济贡献度大小将样本分为两组，如果企业的经济贡献度（*CON_GDP*）高于当年其所在城市企业经济贡献度的中位数，则视为该企业经济贡献度较大，否则视为经济贡献度较小。分组回归结果如表 5－8 所示。针对经济贡献度较小的企业，地区经济增长压力的回归系数为－0.0029，但不显著。针对经济贡献度较大的企业，地区经济增长压力的回归系数为－0.0062，且在 10% 的水平下显著。上述结果表明，针对地区经济贡献度较大的企业，地区经济增长压力对企业社会责任报告内容质量的负向影响更为显著。

表 5－8　　基于企业经济贡献度的分组检验

变量	(1) 经济贡献度较小	(2) 经济贡献度较大
PRESSURE	－0.0029 (－0.21)	－0.0062* (－1.84)
SIZE	0.1155*** (5.62)	0.1153*** (20.17)
LEV	－0.0541 (－0.51)	－0.0654 (－1.58)
ROA	0.2475 (0.55)	－0.0812 (－0.59)
GROWTH	－0.0191 (－0.34)	－0.0129 (－0.65)

续表

变量	(1) 经济贡献度较小	(2) 经济贡献度较大
CFO	0.5550 ** (2.08)	0.1080 (1.09)
STATE	0.0450 (1.01)	0.0035 (0.27)
SHARE	0.3841 (1.51)	0.2286 *** (2.96)
INSTIHOLD	-0.0483 (-0.48)	0.0642 ** (2.01)
DUAL	-0.1736 *** (-3.04)	-0.0126 (-0.87)
IDDIRE	0.4685 (1.32)	-0.5408 *** (-5.70)
POLLUTION	-0.0680 (-0.59)	-0.4010 *** (-8.36)
GDPPER	0.1149 ** (2.12)	0.0264 ** (2.45)
_CONS	-1.0623 * (-1.77)	0.0094 (0.06)
YEAR	控制	控制
INDUSTRY	控制	控制
adj. R^2	0.3274	0.2542
N	448	3236

5.4 异质性分析

5.4.1 是否强制披露

已有研究表明，自愿披露社会责任报告的企业往往具有更强的寻租动机，通过披露社会责任报告迎合政府和社会的需求，获得更多来自政府的资源

（邹萍，2018）[310]。而强制要求披露社会责任报告是企业的被动行为，不由企业决定，且被强制要求披露社会责任报告的企业往往面临更严格的外部监管。因此，当地区存在经济增长压力时，地方政府将经济增长压力转嫁于企业，自愿披露社会责任报告的企业出于寻租动机更可能优先选择迎合地方政府需求，发展经济绩效，减少社会责任的履行，进而降低社会责任报告内容质量。但是，对于强制要求披露社会责任报告的企业，在面临地区经济增长压力的同时，其社会责任行为也面临严格的监管，经济利益减少和社会责任的履行可能给企业带来较高的成本，因此，强制要求披露社会责任报告的企业其社会责任报告内容质量可能受地区经济增长压力的影响较小。

基于上述分析，本章按照是否被强制要求披露社会责任报告将样本划分为两组，分别基于式（5－1）进行分组检验，结果如表 5－9 所示。在被强制要求披露的分组中，地区经济增长压力（*PRESSURE*）的回归系数为－0.0037，但不显著。在自愿披露的分组中，地区经济增长压力（*PRESSURE*）的回归系数为－0.0078，且在 10% 的水平下显著。上述结果表明，被强制披露社会责任报告的企业，会受到中央政府、证监会、交易所等监管部门更强的监管，一旦其社会责任表现较差，则被发现的概率较高且会面临更严格的处罚。因此，尽管地区存在经济增长压力，被强制要求披露社会责任报告的企业因此大幅减少社会责任支出的可能性较低，因而对社会责任报告内容质量的影响也较小。对自愿披露社会责任报告的企业而言，其行为本身具有较大的自由决策权，且自愿披露社会责任报告的目的更多出于寻租动机。当地方政府存在经济增长压力时，这些企业更可能去迎合政府优先提升经济绩效，而减少社会责任的履行，进而降低社会责任报告内容质量。

表 5－9　　异质性分析：是否强制披露

变量	(1) 强制披露	(2) 自愿披露
PRESSURE	－0.0037 (－0.87)	－0.0078* (－1.73)
SIZE	0.1316*** (17.97)	0.0995*** (6.40)
LEV	－0.0518 (－0.92)	－0.0530 (－0.73)

续表

变量	(1) 强制披露	(2) 自愿披露
ROA	-0.2957 * (-1.70)	0.2253 (0.98)
GROWTH	0.0191 (0.80)	-0.0317 (-1.24)
CFO	0.0744 (0.58)	0.1613 (1.14)
STATE	-0.0226 (-1.30)	0.0730 * (2.00)
SHARE	0.0434 (0.29)	0.3475 *** (2.90)
INSTIHOLD	0.0430 (1.00)	0.0574 (0.85)
DUAL	0.0053 (0.28)	-0.0555 ** (-2.10)
IDDIRE	-0.5911 *** (-5.04)	-0.1055 (-0.44)
POLLUTION	-0.4608 *** (-8.08)	-0.2411 *** (-11.42)
GDPPER	0.0438 *** (3.16)	0.0266 (0.82)
_CONS	-0.2637 (-1.37)	0.0692 (0.15)
YEAR	控制	控制
INDUSTRY	控制	控制
adj. R^2	0.3022	0.2502
N	1840	1844

5.4.2 是否按照国际 GRI 标准披露

全球报告倡议组织（GRI）被认为是制定可持续发展报告指南的领导者

（Ballou 等，2006）[9]，它为企业提供了规范的企业社会责任报告框架，包括对社会、环境、员工和消费者等利益相关方的信息披露。因此，相比未按照 GRI 标准披露的社会责任报告，按照 GRI 标准披露的社会责任报告有规范的披露标准，其披露内容的质量更高（Muslu 等，2019）[113]，受地区经济增长压力的影响可能更小。

本章按照 GRI 标准，将样本分为按照 GRI 标准披露社会责任报告的企业和未按照 GRI 标准披露社会责任报告的企业，并基于式（5－1）重新进行分组检验。回归结果如表 5－10 所示。由表 5－10 可知，在按照 GRI 标准披露社会责任报告的分组中，地区经济增长压力（*PRESSURE*）的回归系数为 －0.0094，且不显著；未按照 GRI 标准披露社会责任报告的分组中，地区经济增长压力（*PRESSURE*）的回归系数为 －0.0046，且在 10% 的水平下显著。上述结果表明，地区经济增长压力对社会责任报告内容质量的负向影响主要在未按照 GRI 标准披露社会责任报告的企业中更为显著，说明按照 GRI 标准披露社会责任报告有助于提高企业社会责任报告内容质量。

表 5－10　　异质性分析：是否按照国际 GRI 标准披露

变量	(1) 按照 GRI 标准	(2) 未按照 GRI 标准
PRESSURE	－0.0094 (－1.34)	－0.0046* (－1.79)
SIZE	0.0636*** (4.62)	0.0779*** (7.84)
LEV	0.2337** (2.43)	－0.0413 (－0.58)
ROA	0.7816* (1.93)	0.0096 (0.05)
GROWTH	－0.0408 (－1.15)	－0.0081 (－0.39)
CFO	0.4523* (1.67)	0.0345 (0.32)
STATE	－0.0543* (－1.84)	0.0261 (0.89)

续表

变量	(1) 按照 GRI 标准	(2) 未按照 GRI 标准
SHARE	-0.2358 (-0.99)	0.1946* (1.76)
INSTIHOLD	0.1000 (1.40)	0.0403 (0.95)
DUAL	-0.0926*** (-2.68)	-0.0270 (-1.19)
IDDIRE	0.0170 (0.07)	-0.4195** (-2.27)
POLLUTION	-0.1410** (-2.46)	-0.3247*** (-22.23)
GDPPER	0.0622** (2.32)	0.0122 (0.54)
_CONS	0.7407** (2.11)	0.8944*** (2.72)
YEAR	控制	控制
INDUSTRY	控制	控制
adj. R^2	0.2963	0.1743
N	609	3072

5.4.3 媒体关注度

媒体报道属于一种有效的外部监管方式，同时也是企业维持声誉的重要途径之一。企业的社会责任表现会通过媒体受到更多投资者、消费者等利益相关者的关注。因此，媒体关注度高的企业，往往更乐于在其社会责任报告中呈现更多、更详细的内容，以赢得投资者的认可，提高企业的声誉。一旦企业减少社会责任表现，也会更快地受到媒体的关注，造成更大的股价波动（陶文杰和金占明，2013）[248]。媒体关注度较低的企业其社会责任表现所造成的市场波动也较小。因此，媒体关注度较高的企业降低社会责任报告内容质量所带来的损失可能更大，其社会责任报告内容质量受地区经济增长压力的影响可能更小。媒体关注度较低的企业通过迎合地方政府需求发展经济绩效带动地区经济增长水平提高，可能为企业带来更多来自政府的资源，因而其社会责任报告内容质量受地区经济增长压力的影响可能更大。

参照王福胜等（2021）[251]，媒体关注度主要使用企业当年新闻报道数量的自然对数进行衡量，其中新闻报告包括了网络财经新闻和报刊新闻，主要从中国上市公司财经新闻数据中统计获得。按照年度媒体关注度中位数对样本进行划分，若低于中位数，则视为媒体关注度较低，否则，视为媒体关注度较高。分别基于式（5-1）进行分组检验。由表5-11可知，在媒体关注度较低的样本中，地区经济增长压力（*PRESSURE*）的回归系数为-0.0099，且在5%的水平下显著。而媒体关注度较高的样本中，地区经济增长压力的回归系数为-0.0026，但不显著。该结果表明，在媒体关注度较低的情况下，地区经济增长压力对企业社会责任报告内容质量的影响更为显著，即媒体关注度较低的企业更可能迎合地方政府发展经济的需求而降低社会责任报告内容质量。

表5-11　　异质性分析：媒体关注度

变量	(1) 媒体关注度较低	(2) 媒体关注度较高
PRESSURE	-0.0099** (-2.06)	-0.0026 (-0.57)
SIZE	0.0833*** (8.90)	0.1174*** (15.29)
LEV	-0.0187 (-0.36)	-0.0247 (-0.43)
ROA	-0.0072 (-0.04)	0.0165 (0.09)
GROWTH	-0.0158 (-0.58)	-0.0159 (-0.63)
CFO	0.0495 (0.36)	0.2367* (1.84)
STATE	0.0213 (1.16)	0.0165 (0.94)

续表

变量	(1) 媒体关注度较低	(2) 媒体关注度较高
SHARE	0.2458 ** (2.35)	0.2603 ** (2.26)
INSTIHOLD	0.1547 *** (3.62)	-0.0739 * (-1.70)
DUAL	-0.0331 (-1.54)	-0.0462 ** (-2.32)
IDDIRE	-0.0814 (-0.59)	-0.7188 *** (-5.54)
POLLUTION	-0.2997 *** (-5.43)	-0.4480 *** (-6.90)
GDPPER	0.0402 *** (2.59)	0.0439 *** (2.95)
_CONS	0.1516 (0.68)	0.0218 (0.10)
YEAR	控制	控制
INDUSTRY	控制	控制
adj. R^2	0.2036	0.2503
N	1846	1838

5.4.4 投资者关注度

当前，企业社会责任报告逐渐成为投资者对企业未来可持续发展的重要判断因素之一。社会责任报告对企业履行社会责任的具体项目、付出的金额等进行披露，是投资者了解企业社会责任行为的重要依据之一。当投资者关注度较高时，为赢得投资者的信任，增强投资者的投资信心，企业更愿意承担社会责任，并在社会责任报告中详细披露其社会责任表现（全晶晶，2022）[233]。当投资者关注度较低时，企业可能更需要依赖地方政府的资源，社会责任报告内容质量对企业的影响较小。因此，地区经济增长压力对企业社会责任报告内容质量的负向影响可能在投资者关注度较低的企业中更为显著。

在互联网时代，股吧等社交媒体已经成为投资者互动的重要平台（黄灿和蒋青嬗，2022）[182]，上市公司股吧的发帖量、阅读数、评论数反映了投资者对企业的关注度。发帖量、阅读数、评论数越多说明投资者对上市公司的关注度越高。因此，本章分别取上市公司股吧发帖量、阅读数、评论数的自然对数衡量上市公司的投资者关注度，并按照年度中位数将样本进行划分，若低于中位数则为投资者关注度较低组，否则为投资者关注度较高组，基于式（5－1）重新进行分组回归。由表 5－12 可知，不论使用发帖量、阅读数还是评论数进行衡量，在投资者关注度较低的样本中，地区经济增长压力（*PRESSURE*）的回归系数至少在 10% 的水平下显著为负。而在投资者关注度较高的样本中，地区经济增长压力（*PRESSURE*）的回归系数均不显著。上述结果表明，地区经济增长压力对企业社会责任报告内容质量产生的负面影响仅在投资者关注度较低的企业中显著。这说明投资者关注度在一定程度上对企业的社会责任表现发挥了积极的监督作用。

表 5－12　　异质性分析：投资者关注度

变量	(1)	(2)	(3)	(4)	(5)	(6)
	发帖量		阅读数		评论数	
	投资者关注度较低	投资者关注度较高	投资者关注度较低	投资者关注度较高	投资者关注度较低	投资者关注度较高
PRESSURE	－0.0094** (－1.98)	－0.0026 (－0.56)	－0.0091* (－1.91)	－0.0029 (－0.64)	－0.0097** (－1.98)	－0.0024 (－0.52)
SIZE	0.1106*** (12.06)	0.1291*** (17.34)	0.1152*** (12.17)	0.1295*** (17.35)	0.1133*** (12.28)	0.1257*** (17.05)
LEV	－0.0877 (－1.62)	－0.0219 (－0.41)	－0.1097** (－2.04)	－0.0151 (－0.28)	－0.0953* (－1.75)	－0.0140 (－0.26)
ROA	－0.1838 (－1.00)	0.0143 (0.08)	－0.0949 (－0.53)	0.0016 (0.01)	－0.1135 (－0.63)	－0.0286 (－0.16)
GROWTH	0.0294 (1.14)	－0.0380 (－1.40)	0.0271 (1.04)	－0.0345 (－1.35)	0.0203 (0.79)	－0.0347 (－1.31)
CFO	0.1897 (1.45)	0.1061 (0.78)	0.0275 (0.21)	0.2367* (1.76)	0.1084 (0.84)	0.2140 (1.59)
STATE	0.0284 (1.57)	0.0131 (0.75)	0.0385** (2.12)	0.0080 (0.46)	0.0290 (1.59)	0.0098 (0.56)

续表

变量	(1)	(2)	(3)	(4)	(5)	(6)
	发帖量		阅读数		评论数	
	投资者关注度较低	投资者关注度较高	投资者关注度较低	投资者关注度较高	投资者关注度较低	投资者关注度较高
SHARE	0.1846* (1.93)	0.2868** (2.25)	0.2292** (2.48)	0.2265* (1.71)	0.2273** (2.33)	0.1991 (1.51)
INSTIHOLD	0.0483 (1.11)	-0.0041 (-0.09)	0.0553 (1.25)	-0.0328 (-0.70)	0.0555 (1.28)	-0.0263 (-0.57)
DUAL	-0.0698*** (-3.27)	0.0141 (0.71)	-0.0646*** (-3.02)	0.0119 (0.61)	-0.0830*** (-3.79)	0.0185 (0.95)
IDDIRE	-0.2891** (-2.05)	-0.4279*** (-3.41)	-0.2334 (-1.62)	-0.4498*** (-3.64)	-0.3778*** (-2.63)	-0.4067*** (-3.29)
POLLUTION	-0.3172*** (-4.60)	-0.3895*** (-6.19)	-0.3439*** (-5.42)	-0.3964*** (-5.35)	-0.3171*** (-4.69)	-0.3837*** (-6.16)
GDPPER	0.0387** (2.56)	0.0178 (1.20)	0.0220 (1.47)	0.0280* (1.88)	0.0319** (2.11)	0.0213 (1.42)
_CONS	-0.1211 (-0.55)	-0.1798 (-0.86)	-0.0532 (-0.24)	-0.2879 (-1.37)	-0.0795 (-0.36)	-0.1355 (-0.65)
YEAR	控制	控制	控制	控制	控制	控制
INDUSTRY	控制	控制	控制	控制	控制	控制
adj. R^2	0.2409	0.2733	0.2490	0.2784	0.2410	0.2718
N	1844	1840	1844	1840	1844	1840

5.5 进一步分析

5.5.1 区分企业社会责任报告具体内容

由于润灵环球数据库对企业社会责任报告内容性（Content）的评分仅公布了最终的综合评分结果，并未细分企业社会责任各项具体披露内容。国泰安数据库“上市公司责任报告基本信息表”囊括了企业社会责任信息披露的具体内容的 10 个方面。因此，参照邹萍（2018）[310]、倪昌红（2019）[224]，本章使用国泰安数据库中“上市公司责任报告基本信息表”对企业社会责任具体披露内容情况进行衡量，披露某项具体内容为 1，否则为 0，依次探讨地区经济增长压力对企业社会责任具体披露内容的影响。参照倪昌红（2019）[224]，将企业社会责任内容划分为内部和外部社会责任两大方面，其中，内部社会责任包括股东权益、债权人权益、职工权益、公司存在的不足以及安全生产内容 5 类；外部社会责任包括客户及消费者权益、供应商权益、环境和可持续发展、公共关系和社会公益事业、社会责任制度建设 5 类。本章分别从上述 10 个方面，使用 Logit 回归模型，依次检验地区经济增长压力对企业社会责任各项披露内容的影响。

第一，检验地区经济增长压力对企业内部社会责任信息披露的影响，回归结果如表 5－13 所示。针对股东权益保护、债权人权益保护、职工权益保护以及安全生产内容，地区经济增长压力（*PRESSURE*）的回归系数分别为 －0.1172、－0.1140、－0.0877、－0.0857，且均在 1% 的水平下显著。但是，针对公司存在的不足，地区经济增长压力（*PRESSURE*）的回归系数为 0.0501，但不显著。该结果表明，地区经济增长压力对企业内部社会责任的影响主要体现在内部利益相关者的利益保护以及安全生产内容方面，这可能是因为，地区经济增长压力较大时，地方政府将经济增长压力转嫁于企业，使得企业倾向于优先选择提升绩效，而在一定程度上忽视了对利益相关者权益的保护。然而，公司存在的不足在一定时间内长期存在，不会因为存在绩效压力而改变。

表 5－13　地区经济增长压力对企业内部社会责任信息披露的影响

变量	(1) 股东权益保护	(2) 债权人权益保护	(3) 职工权益保护	(4) 公司存在的不足	(5) 安全生产内容
PRESSURE	－0.1172*** (－5.21)	－0.1140*** (－5.05)	－0.0877*** (－3.69)	0.0501 (1.12)	－0.0857*** (－3.82)
SIZE	0.4582*** (22.12)	0.1621*** (8.34)	0.4903*** (22.14)	0.3544*** (8.29)	0.4467*** (22.06)
LEV	－0.3536*** (－3.02)	－0.2415** (－2.13)	－0.3511*** (－2.86)	－0.6535** (－2.39)	－0.5013*** (－4.32)

续表

变量	(1) 股东权益保护	(2) 债权人权益保护	(3) 职工权益保护	(4) 公司存在的不足	(5) 安全生产内容
ROA	0.7171 * (1.93)	0.6596 * (1.83)	1.1246 *** (2.86)	0.1211 (0.11)	0.6117 * (1.65)
GROWTH	−0.2128 *** (−5.10)	−0.1426 *** (−3.61)	−0.2698 *** (−6.18)	−0.1416 (−1.26)	−0.2319 *** (−5.58)
CFO	0.6979 ** (2.40)	0.5058 * (1.79)	1.0179 *** (3.30)	−0.4176 (−0.58)	1.4752 *** (5.08)
STATE	−0.1063 ** (−2.31)	−0.1752 *** (−3.98)	0.0343 (0.70)	0.3095 *** (3.02)	0.0884 ** (2.01)
SHARE	−0.4787 *** (−2.97)	−0.4043 ** (−2.57)	−1.0181 *** (−6.05)	−0.8333 * (−1.91)	−0.6135 *** (−3.73)
INSTIHOLD	0.1048 (1.09)	0.0439 (0.48)	0.0017 (0.02)	0.1804 (0.83)	0.1143 (1.23)
DUAL	0.0974 ** (2.09)	0.1335 *** (2.98)	0.1666 *** (3.39)	0.1390 (1.17)	0.0433 (0.95)
IDDIRE	−0.8493 ** (−2.46)	−0.7679 ** (−2.32)	−0.8438 ** (−2.30)	−0.7361 (−0.92)	−1.0815 *** (−3.24)
POLLUTION	0.5277 *** (2.78)	0.8369 *** (4.30)	0.5106 *** (2.62)	15.2170 *** (29.50)	0.1849 (1.05)
GDPPER	−0.0151 (−0.41)	0.0288 (0.81)	−0.0162 (−0.42)	−0.1208 (−1.41)	0.0161 (0.44)
_CONS	−10.3980 *** (−17.55)	−4.8997 *** (−8.69)	−10.7708 *** (−17.03)	−7.7648 *** (−6.02)	−10.7661 *** (−18.54)
YEAR	控制	控制	控制	控制	控制
INDUSTRY	控制	控制	控制	控制	控制
Pseudo R^2	0.1149	0.0820	0.1472	0.0747	0.1054
N	15653	15653	15653	15124	15653

注：考虑到国泰安“上市公司社会责任报告基本信息表”对企业社会责任信息的统计不仅来源于企业社会责任报告，还来源于企业年报等其他报告，并且难以进行区分，因此，本表以所有A股上市公司为样本，样本量增加。

第二，依次检验地区经济增长压力对企业外部社会责任信息披露的影响。回归结果如表5－14所示，针对客户及消费者权益保护、供应商权益保护、环境和可持续发展以及公共关系和社会公益事业，地区经济增长压力（*PRESSURE*）的回归系数分别为 -0.0890、-0.0966、-0.0841、-0.0832，且均在1%的水平下显著。但是，针对社会责任制度建设及改善措施，地区经济增长压力（*PRESSURE*）的回归系数为0.0103，且不显著。该结果表明，地区经济增长压力对企业外部社会责任的影响主要体现在外部利益相关者的保护、环境以及公益事业等方面。这可能是因为在资源有效的情况下，当地区经济增长压力较大时，企业为迎合地方政府的需求致力于发展经济，可能导致企业在一定程度上忽视对客户及消费者、供应商的保护，同时挤占了企业进行环境保护、从事公益事业等所投入的资源。然而，由于社会责任制度建设及改善措施是企业的一项长期制度，受短期经济因素的影响可能较小，因此，地区经济增长压力对企业社会责任制度建设及改善措施的影响不显著。

表5-14　地区经济增长压力对企业外部社会责任信息披露的影响

变量	(1) 客户及消费者 权益保护	(2) 供应商 权益保护	(3) 环境和 可持续发展	(4) 公共关系和 社会公益事业	(5) 社会责任制度 建设及改善措施
PRESSURE	-0.0890*** (-3.96)	-0.0966*** (-4.15)	-0.0841*** (-3.21)	-0.0832*** (-3.50)	0.0103 (0.29)
SIZE	0.5018*** (24.56)	0.4642*** (22.88)	0.5974*** (23.07)	0.5996*** (26.21)	0.5645*** (17.33)
LEV	-0.4186*** (-3.62)	-0.6279*** (-5.29)	-0.3113** (-2.27)	-0.3252*** (-2.58)	-0.8485*** (-4.10)
ROA	1.2653*** (3.47)	0.6248* (1.66)	1.8259*** (4.16)	1.6692*** (4.25)	0.6644 (0.91)
GROWTH	-0.3139*** (-7.49)	-0.2416*** (-5.61)	-0.2734*** (-5.76)	-0.2641*** (-6.12)	-0.0680 (-0.87)
CFO	0.9678*** (3.37)	1.1393*** (3.89)	1.2012*** (3.50)	1.1772*** (3.73)	-0.0930 (-0.18)
STATE	-0.0347 (-0.78)	-0.1247*** (-2.82)	0.0986* (1.78)	0.1363*** (2.76)	0.2143*** (2.87)
SHARE	-0.6311*** (-3.94)	-0.7080*** (-4.29)	-1.0917*** (-5.88)	-0.5847*** (-3.42)	-0.5065 (-1.55)

续表

变量	(1) 客户及消费者权益保护	(2) 供应商权益保护	(3) 环境和可持续发展	(4) 公共关系和社会公益事业	(5) 社会责任制度建设及改善措施
INSTIHOLD	0.1386 (1.49)	0.1726* (1.85)	-0.1805 (-1.58)	-0.1784* (-1.76)	0.1885 (1.18)
DUAL	0.1500*** (3.29)	0.1328*** (2.93)	0.0546 (0.99)	0.0549 (1.11)	-0.0288 (-0.33)
IDDIRE	-0.8982*** (-2.67)	-1.0567*** (-3.12)	-0.6610 (-1.62)	-0.1198 (-0.32)	-0.1077 (-0.18)
POLLUTION	-0.6786*** (-3.66)	-0.2966 (-1.51)	0.6039*** (2.64)	0.0174 (0.08)	0.3089 (0.92)
GDPPER	0.0041 (0.11)	0.0544 (1.50)	-0.0667 (-1.54)	-0.1262*** (-3.23)	-0.1096* (-1.66)
_CONS	-11.1381*** (-19.10)	-11.5327*** (-19.74)	-12.8366*** (-17.72)	-12.4590*** (-19.64)	-13.0184*** (-13.18)
YEAR	控制	控制	控制	控制	控制
INDUSTRY	控制	控制	控制	控制	控制
Pseudo R^2	0.1017	0.0890	0.2467	0.1730	0.0857
N	15653	15653	15653	15653	15589

注：考虑到国泰安"上市公司社会责任报告基本信息表"对企业社会责任信息的统计不仅来源于企业社会责任报告，还来源于企业年报等其他报告，并且难以进行区分，因此，本表以所有A股上市公司为样本，样本量增加。

5.5.2 地区经济增长压力对企业社会责任报告内容的长期影响

本章试图深入考察地区经济增长压力对企业社会责任报告内容质量的持续性影响，以检验地区经济增长压力所带来不利影响的延续期限。参照谢获宝等（2022）的做法，将地区经济增长压力滞后1期、2期、3期，分别基于式（5-1）进行回归分析[267]。回归结果如表5-15所示。结果表明，滞后1期、2期、3期后，地区经济增长压力的回归系数分别为-0.0067、-0.0057、-0.0067，且均在10%的水平下显著，这表明地区经济增长压力对企业社会责任报告内容质量具有长期持续的不利影响，该结果既在一定程度上验证了前述结论的稳健性，也表明地区经济增长压力对企业的负面影响持续时间较长，改革政绩考核制度具有必要性。

表 5-15　地区经济增长压力对企业社会责任报告内容的长期影响

变量	(1) CSR	(2) CSR	(3) CSR
L1. PRESSURE	-0.0067* (-1.91)		
L2. PRESSURE		-0.0057* (-1.87)	
L3. PRESSURE			-0.0067* (-1.69)
SIZE	0.1115*** (18.82)	0.1101*** (10.73)	0.1089*** (16.25)
LEV	-0.0229 (-0.54)	-0.0354 (-0.36)	-0.0475 (-0.94)
ROA	0.0235 (0.16)	-0.0798 (-0.31)	-0.1077 (-0.60)
GROWTH	-0.0190 (-0.91)	-0.0083 (-0.32)	0.0018 (0.08)
CFO	0.0992 (0.93)	0.0711 (0.44)	0.0171 (0.13)
STATE	0.0177 (1.28)	0.0139 (0.37)	0.0047 (0.29)
SHARE	0.1860** (2.04)	0.2912* (1.83)	0.2163* (1.79)
INSTIHOLD	0.0259 (0.75)	0.0428 (0.59)	0.0814* (1.90)
DUAL	-0.0241 (-1.54)	-0.0247 (-0.96)	-0.0350* (-1.82)
IDDIRE	-0.4718*** (-4.73)	-0.4705** (-2.43)	-0.5112*** (-4.17)
POLLUTION	-0.3446*** (-6.11)	-0.3299*** (-21.46)	-0.3110*** (-3.95)

续表

变量	(1) *CSR*	(2) *CSR*	(3) *CSR*
GDPPER	0.0389*** (3.40)	0.0370 (1.58)	0.0403*** (2.96)
_CONS	-0.0777 (-0.47)	-0.1123 (-0.35)	-0.1539 (-0.80)
YEAR	控制	控制	控制
INDUSTRY	控制	控制	控制
adj. R^2	0.2619	0.2610	0.2609
N	2949	2480	2068

5.6 稳健性检验

5.6.1 倾向得分匹配

考虑到存在经济增长压力地区的样本与不存在经济增长压力地区的样本之间可能存在系统性差异，为减少该差异对结论产生的影响，本章使用倾向得分匹配法对存在经济增长压力地区的样本与不存在地区经济增长压力地区的样本进行匹配，重新检验地区经济增长压力对企业社会责任报告内容质量相关关系产生的作用。本章将 *PRESSURE* 大于 0 的样本视为存在经济增长压力，否则为不存在经济增长压力，并以上述控制变量作为协变量，使用 Logit 模型将存在经济增长压力和不存在经济增长压力的样本进行匹配。匹配结果如表 5-16 所示，最终保留 3466 个样本观测值，匹配结果成立。

表 5-16　　　　平衡性检验结果

协变量		均值		标准偏误(%)	误差削减(%)	*t* 检验	
		处理组	对照组			*t*	*p*
SIZE	匹配前	23.0370	23.0670	-2.3		-0.70	0.48
	匹配后	23.0380	23.0200	1.3	43.1	0.43	0.67
LEV	匹配前	0.4845	0.4874	-1.5		-0.44	0.66
	匹配后	0.4848	0.4827	1.1	28.5	0.34	0.73

续表

协变量		均值		标准偏误（%）	误差削减（%）	t 检验	
		处理组	对照组			t	p
ROA	匹配前	0.0424	0.0523	-17.9		-5.37	0.00
	匹配后	0.0426	0.0421	0.9	95.0	0.29	0.78
GROWTH	匹配前	0.1310	0.1762	-15.5		-4.66	0.00
	匹配后	0.1314	0.1319	-0.2	98.9	-0.06	0.95
CFO	匹配前	0.0555	0.0549	1.0		0.29	0.77
	匹配后	0.0555	0.0555	0.0	98.4	0.00	1.00
STATE	匹配前	0.5288	0.5810	-10.5		-3.15	0.00
	匹配后	0.5296	0.5409	-2.3	78.2	-0.74	0.46
SHARE	匹配前	0.0288	0.0228	7.7		2.29	0.02
	匹配后	0.0284	0.0290	-0.8	90.3	-0.23	0.82
INSTIHOLD	匹配前	0.4817	0.4997	-8.5		-2.55	0.01
	匹配后	0.4821	0.4776	2.1	74.9	0.68	0.49
DUAL	匹配前	0.1749	0.1620	3.4		1.03	0.30
	匹配后	0.1751	0.1686	1.7	49.4	0.56	0.58
IDDIRE	匹配前	0.3721	0.3732	-2.0		-0.60	0.55
	匹配后	0.3721	0.3711	1.8	8.0	0.60	0.55
POLLUTION	匹配前	0.3072	0.2857	4.7		1.41	0.16
	匹配后	0.3076	0.2973	2.3	52.1	0.73	0.47
GDP	匹配前	11.2730	11.2940	-3.8		-1.14	0.26
	匹配后	11.2730	11.2780	-1.0	73.5	-0.32	0.75

基于倾向得分匹配结果，本章采用式（5-1）重新检验。回归结果如表 5-16 列（1）所示，地区经济增长压力（*PRESSURE*）的回归系数仍显著负，说明控制样本偏差后，上述结论依旧成立。

5.6.2 熵平衡检验

考虑到倾向得分匹配法在匹配过程中会造成样本缺失，削弱了结果的信服力，因此，本章使用 Hainmueller（2012）提出的熵平衡数据处理方法[55]。熵平衡方法能够避免样本信息丢失，尽可能使样本内生偏误减小，使匹配结果更为精确，因而得出的结论更加稳健。因此，根据所在地区是否存在经济增长压力将样本分为两组，并对控制组重新加权，使得所在地区存在经济增长压力和不存在经济增长压力的企业特征变量的均值、方差、偏度均接近一致，在此基础上，使用式（5－1）重新进行回归。结果如表5－17列（2）所示，地区经济增长压力的回归系数为－0.0059，且在10%的水平下显著。这表明在控制样本偏差后，地区经济增长压力仍显著降低了企业社会责任报告内容质量，上述结论稳健。

5.6.3 高维固定效应

不同行业企业可能受到不同周期内产业政策、监管政策等宏观因素的影响，从而对企业社会责任报告内容质量产生差异化影响，进而对研究结论产生干扰。因此，在式（5－1）的基础上，本章进一步控制了年度行业交乘固定效应。回归结果如表5－17列（3）所示。结果表明，地区经济增长压力（*PRESSURE*）的回归系数为－0.0075，且在5%的水平下显著，支持了上述结论。

表5－17　　PSM、熵平衡与高维固定效应检验结果

变量	(1) PSM	(2) 熵平衡	(3) 高维固定效应
PRESSURE	−0.0078 ** (−2.26)	−0.0059 * (−1.75)	−0.0075 ** (−2.12)
SIZE	0.1127 *** (20.28)	0.1130 *** (19.93)	0.1130 *** (20.37)
LEV	−0.0636 (−1.63)	−0.0767 * (−1.91)	−0.0417 (−1.08)
ROA	−0.0656 (−0.49)	−0.0301 (−0.23)	−0.0734 (−0.52)
GROWTH	−0.0101 (−0.53)	−0.0174 (−0.85)	−0.0159 (−0.79)
CFO	0.1557 (1.61)	0.1639 * (1.74)	0.1661 * (1.68)

续表

变量	(1) PSM	(2) 熵平衡	(3) 高维固定效应
STATE	0.0095 (0.75)	0.0159 (1.21)	0.0149 (1.16)
SHARE	0.1731 ** (2.19)	0.2285 *** (2.88)	0.2504 *** (3.17)
INSTIHOLD	0.0352 (1.13)	0.0390 (1.25)	0.0419 (1.31)
DUAL	-0.0321 ** (-2.14)	-0.0294 * (-1.92)	-0.0297 ** (-1.98)
IDDIRE	-0.4104 *** (-4.32)	-0.4670 *** (-4.70)	-0.4369 *** (-4.57)
POLLUTION	-0.3558 *** (-7.69)	-0.3397 *** (-7.24)	-0.3447 *** (-6.72)
GDPPER	0.0379 *** (3.48)	0.0360 *** (3.23)	0.0344 *** (3.22)
_CONS	-0.0730 (-0.49)	-0.0312 (-0.20)	0.0014 (0.01)
YEAR	控制	控制	不控制
INDUSTRY	控制	控制	不控制
YEAR × INDUSTRY	不控制	不控制	控制
adj. R^2	0.2449	0.2612	0.2307
N	3466	3684	3684

5.6.4　安慰剂检验

上述结论发现地区经济增长压力显著降低了企业社会责任报告内容质量，尽管在回归模型中控制了企业层面、地区层面等一系列控制变量，然而该结论也可能在一定程度上具有随机性，并可能受到其他不可观测因素的干扰。因此，为排除上述可能，参照黄亮雄等（2021a）[185]、Liu 和 Lu 等（2015）[87]，本章使用安慰剂检验，将地区经济增长压力（*PRESSURE*）的值取出后随机赋值给样本企业重新进行回归，重复1000次。图5－1为解释变量回归系数的模拟结果，随机模拟的回归系数呈标准正态分布，且绝大多数回归系数p值在10%以上，均显著异于*PRESSURE*的真实回归系数（－0.0065）。这表明地区经济增长压力确实是导致企业社会责任报告内容质量降低的一种宏观因素，验证了结论的稳健性。

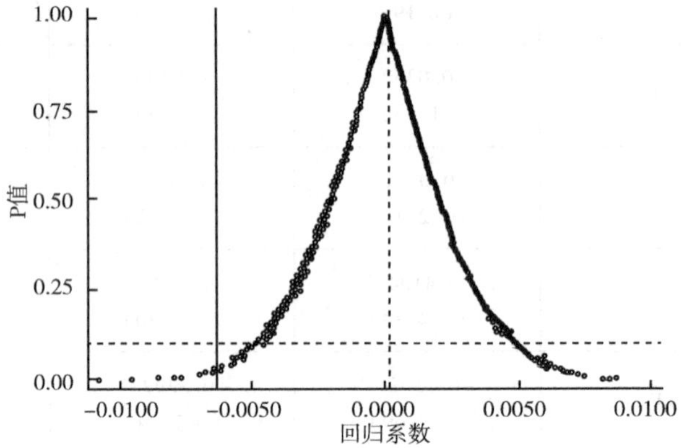

图5－1　安慰剂检验图

5.6.5　工具变量法检验

考虑到地区经济增长压力与企业社会责任报告内容质量之间的关系可能受遗漏变量等内生性问题的影响，本章参照纪祥裕和唐荣（2021）[191]、李书娟等（2021）[203]，使用各省份地级市数量作为工具变量。各省份地级市数量会对地方经济发展产生影响，但不会直接影响企业的社会责任报告内容质量。因此，本章使用地级市数量作为工具变量进行回归。表5－18为工具变量检验结果。由列（1）可知，地级市数量（*CITY*）与地区经济增长压力（*PRESSURE*）在1%的水平下负相关，工具变量满足了相关性要求，并且第一阶段回归的F统计量为20.505，排除了弱工具变量。列（2）中，第二阶段回归结果显示，地区经济增长压力与企业社会责任报告内容质量仍在1%的显著性水平下负相关，说明在控制内生性后，地区经济增长压力依旧显著降低了企业社会责任报告内容质量。

表 5 - 18　　　　工具变量法

变量	(1) *PRESSURE*	(2) *CSR*
CITY	- 0.0270 *** (- 4.53)	
PRESSURE		- 0.3255 *** (- 3.98)
SIZE	0.0491 * (1.92)	0.1227 *** (12.34)
LEV	- 0.0752 (- 0.41)	- 0.0778 (- 1.13)
ROA	- 0.7193 (- 1.28)	- 0.3078 (- 1.34)
GROWTH	- 0.0936 (- 1.03)	- 0.0383 (- 1.09)
CFO	- 0.0885 (- 0.20)	0.0915 (0.54)
STATE	- 0.2143 *** (- 3.87)	- 0.0528 * (- 1.91)
SHARE	0.1461 (0.45)	0.2215 * (1.73)
INSTIHOLD	0.0243 (0.19)	0.0582 (1.14)
DUAL	- 0.0110 (- 0.17)	- 0.0327 (- 1.28)
IDDIRE	0.4485 (0.92)	- 0.2603 (- 1.43)
POLLUTION	0.0130 (0.05)	- 0.3148 *** (- 3.53)
GDPPER	- 0.5297 *** (- 7.94)	- 0.1573 *** (- 2.85)
_CONS	3.1475 *** (3.77)	1.2366 *** (2.73)
YEAR	控制	控制
INDUSTRY	控制	控制
N	3684	3684

注：当 RSS > TSS 时，R^2 在 2SLS 中可能是负数。

5.6.6 替换主要变量衡量方式

首先，本章改变解释变量的衡量方式。参照任晓怡等（2021）[235]，使用地级市政府在政府工作报告中发布的经济增长目标衡量地区经济增长压力（*TARGET*）。政府经济增长目标设定得越高，地方官员为达成经济目标所面临的经济增长压力越大。本章基于式（5－1）重新进行回归。由表5－19列（1）可知，*TARGET* 的回归系数为－0.0116，且在1%的水平下显著，表明替换地区经济增长压力的衡量方式后，上述结论仍稳健。

其次，本章分别使用CSMAR数据库中社会责任基本信息表与和讯网企业社会责任内容的评价指标衡量企业的社会责任内容质量。CSMAR数据库从10个方面对企业社会责任报告进行衡量，参照邹萍（2018）[310]、倪昌红（2019）[224]，分别对这10个方面使用0－1变量进行赋值，若披露某个内容，则为1，否则为0。最后将这10个指标加总，得到企业社会责任报告内容的衡量指标（*CSR_CSMAR*），为便于衡量，将其除以10进行标准化。*CSR_CSMAR* 指标范围为0—1，*CSR_CSMAR* 值越大，说明企业社会责任报告内容质量越高。本章使用和讯网对企业社会责任的评分衡量企业社会责任内容质量（*CSR_HEXUN*），*CSR_HEXUN* 值越大，说明企业社会责任内容质量越高。此外，由于CSMAR数据库与和讯网对企业社会责任信息的统计来源除社会责任报告外还包括了企业年报等其他信息，其范围涵盖了所有A股上市公司，因此，替换变量衡量方式后样本量发生了变化。回归结果如表5－19列（2）、列（3）所示，地区经济增长压力的回归系数分别为－0.0149和－0.1565，且分别在1%和10%的水平下显著，表明地区经济增长压力降低了企业社会责任内容质量，验证了上述结论的稳健性。

表5－19　　替换变量衡量方式

变量	(1) *CSR*	(2) *CSR_CSMAR*	(3) *CSR_HEXUN*
TARGET	－0.0116*** (－3.08)		
PRESSURE		－0.0149*** (－4.89)	－0.1565* (－1.87)

续表

变量	(1) *CSR*	(2) *CSR_CSMAR*	(3) *CSR_HEXUN*
SIZE	0.1118*** (20.85)	0.0747*** (31.36)	4.3940*** (35.17)
LEV	-0.0534 (-1.41)	-0.0663*** (-4.45)	-6.6621*** (-10.12)
ROA	-0.0276 (-0.21)	0.1611*** (3.38)	102.1256*** (49.52)
GROWTH	-0.0096 (-0.52)	-0.0391*** (-7.33)	-1.1482*** (-5.19)
CFO	0.1531 (1.64)	0.1607*** (4.23)	5.4776*** (3.26)
STATE	0.0203 (1.64)	0.0000 (0.00)	0.4614* (1.70)
SHARE	0.2282*** (3.09)	-0.1170*** (-5.40)	0.5350 (0.69)
INSTIHOLD	0.0420 (1.39)	0.0054 (0.44)	0.9507* (1.74)
DUAL	-0.0308** (-2.18)	0.0165*** (2.79)	-0.0289 (-0.11)
IDDIRE	-0.4194*** (-4.55)	-0.1337*** (-3.03)	0.1825 (0.09)
POLLUTION	-0.3349*** (-7.07)	0.0368 (1.63)	-0.6620 (-0.63)
GDPPER	0.0319*** (3.11)	-0.0027 (-0.56)	0.9633*** (4.16)
_CONS	0.1525 (0.97)	-1.2810*** (-17.85)	-83.4804*** (-21.81)
YEAR	控制	控制	控制
INDUSTRY	控制	控制	控制
adj. R^2	0.2474	0.2059	0.3591
N	3684	15659	15670

5.7 本章小结

本章主要从社会责任报告内容的角度，考察地区经济增长压力对企业社会责任报告内容质量的影响，以及地方官员政绩考核新标准实施之后对二者关系的影响。以2010—2019年披露社会责任报告的中国A股上市公司为样本对上述问题进行实证检验，得出以下主要研究结论：地区经济增长压力越大，该地区企业社会责任报告内容质量越低；政绩考核新标准的实施有效缓解了二者之间的负相关关系。机制检验发现，地区经济增长压力对企业社会责任报告内容质量的影响主要在地方官员晋升激励较大的地区、国有企业以及经济贡献度较大的企业中更为显著。异质性分析发现，在自愿披露、未按照GRI标准披露社会责任报告的企业以及媒体和投资者关注度较低的企业中，地区经济增长压力显著降低了企业社会责任报告内容质量。细分企业社会责任表现，地区经济增长压力主要对股东权益、债权人权益、职工权益、安全生产内容等内部社会责任表现，以及客户及消费者权益、供应商权益、环境和可持续发展、公共关系和社会公益事业等外部社会责任表现产生负面影响。此外，地区经济增长压力对企业社会责任报告内容质量具有长期动态影响。本章还对主要结论进行了稳健性检验。

上述研究结果表明，地区经济增长压力导致地方政府对企业社会责任的关注不足，挤占了企业社会责任资源，降低了企业社会责任报告内容质量。而政绩考核新标准的实施缓解了地方政府的经济增长压力，增加了地方政府对社会责任的重视程度，进而减少了地区经济增长压力对企业社会责任报告内容质量的负面影响。由此可见，宏观的经济增长压力通过影响地方政府行为对企业社会责任表现具有一定的作用。因此，想要从根本上改善企业社会责任行为，提高社会责任报告内容质量，不应仅对企业是否披露社会责任报告加强监管，更应该从制度层面制定促进企业积极披露社会责任内容的激励政策，提高地方政府对社会责任的重视程度，形成中央政府与地方政府相互配合的制度，共同促进企业积极承担社会责任。异质性分析发现，媒体和投资者的监督能够发挥积极的作用，因此，也应该充分利用媒体和资本市场的监管力量，对企业社会责任报告披露进行有效监督，对政府行为发挥积极的监督作用。本章结合中国制度背景探讨了企业社会责任报告内容质量背后的动因，丰富了企业社会责任报告披露的相关文献，也为当前政绩考核制度的改进提供了微观证据及合理建议。

第6章

地区经济增长压力、政绩考核与CSR报告可读性

可读性是指阅读和理解书面文本的难易程度，直接影响读者对材料的接受和反应程度。2020年，国务院发布《关于进一步提高上市公司质量的意见》，要求上市公司信息披露做到“简明清晰、通俗易懂”。2021年，证监会发布《上市公司信息披露管理办法》，将“简明清晰、通俗易懂”列入信息披露质量监管范围。已有研究发现，文本可读性对分析师盈余预测（Muslu，2019）[113]、股票市场回报（Du和Yu，2021）[41]等产生了一系列影响，可见，文本可读性在资本市场中具有一定的作用，也逐渐引起实务界和学术界的关注。

相比于财务报告，一方面，社会责任报告的目标受众更为广泛，不仅包括客户、投资者、政府等专业机构，还包括普通员工、普通民众等群体，这要求企业社会责任报告不仅需要具备专业性和严谨性，还应通俗易懂，便于理解。另一方面，社会责任报告的内容覆盖范围较广，包括企业政策、环境表现等难以量化的信息，使得文本可读性对于企业社会责任报告的传播和报告内容的解释具有突出作用（Du和Yu，2021）[41]。由此可见，社会责任报告的文本可读性直接影响其质量，对阅读者的感知和判断具有重要影响。然而，目前文本可读性的相关研究多以年报为研究对象，针对企业社会责任报告可读性影响因素的研究相对较少，主要从社会责任表现（Wang等，2018b[146]；Du和Yu，2021[41]）、管理层权力（吉利等，2016）[190]、管理层个人特征（黄珺和徐莹莹，2021）[184]等微观视角展开研究，鲜有研究基于宏观经济增长的视角，探讨经济增长压力带来的制度压力如何作用于企业社会责任报告可读性，对操纵社会责任报告可读性的动机探讨不够。

企业披露社会责任报告多受“自上而下”的政府政治意志的影响（黎文

靖，2012；邹萍，2018）[310]。在中国，中央政府与地方政府相对独立，企业同时需要满足来自中央政府和地方政府的要求。中央政府对社会责任高度重视，要求企业积极履行社会责任，然而，当地区存在经济增长压力时，地方政府期望企业创造更多短期收益，带动地区经济发展，此时，中央政府和地方政府在经济与社会责任之间存在不同的利益诉求，导致企业面临相互冲突的制度压力。在这种背景下，企业可能在形式上积极响应中央政府的号召，但在实际履行过程中倾向于满足地方政府的期望，这是否会成为企业操纵社会责任报告可读性的动机？当中央政府和地方政府之间的制度冲突减弱时，企业操纵社会责任报告可读性的动机是否也会相应减弱？

基于此，本章主要以披露社会责任报告的A股上市公司为样本，探讨地区经济增长压力对企业社会责任报告可读性的影响与影响机制，并在此基础上，研究政绩考核新标准的实施对地区经济增长压力与企业社会责任报告披露可读性关系的影响。研究发现，地区经济增长压力越大，该地区企业社会责任报告可读性越低；地方官员政绩考核新标准的实施有效缓解了二者之间的负相关关系。机制检验发现，地区经济增长压力对企业社会责任报告可读性的影响主要在地方官员晋升激励较大的地区、国有企业以及经济贡献度较大的企业中更为显著。异质性分析发现，地区经济增长压力对企业社会责任报告可读性的影响主要在自愿披露社会责任报告的企业、媒体和投资者关注度较低的企业中更为显著。进一步检验发现，企业社会责任报告内容发挥了中介效应，这表明地区经济增长压力导致企业降低社会责任报告内容质量，但是为掩盖较差的社会责任内容，企业会降低社会责任报告的可读性。

6.1　理论分析与假设提出

6.1.1　地区经济增长压力与CSR报告可读性

当地区存在经济增长压力时，企业可能会同时面临"双重"压力，一是来自中央政府对社会责任绩效的期望，二是来自地方政府对经济绩效的追求，最终导致企业在社会责任报告上面临"两难"的困境，企业可能通过降低社会责任报告可读性对其较差的社会责任表现进行印象管理。具体分析如下。

中央政府与地方官员之间因代理关系存在目标不一致的问题。一方面，中央政府站在国家战略高度，强调经济与社会的协调发展，鼓励企业承担社会责任，提升企业社会绩效（Li 和 Lu，2020）[83]。同时，证券交易所采取自愿与强制相结合的方式，推动上市公司披露社会责任报告。面对中央政府对企业履行社会责任的期望以及证券交易所的监管，企业通过发布社会责任报告展现其良好的社会绩效并维持合法性（Luo 等，2017）[94]。另一方面，作为中央政府的代理人，当面临经济增长压力时，地方官员存在强烈动机提升其所管辖地区的经济绩效，促使企业优先追求经济利润，打击了企业承担社会责任的积极性。具体而言，分税制改革以来，中央政府利用人事控制权激励地方官员提升经济绩效，经济发展一度成为地方官员政绩考核的关键指标（周黎安，2007[305]；Chen 等，2020[22]）。由于地方政府在税收、经济、就业等方面严重依赖地方企业（Liu 等，2021）[88]，当面临较大的晋升压力时，地方官员往往将压力转嫁于企业，要求企业快速提升经济利润以实现既定经济目标。在资源有限的情况下，追求经济利润必然挤占企业对社会责任的投入（Wei，2021）[147]，其社会责任报告披露的内容质量会相应降低。双重制度压力之下，企业可能会通过降低社会责任报告可读性对其所披露的较差的社会责任内容进行印象管理。

文本可读性会影响读者的阅读和理解难度，依据管理层混淆假说，如果投资者从中提取有效信息的成本较高、难度较大，那么这种信息对股票价格的影响较小。因此，当企业实际表现不好时，管理层有动机通过降低可读性增加读者的阅读障碍，例如，降低披露的详细程度、增加句子理解难度等，进而混淆企业的负面信息，以向中央政府等利益相关者隐瞒企业较差的表现（Bloomfield，2002[15]；Schrand 和 Walther，2000[132]；Li，2008[81]；Du 和 Yu，2021[41]）。

相关案例屡见不鲜。百隆东方（601339）和华孚时尚（002042）均属于纺织业，针对两者 2020 年的社会责任报告，整体来看，百隆东方的社会责任报告共计 58 页，披露内容更为详细，而华孚时尚社会责任报告仅有 28 页，对披露内容的解释较少。以环保技术改进这项内容为例，百隆东方（601339）通过对其新产品“残雪环保纱”的特性、对环境的影响等进行了详细阐述，共计 270 个字，便于读者理解，而华孚时尚仅用 90 个字对“华孚无染环保色纺纱产品系列”进行描述。此外，百隆东方还通过增加彩色图片等方式，在社会责任报告中呈现其所做的社会责任活动，便于读者形成直观感受。经对比发现，百隆东方和华孚时尚的社会责任报告在可读性上存在显著差异，百隆东方的社会责任报告更易于读者理解，给读者留下更深的印象，而华孚时尚的社会责任报告较为简短，可读性更差。依据印象管理理论，真正在社会责任方面表现良好的企业会传递明确的信息强调企业在社会责任方面取得的成就，但是，当企业社会责任报告内容欠佳时，企业将降低社会责任报告的可读性，以掩饰其社会责任报告内容（吉利等，2016[190]；Muslu 等，2019[113]）。同时，由于缺乏强制性的社会责任报告框架且尚未强制要求第三方鉴证，这种自愿性和可选择性使得企业在披露社会责任报告时，在数量、格式、表述方面能够灵活地选择（Perrini，2005）[120]。

据统计，百隆东方位于浙江省宁波市，其近五年的营业收入占其所在地区浙江省宁波市各年 GDP 的比例均在 1% 以下，其中 2020 年营业收入占宁波市当年 GDP 的比例为 0.49%。华孚时尚近五年的营业收入占其所在地区安徽省淮北市各年 GDP 的比例均在 10% 以上，最高占比甚至达 20.22%，其在当地的经济地位不言而喻①。当华孚时尚所在地区存在经济增长压力时，地方政府势必对华孚时尚的经济绩效给予更高的期待，而放松对其社会责任的要求。但为回应中央政府对企业社会绩效的关注，华孚时尚会降低社会责任报告的可读性，进而同时应对中央政府和地方政府的双重压力，缓解其“两难”的困境。

综上所述，当地区存在经济增长压力时，企业同时面临来自中央政府社会责任的要求和地方政府的经济压力，迫于合法性压力不得不回应中央政府的期望，同时面临地方政府提高短期经济绩效的激励，企业会减少承担社会责任方面的投入。在此背景下，企业可能会在对社会责任的叙事描述中降低可读性，混淆企业较差的社会责任报告内容。

基于以上分析，提出研究假设 H6 - 1：地区经济增长压力越大，企业社会责任报告可读性越低。

---

① 该数据由作者通过 CSMAR 数据库和数位观察数据库整理得到。

6.1.2 地区经济增长压力、政绩考核与 CSR 报告可读性

政绩考核新标准的实施，缓解了中央政府和地方政府之间的制度冲突，进而影响企业社会责任报告可读性。政绩考核新标准提出要把社会和谐进步、生态文明建设等作为官员考核的重要内容，强调上级政府不能简单地依据地区经济增长排名评定下级政府官员的政绩考核。可见，政绩考核新标准将社会责任指标纳入地方官员考核范围，减轻了经济增长对地方政府的压力，使地方政府以社会责任绩效为重，同中央政府的目标趋于一致。

在此背景下，地方政府有动机制定相应政策，推动企业积极承担社会责任，一方面，地方政府会通过政府采购、财政补贴、税收优惠等倾向性财政支持手段鼓励企业积极承担社会责任，使企业的社会责任报告内容更充实；另一方面，地方政府可能通过加强外部监管倒逼企业履行社会责任，例如加强地方环境规制力度等，使企业更愿意将实际履行的社会责任如实反映在社会责任报告中。依据印象管理理论，真正在社会责任方面表现良好的企业更愿意通过社会责任报告强调其在社会责任方面取得的成就（Muslu 等，2019）[113]，提高企业社会责任报告可读性。可见，政绩考核新标准的实施有助于减少地区经济增长压力对企业社会责任报告可读性的不利影响。

基于此，提出假设 H6－2：政绩考核新标准的实施减少了地区经济增长压力对企业社会责任报告可读性的负面影响。

6.2 样本选择和研究设计

6.2.1 样本选择与数据来源

2008 年证券交易所正式提出采取强制和自愿相结合的方式鼓励企业披露社会责任报告，企业陆续开始披露社会责任报告，直至 2010 年，上市公司社会责任报告披露数量呈现跳跃式上升。考虑到数据的可获得性，本章的样本开始于 2010 年。2020 年全球暴发新冠疫情，对中国乃至全球经济均产生重大影响，导致诸多企业停工停产。由于 2010—2019 年样本范围足够支撑本章

的研究内容，故以 2010—2019 年为样本区间，选取披露社会责任报告的中国 A 股上市公司为研究样本。考虑到直辖市城市定位与一般地级市不同，并且直辖市属于省级行政单位，直属中央政府管理，而地级市属于地级行政区，级别不同使得一般地级市的政府官员与直辖市政府官员面临的晋升机遇以及晋升压力不同，故剔除位于四个直辖市的样本。在使用 Python 对社会责任报告进行分析时，部分上市公司对企业社会责任报告的 pdf 文件进行了加密处理，导致部分样本缺失。此外，还剔除了资产与所有者权益小于等于 0 的样本、ST 类企业样本、金融保险业类企业样本以及缺失值样本，最终共获得 559 家上市公司 3294 个公司—年度有效样本，样本筛选过程如表 6－1 所示。企业社会责任报告通过巨潮资讯网手动搜集整理，企业社会责任报告可读性相关数据使用 Python 软件批量处理得到，社会责任报告内容性评分来自润灵环球数据库。地区经济增长目标数据通过手工搜集各地级市政府工作报告数据获得。地方官员特征数据依据择城网、地方领导资料库、百度百科等网页手工收集。宏观经济数据来自《中国区域经济统计年鉴》，财务数据来源于 Wind 和 CSMAR 数据库。为避免极端值的影响，对连续变量进行了上下 1% 的缩尾处理。

表 6－1　　样本选择

项目	样本观测（公司—年度）	样本观测（公司观测）
2010—2019 年 A 股上市公司	3704	28502
其中：披露社会责任报告的上市公司	1069	6867
减：直辖市上市公司	286	1909
减：金融业、保险业样本	50	278
减：总资产、所有者权益为负值或零的样本及 ST，*ST 公司	35	191
减：数据缺失样本	139	1195
最终样本数	559	3294

6.2.2　变量定义

6.2.2.1　被解释变量

企业社会责任报告可读性（*CCSR*）是指社会责任报告对于报告使用者理

解的难易程度，以及报告内容对读者的吸引力。企业社会责任报告可读性越高，使用者越容易理解报告内容，阅读时会留下更为深刻的印象。财务报表具有统一规范的范式，内容明确，而社会责任报告目前缺乏统一的规范标准，且涉及的内容较为广泛，具有较强的特质性和随机性。因此，参照吉利等（2016）[190]、张秀敏等（2019）[295]、黄珺和徐莹莹（2021）[184]，本章从黑白占比、平均句长、页数、字数、是否有目录以及句子复杂程度六个方面构建企业社会责任报告可读性指标（*CCSR*）。

第一，彩色占比（*color*）。心理学表明，人类对于彩色的敏感程度大于黑色颜色的敏感程度，彩色的社会责任报告往往能给读者留下更深刻的印象，同时色彩能够使社会责任报告更具层次性，便于读者对社会责任报告重点的把握。因此，相比于黑白的社会责任报告，颜色丰富的社会责任报告可读性更高。本章创新性地使用 Python 对社会责任报告进行像素分析，得到社会责任报告的彩色占比（*color*），彩色占比越高，即 *color* 值越大，企业社会责任报告可读性越高。

第二，企业社会责任报告句子的平均句长（*sentence*）。汉语中将句子分为长句和短句，长句往往结构相对复杂、词语较多，含有冗长的修饰成分；而短句结构相对简单、词语较少，易于读者理解。本章使用 Python 软件编码，以句号、问号、感叹号等句末标点为识别标志，计算每份企业社会责任报告的平均句长。平均句长越长，企业社会责任报告的可读性越低。为了便于分析，参照吉利等（2016）[190]，对平均句长进行同向化处理，使用平均句长中的最大值与企业社会责任报告平均句长的差值进行衡量（*sentence*）。*sentence* 值越大，企业社会责任报告可读性越高。

第三，企业社会责任报告的页数（*page*）。与年报不同，企业社会责任报告缺乏统一的披露格式与专业术语。企业社会责任报告披露的页数越多，企业对其所承担的社会责任描述得越详细，越有助于读者正确理解企业社会责任报告的信息。因此，企业社会责任报告页数越多，即 *page* 值越大，表明企业社会责任报告可读性越高。

第四，企业社会责任报告字数（*word*）。企业社会责任报告的长度越长，表明企业社会责任活动的信息越多，即字数越多，企业对社会责任的描述越详细。参照 Li（2008）[81]、Muslu 等（2019）[113]使用去除数字和英文后的总字数取自然对数，字数越多，即 *word* 值越大，企业社会责任报告可读性越高。

第五，企业社会责任报告是否有目录（*catalogue*）。目录对于读者理解社会责任报告的整体结构具有重要作用，有助于读者快速找到社会责任报告披露的具体内容，并增强读者的记忆。因此，目录有助于提高企业社会责任报告的可读性。本章使用 Python 软件批量检索企业社会责任报告是否含有目录，若有目录，则令 catalogue 为 1，否则为 0。

第六，企业社会责任报告句子复杂程度（*readability*）。本书参照田高良等（2021）的方式衡量句子复杂程度[249]，具体计算方式如式（6-1）所示。其中 N 为文本中句子总数，P_s为生成句子 S 的概率。该衡量方式的前提为句子之间相互独立，相比于其他方式，该衡量方式考虑了词汇的前后搭配顺序，更适用于中文的文本分析。该数据来自 WinGo 数据库。本章认为，*readability* 值越大，则社会责任报告可读性越高。

$$readability = \frac{1}{N}\sum_{S=1}^{N}\log P_s \tag{6-1}$$

综上，本章从六个方面衡量企业社会责任报告的可读性，为消除量纲，将上述六个方面进行标准化处理后加总得到企业社会责任报告的可读性指标（*CCSR*），即 *CCSR* 值越大，企业社会责任报告可读性越高。

6.2.2.2　解释变量

本章的解释变量为地区经济增长压力（*PRESSURE*）。参照李茫茫等（2021）[201]、毛奕欢等（2022）[223]、马新啸等（2022）[222]，使用上一年各地级市经济增长目标与实际经济增长速度之间的差值进行衡量。若地区未达到年初设定的经济增长目标值，则会在下一年对该地区政府形成压力。*PRESSURE* 值越大，表明地区经济增长压力越大。其中，地级市政府每年 1 月下旬至 2 月中旬在市级人大会议做政府工作报告，对上一年地区生产总值进行总结回顾，并对当年地区经济增长目标进行展望。该经济增长目标值是政府根据历史数据以及当前宏观经济运行情况，通过科学的估计手段制定的，不仅体现了对市场未来经济的发展预期，还具备可行性，符合现实情况。这一数据经过了本级人民代表大会批准，因此具备一定的科学性和可信性。考虑到政府工作报告中的经济增长目标往往带有“左右”、“约”、“不低于”等修饰性词语，如“预期地区生产总值增长 8% 左右”，这种情况下，本章使用具体数据 8% 进行衡量。部分地级市政府工作报告对未来一年经济增长目标的预测采用区间值进行估计，例如“预期地区生产总值增长7%—8%”，此时使用区间中值进行衡量。

6.2.2.3 分组变量

本章的分组变量为政绩考核新标准的实施（*TIME*）。政绩考核新标准于2013年12月发布，正式开始实施时间为2014年，因此，参照程仲鸣等（2020）[167]，以政绩考核制度新标准的正式实施年份（2014年）为分界点，当样本所处年份位于2014年及以后，*TIME* 为1，否则为0。

6.2.2.4 控制变量

企业社会责任报告可读性还可能受到公司财务特征、治理特征以及其他因素的影响。参照倪昌红（2019）[224]、黄珺和徐莹莹（2021）[184]等，本章选取的控制变量如下：财务特征控制变量包括企业规模（*SIZE*）、资产负债率（*LEV*）、盈利能力（*ROA*）、企业成长性（*GROWTH*）、企业现金流（*CFO*）、产权性质（*STATE*）；治理特征控制变量包括高管持股比例（*SHARE*）、机构持股比例（*INSTIHOLD*）、总经理和董事长两职合一（*DUAL*）、独立董事占比（*IDDIRE*）；其他控制变量包括是否为重污染企业（*POLLUTION*）。各变量具体变量定义如表6-2所示。

表6-2　变量定义表

变量类型	变量含义	变量名	计算方法
被解释变量	企业社会责任报告可读性	*CCSR*	将黑白占比、平均句长、页数、字数、是否有目录以及句子复杂程度六个方面的指标标准化处理后得分相加
解释变量	地区经济增长压力	*PRESSURE*	上一年经济增长目标-实际经济增长速度
分组变量	政绩考核新标准的实施	*TIME*	2014年之前，令 *TIME* 为0；2014年及以后，令 *TIME* 为1
控制变量	公司规模	*SIZE*	Ln（总资产）
	资产负债率	*LEV*	总负债/总资产
	盈利能力	*ROA*	净利润/总资产
	企业成长性	*GROWTH*	营业收入增长率
	企业现金流	*CFO*	企业经营活动现金流净额/企业总资产
	产权性质	*STATE*	国企为1，否则为0

续表

变量类型	变量含义	变量名	计算方法
控制变量	高管持股比例	*SHARE*	高级管理人员持股数/公司总股本
	机构持股比例	*INSTIHOLD*	机构持股合计/流通 A 股
	两职合一	*DUAL*	总经理和董事长两职合一，则为 1，否则为 0
	独立董事占比	*IDDIRE*	独立董事人数占董事会总人数的比值
	是否为重污染企业	*POLLUTION*	重污染企业为 1，否则为 0
	年度	*YEAR*	年度虚拟变量
	行业	*INDUSTRY*	行业虚拟变量

6.2.3　模型构建

为检验地区经济增长压力对企业社会责任报告可读性的影响，本章首先构建模型如式（6－2）所示，检验假设 H6－1。

$$
\begin{aligned}
CCSR_{i,t} = {} & \alpha_0 + \alpha_1 PRESSURE_{c,t} + \alpha_2 SIZE_{i,t} + \alpha_3 LEV_{i,t} + \alpha_4 ROA_{i,t} + \alpha_5 GROWTH_{i,t} \\
& + \alpha_6 CFO_{i,t} + \alpha_7 STATE_{i,t} + \alpha_8 SHARE_{i,t} + \alpha_9 INSTIHOLD_{i,t} + \alpha_{10} DUAL_{i,t} \\
& + \alpha_{11} IDDIRE_{i,t} + \alpha_{12} POLLUTION_{i,t} + \sum YEAR \\
& + \sum INDUSTRY + \varepsilon_{i,t} \qquad (6-2)
\end{aligned}
$$

为验证政绩考核新标准的实施对地区经济增长压力与企业社会责任报告可读性相关关系的作用，本章参照 Acharya 等（2017）[1]、程仲鸣等（2020）[167]、Xiao 和 Shen（2022）[152]的研究思路，首先将样本按照政绩考核新标准实施前后进行分组，分别检验地区经济增长压力对企业社会责任报告可读性的影响，以检验假设 H6－2，同时构建模型进行稳健性检验，如式（6－3）所示。

$$
\begin{aligned}
CCSR_{i,t} = {} & \alpha_0 + \alpha_1 PRESSURE_{c,t} + \alpha_2 PRESSURE_{c,t} \times TIME_t + \alpha_3 TIME_t \\
& + \alpha_4 SIZE_{i,t} + \alpha_5 LEV_{i,t} + \alpha_6 ROA_{i,t} + \alpha_7 GROWTH_{i,t} + \alpha_8 CFO_{i,t} \\
& + \alpha_9 STATE_{i,t} + \alpha_{10} SHARE_{i,t} + \alpha_{11} INSTIHOLD_{i,t} + \alpha_{12} DUAL_{i,t} \\
& + \alpha_{13} IDDIRE_{i,t} + \alpha_{14} POLLUTION_{i,t} + \sum YEAR \\
& + \sum INDUSTRY + \varepsilon_{i,t} \qquad (6-3)
\end{aligned}
$$

其中，i 表示企业；t 表示时间；c 表示城市；*CCSR* 表示企业社会责任报告可读性；*PRESSURE* 表示地区经济增长压力；*TIME* 表示是否实施政绩考核新标准；其余为控制变量。此外，还控制了年度和行业双向固定效应。依据假设 H6－1，*PRESSURE* 的回归系数显著为负，即地区经济增长压力降低了企业社会责任报告可读性。依据假设 H6－2，地区经济增长压力对企业社会责任报告可读性的影响在政绩考核新标准实施之前更为显著，在政绩考核新标准实施之后相关关系有所减弱。式（6－2）中，$PRESSURE \times TIME$ 的回归系数显著为正，即政绩考核新标准的实施减少了地区经济增长压力对企业社会责任报告可读性的负向影响。

6.3 实证结果与分析

6.3.1 描述性统计

表 6－3 为描述性统计结果。结果显示，企业社会责任报告的披露形式差异较大，其中，企业社会责任报告颜色占比（*color*）的均值为 0.1134，最小值为 0.0000，最大值为 0.7770，即最高彩色占比达 77.70%；平均句长（*sentence*）为 84.1886，最小值为 42.0971，最大值为 141.4328；社会责任报告页数（*page*）最少 4 页，最多 81 页；社会责任报告字数的对数（*word*）最小值为 7.7786，最大值为 10.4941；企业社会责任报告目录（*catalogue*）的均值为 0.6642，即 66.42% 的上市公司社会责任报告具有目录；社会责任报告句子复杂度（*readability*）的均值为－29.0151，最小值为－46.1419，最大值为－16.6731，表明企业社会责任报告句子复杂度差距较大。经标准化和同向化处理后得到的上市公司社会责任报告可读性指标（*CCSR*）的均值为－0.0034，最小值为－6.6901，最大值为 8.6219。上述结果均说明，目前企业社会责任报告在色彩度、平均句长、页数、字数、目录以及文本可读性方面均存在较大差异，这在一定程度上是由于社会责任报告披露格式尚未统一导致的。

地区经济增长压力（*PRESSURE*）的均值为 0.4135，最小值为－4.1000，最大值为 6.2600，说明部分地区经济增长压力较大，也有部分地区经济发展情况较好，经济增长压力较小；中位数为 0.3000，表明超过半数的上市公司所在地区实际经济增长速度小于经济增长目标，存在一定的经济增长压力。政绩考核新标准实施变量（*TIME*）的均值为 0.6803，表明样本公司中，有 68.03% 的样本位于政绩考核新标准实施之后。其他控制变量描述性统计分析如下：企业规模（*SIZE*）的均值和中位数分别为 23.0243 和 22.9444，基本符合正态分布，最小值为 20.3582，最大值为 26.2476，说明不同企业的规模仍存在显著差异。资产负债率（*LEV*）的均值与中位数接近一致，最小值和最大值分别为 0.0752 和 0.8778，说明不同上市公司的财务杠杆相差较大。产权性质（*STATE*）的均值为 0.5498，表明披露社会责任报告的企业中国有企业占 54.98%。是否为重污染企业（*POLLUTION*）为 0.3033，表明披露社会责任报告的样本公司中约 30.33% 的上市公司为重污染企业。

表 6 – 3　　描述性统计

变量	样本量	均值	标准差	最小值	中位数	最大值
color	3294	0.1134	0.1282	0.0000	0.0564	0.7770
sentence	3294	84.1886	16.2960	42.0971	82.2000	141.4328
page	3294	20.5984	16.3763	4.0000	15.0000	81.0000
word	3294	9.0038	0.6155	7.7786	8.9391	10.4941
catalogue	3294	0.6642	0.4723	0.0000	1.0000	1.0000
readability	3294	−29.0151	5.8133	−46.1419	−28.7251	−16.6731
CCSR	3294	−0.0034	3.4079	−6.6901	−0.4452	8.6219
PRESSURE	3294	0.4135	1.5941	−4.1000	0.3000	6.2600
TIME	3294	0.6803	0.4664	0.0000	1.0000	1.0000
SIZE	3294	23.0243	1.2853	20.3582	22.9444	26.2476
LEV	3294	0.4821	0.1950	0.0752	0.4930	0.8778
ROA	3294	0.0465	0.0554	−0.1538	0.0386	0.2319
GROWTH	3294	0.1474	0.2868	−0.4350	0.1039	1.4742
CFO	3294	0.0556	0.0658	−0.1257	0.0541	0.2447
STATE	3294	0.5498	0.4976	0.0000	1.0000	1.0000
SHARE	3294	0.0247	0.0745	0.0000	0.0001	0.4382
INSTIHOLD	3294	0.4896	0.2122	0.0149	0.5099	0.8960
DUAL	3294	0.1588	0.3655	0.0000	0.0000	0.0000
IDDIRE	3294	0.3725	0.0531	0.3333	0.3571	0.5714
POLLUTION	3294	0.3033	0.4597	0.0000	0.0000	1.0000

6.3.2 回归结果分析

6.3.2.1 地区经济增长压力与 CSR 报告可读性

为验证地区经济增长压力对企业社会责任报告可读性的影响，本章基于式（6-2）进行回归分析。表 6-4 展示了地区经济增长压力对企业社会责任报告可读性的回归结果。列（1）为仅控制行业—年度固定效应的结果，地区经济增长压力（*PRESSURE*）的回归系数为 -0.1079，在 1% 的水平下显著，初步验证了假设 H6-1，即地区经济增长压力使得企业社会责任报告的可读性显著降低。列（2）中，在考虑企业特征后，地区经济增长压力导致企业社会责任报告可读性显著降低。在列（2）的基础上加入公司治理层面的控制变量，如列（3）所示，地区经济增长压力（*PREESURE*）的回归系数仍在 5% 的水平下显著。最后，控制是否为重污染企业的行业特征变量后，上述结论仍保持不变，回归结果如列（4）所示。上述结果均表明，地区经济增长压力越大，企业披露社会责任报告的可读性越低，支持了假设 H6-1。

表 6-4　　地区经济增长压力与 CSR 报告可读性

变量	(1) *CCSR*	(2) *CCSR*	(3) *CCSR*	(4) *CCSR*
PRESSURE	-0.1079*** (-2.72)	-0.1003*** (-2.67)	-0.0962** (-2.57)	-0.0887** (-2.42)
SIZE		1.0507*** (18.19)	1.1077*** (18.77)	1.1333*** (19.31)
LEV		-2.3174*** (-5.73)	-2.1920*** (-5.40)	-2.1071*** (-5.23)
ROA		-3.0317** (-2.44)	-2.9250** (-2.34)	-3.2765*** (-2.62)
GROWTH		0.3760** (1.99)	0.3203* (1.70)	0.3017 (1.62)
CFO		0.9075 (0.95)	1.1767 (1.22)	1.3780 (1.43)
STATE		-0.1753 (-1.35)	-0.0257 (-0.19)	-0.0000 (-0.00)

续表

变量	(1) *CCSR*	(2) *CCSR*	(3) *CCSR*	(4) *CCSR*
SHARE			3.3345 *** (3.95)	3.5931 *** (4.26)
INSTIHOLD			-0.6576 ** (-2.08)	-0.6290 ** (-2.01)
DUAL			-0.2466 (-1.61)	-0.2915 * (-1.90)
IDDIRE			-2.5946 ** (-2.48)	-2.5671 ** (-2.48)
POLLUTION				-4.8892 *** (-9.71)
_CONS	-2.0647 *** (-3.52)	-24.1212 *** (-18.91)	-24.2245 *** (-18.85)	-24.7973 *** (-19.38)
YEAR	控制	控制	控制	控制
INDUSTRY	控制	控制	控制	控制
adj. R^2	0.1335	0.2199	0.2261	0.2443
N	3294	3294	3294	3294

注：***、**、*分别表示 1%、5%、10% 的显著性水平，括号内为系数的 t 统计量，下同。

6.3.2.2　地区经济增长压力、政绩考核与 CSR 报告可读性

为检验政绩考核新标准的实施对地区经济增长压力与企业社会责任报告可读性相关关系的影响，本章依据政绩考核新标准是否实施将样本进行分组回归，并基于式（6-3）进行检验。表 6-5 列示了政绩考核新标准实施前后的回归结果。由表 6-5 列（1）、列（2）可知，政绩考核新标准实施之前，地区经济增长压力（*PRESSURE*）的回归系数为 -0.1054，且在 5% 的水平下显著，即地区经济增长压力显著降低了企业社会责任报告的披露意愿。而政绩考核新标准实施之后，地区经济增长压力（*PRESSURE*）的回归系数为 -0.0750，但不再显著。由列（3）可知，交乘项（*PRESSURE* × *TIME*）的系数为 0.5709，通过了 5% 的显著性水平，再次支持了假设 H6-2。上述结果表明，政绩考核新标准的实施有效缓解了地区经济增长压力，减少了地区经济增长压力对企业社会责任报告可读性的负向影响。

表 6－5　　地区经济增长压力、政绩考核与 CSR 报告可读性

变量	(1) 实施前 *CCSR*	(2) 实施后 *CCSR*	(3) 全样本 *CCSR*
PRESSURE	－0.1054** (－1.99)	－0.0750 (－1.43)	－0.6209 (－1.23)
TIME			1.1048* (1.87)
PRESSURE×*TIME*			0.5709** (2.01)
SIZE	0.9926*** (9.10)	1.2056*** (17.05)	1.1344*** (19.32)
LEV	－1.4515** (－2.12)	－2.2063*** (－4.35)	－2.1107*** (－5.24)
ROA	－3.2500 (－1.25)	－3.6828** (－2.50)	－3.1954** (－2.54)
GROWTH	－0.0157 (－0.05)	0.4161* (1.73)	0.3057 (1.64)
CFO	1.4744 (0.92)	2.2442* (1.85)	1.4039 (1.46)
STATE	－0.1928 (－0.85)	0.0880 (0.52)	0.0139 (0.10)
SHARE	5.3961*** (3.63)	3.0905*** (2.95)	3.6321*** (4.30)
INSTIHOLD	－0.0134 (－0.03)	－0.9008** (－2.25)	－0.6225** (－1.99)
DUAL	－0.2273 (－0.81)	－0.3181* (－1.75)	－0.2939* (－1.91)
IDDIRE	－0.2313 (－0.13)	－4.0257*** (－3.22)	－2.6144** (－2.53)
POLLUTION	－3.5953*** (－3.10)	－5.4943*** (－10.46)	－4.9073*** (－9.70)
_CONS	－22.6273*** (－9.60)	－24.7008*** (－15.77)	－24.0260*** (－17.45)
YEAR	控制	控制	控制
INDUSTRY	控制	控制	控制
adj. R^2	0.250	0.277	0.283
N	1053	2241	3294

6.3.3　机制检验

6.3.3.1　基于官员特征的分组检验

上述结果显示，地区经济增长压力越大，企业社会责任报告的可读性越低。以经济增长为主的晋升激励是地方官员面临经济增长压力的主要原因，地方官员的晋升动机与其年龄、学历以及任期等个人特征密切相关，因此本章从地方官员特征的角度，检验地区经济增长压力对企业社会责任报告可读性的影响机制。

首先，针对官员年龄，地级市官员晋升受年龄天花板限制，绝大多数地级市官员晋升在 55 岁以下，当地方官员年龄较小时，其晋升动机及晋升压力更大，因而面临的经济绩效考核压力越大。因此，参照纪志宏等（2014）的研究，按官员年龄在 54 岁以上、54 岁及以下将样本划分为两组，本章预期，在地方官员年龄在 54 岁及以下的分组中，地区经济增长压力对企业社会责任报告可读性的影响更为显著[192]。

其次，针对官员学历，地方官员的受教育程度决定了其能力，能力越强，晋升预期越高，为实现晋升，地方官员有更强的动机提高其经济绩效（程仲鸣等，2020）[167]，因此经济考核给能力较强的官员带来更大的经济增长压力。本章使用地方官员的学历衡量地方官员的能力，若学历在硕士及以上，则地方官员能力较强，晋升预期较高；若学历在本科及以下，则地方官员能力相对较差。本章预期，在地方官员能力较强的分组中，地区经济增长压力对企业社会责任报告可读性的影响更为显著。

最后，针对官员任期，任期越长，地方官员晋升的可能性越低，因此，地方官员往往具有迫切提高短期经济绩效彰显其政绩的动力。可见，地方官员在同一职位上任期越长，晋升的压力越大，更加急于提升经济绩效以获得晋升。本章根据地方官员在同一职位的任期时间，将样本按照所有官员任期中位数划分为任期时间较长和任期时间较短两组。本章预期，在地方官员任期较长的分组中，地区经济增长压力对企业社会责任报告可读性的影响更为显著。

基于上述分析，分别基于式（6－2）进行分组回归。如表 6－6 所示，当地方官员年龄在 54 岁及以下、学历为研究生及以上、任期较长时，地区经济增长压力（*PRESSURE*）的回归系数分别为 -0.0927、-0.0857、-0.0907，且至少在10%的水平下显著。当地方官员年龄在54岁以上、学历为本科及以下、任期相对较小时，地区经济增长压力的回归系数均不显著。上述结果表明，当地方官员晋升激励较大时，地区经济增长压力会导致辖区内企业的社会责任报告可读性显著降低。因此，地方官员受到的晋升压力越大，他们越可能为了快速提高政绩、发展短期经济而忽视社会责任，此时受地方政府的影响，企业将降低其社会责任报告的可读性，以掩盖其较差的社会责任表现。

表6-6　　基于官员特征的分组检验

变量	(1)	(2)	(3)	(4)	(5)	(6)
	官员年龄		官员学历		官员任期	
	Age>54	Age≤54	硕士研究生及以上	本科及以下	任期较长	任期较短
PRESSURE	-0.0600 (-0.84)	-0.0927** (-2.16)	-0.0857** (-2.17)	0.0397 (0.38)	-0.0907* (-1.89)	-0.0595 (-1.15)
SIZE	1.2621*** (13.50)	1.1157*** (14.39)	1.1490*** (17.60)	0.8947*** (6.96)	1.1439*** (15.94)	1.1194*** (10.34)
LEV	-1.5471** (-2.36)	-2.3703*** (-4.47)	-1.8116*** (-3.98)	-2.9443*** (-3.17)	-2.1644*** (-4.32)	-1.7317** (-2.39)
ROA	-3.0145 (-1.56)	-2.0776 (-1.23)	-2.3722* (-1.66)	-2.5407 (-0.93)	-3.8216** (-2.44)	-2.1968 (-1.01)
GROWTH	0.3791 (1.26)	0.1221 (0.49)	0.4828** (2.23)	-0.1450 (-0.36)	0.4204* (1.75)	0.0213 (0.07)
CFO	1.4572 (0.97)	1.3558 (1.06)	1.0017 (0.92)	0.9670 (0.44)	1.4026 (1.20)	2.0624 (1.17)
STATE	-0.3001 (-1.35)	0.2177 (1.17)	-0.0583 (-0.37)	-0.1330 (-0.47)	0.0467 (0.28)	-0.0790 (-0.31)
SHARE	2.0152 (1.52)	5.6548*** (4.89)	3.2115*** (2.90)	4.1551*** (2.80)	4.3081*** (3.97)	2.8785** (2.25)
INSTIHOLD	-0.4203 (-0.84)	-0.8192** (-1.98)	-0.5363 (-1.49)	-0.9060 (-1.36)	-0.5774 (-1.50)	-0.7728 (-1.39)
DUAL	-0.3209 (-1.16)	-0.3048 (-1.60)	-0.1849 (-1.05)	-0.5101* (-1.68)	-0.3781** (-2.04)	-0.0811 (-0.29)

续表

变量	(1)	(2)	(3)	(4)	(5)	(6)
	官员年龄		官员学历		官员任期	
	Age > 54	Age ≤ 54	硕士研究生及以上	本科及以下	任期较长	任期较短
IDDIRE	0.7195 (0.41)	-4.4480*** (-3.49)	-1.9529 (-1.61)	-5.5709*** (-2.79)	-1.4862 (-1.13)	-5.7478*** (-3.43)
POLLUTION	-4.7943*** (-6.75)	-5.5154*** (-8.54)	-5.0036*** (-8.84)	-4.5925*** (-3.73)	-4.7250*** (-7.93)	-5.6224*** (-5.38)
_CONS	-28.4822*** (-13.57)	-24.3068*** (-15.02)	-25.4092*** (-17.64)	-18.5798*** (-6.87)	-25.8271*** (-16.70)	-22.8964*** (-9.48)
YEAR	控制	控制	控制	控制	控制	控制
INDUSTRY	控制	控制	控制	控制	控制	控制
adj. R^2	0.2578	0.2576	0.2530	0.2827	0.2367	0.2543
N	1302	1992	2673	621	2276	1018

6.3.3.2　基于产权性质的分组检验

一方面，国有企业受地方政府经济增长压力的影响更大。国有企业多为地方支柱型企业，在当地具有较高的经济地位，并且国有企业作为地方政府的代理人，在面临经济增长压力时，地方政府可能优先将其经济增长压力转嫁于国有企业，从而挤占国有企业承担社会责任的资源。国有企业高管晋升通常由地方政府决定，导致其出于晋升的目的更愿意迎合地方政府意愿。另一方面，国有企业的社会责任表现受到中央政府更多的监管与关注。国有企业被赋予更多责任，需要发挥带头作用，提高社会责任表现。因此，在中央政府与地方政府双重制度压力的影响下，当面临较大的地区经济增长压力时，国有企业为遵循地方政府发展经济的意愿会降低其社会责任表现，但为掩盖其较差的社会责任表现，国有企业也更有动机通过降低社会责任报告可读性对社会责任报告进行操纵。因此，本章预期，相比于非国有企业，地区经济增长压力对国有企业社会责任报告可读性的影响更为显著。

基于上述分析，本章将样本按照产权性质进行划分，分别基于式（6-2）进行回归。回归结果如表 6-7 所示。结果表明，针对国有企业，地区经济增长压力（*PRESSURE*）与企业社会责任报告的可读性在 10% 的水平下显著为负，而在非国有企业中，地区经济增长压力的回归系数不显著。这表明地区经济增长压力对于国有企业社会责任报告可读性具有显著影响，即面临经济增长压力时，地方官员更可能将其地区经济增长压力优先转嫁于受地方干预较大的国有企业。

表 6－7　　　　基于产权性质的分组检验

变量	(1) 国有企业	(2) 非国有企业
PRESSURE	－0.0878* (－1.81)	－0.0829 (－1.52)
SIZE	0.9453*** (11.78)	1.4148*** (15.84)
LEV	－0.5597 (－1.02)	－3.0646*** (－4.73)
ROA	－0.8567 (－0.44)	－4.8984*** (－2.79)
GROWTH	－0.1429 (－0.52)	0.5370* (1.76)
CFO	3.9700*** (2.89)	－1.1345 (－0.86)
SHARE	19.1768** (2.01)	2.3466** (2.51)
INSTIHOLD	0.3835 (0.82)	－1.4600*** (－3.18)
DUAL	－1.1767*** (－4.23)	0.1290 (0.67)
IDDIRE	－3.5203** (－2.43)	－1.6703 (－1.05)
VOL	－5.0646*** (－7.81)	－2.9613*** (－5.00)
_CONS	－20.7175*** (－10.12)	－30.2820*** (－16.49)
YEAR	控制	控制
INDUSTRY	控制	控制
adj. R^2	0.2498	0.3279
N	1811	1483

6.3.3.3　基于企业经济贡献度的分组检验

经济贡献度较大的企业通常在其辖区中具有举足轻重的地位。当地区经济增长压力较大时，地方政府可能将更多经济增长压力转嫁于经济贡献度较大的企业。但是，经济贡献度较大的企业通常也受到中央政府以及其他利益相关者更高的关注，在社会责任表现方面被赋予较高期待。因此，在面临经济增长压力时，经济贡献度较大的企业可能同时受到中央政府和地方政府较大的制度压力。本章预期，相比于经济贡献度较小的企业，地区经济增长压力对企业社会责任报告可读性的影响在经济贡献度较大的企业中更为显著。

基于此，本章使用企业生产总值占其所在城市当年生产总值比值的对数衡量企业经济贡献，具体计算如式（4－3）所示。按照企业在其所在城市的经济贡献度进行分组，若企业当年对所在城市的经济贡献度小于同一地级市其他企业的中位数，则视为企业经济贡献度较小，反之，则视为经济贡献度较大。本章基于式（6－2）重新进行分组回归。如表 6－8 所示，地区经济增长压力对企业社会责任报告可读性的负向影响仅在经济贡献度较大的企业中更为显著，该结果表明，面对经济增长压力，经济贡献度较大的企业的社会责任报告可读性将受到更大的影响。

表 6－8　　基于企业经济贡献度的分组检验

变量	(1) 经济贡献度较小	(2) 经济贡献度较大
PRESSURE	−0.1784 (−1.53)	−0.0758** (−1.97)
SIZE	1.4420*** (7.67)	1.1252*** (17.63)
LEV	−1.8540* (−1.95)	−2.0769*** (−4.62)
ROA	−1.8958 (−0.63)	−3.2365** (−2.31)
GROWTH	0.3469 (0.66)	0.2298 (1.13)
CFO	8.0781*** (3.99)	0.8568 (0.80)

续表

变量	(1) 经济贡献度较小	(2) 经济贡献度较大
STATE	-0.5664 (-1.22)	0.0185 (0.12)
SHARE	3.0158 (1.29)	3.4243*** (3.72)
INSTIHOLD	-1.6993* (-1.74)	-0.5323 (-1.58)
DUAL	-1.0208** (-2.31)	-0.1645 (-1.00)
IDDIRE	1.2294 (0.33)	-3.2073*** (-2.89)
POLLUTION	-5.7195*** (-5.95)	-4.4475*** (-6.81)
_CONS	-33.3897*** (-8.07)	-24.4078*** (-17.57)
YEAR	控制	控制
INDUSTRY	控制	控制
adj. R^2	0.4104	0.2419
N	366	2928

6.4 异质性分析

6.4.1 是否强制披露

相比于自愿，被强制要求披露社会责任报告的企业具有更小的自主选择权，受合法性约束更强（黄艺翔和姚铮，2016）[189]。当地区存在经济增长压力时，由于资源的有限性，企业为迎合地方官员实现短期经济目标，不得不降低对社会责任的承诺（Luo 等，2017）[94]。然而，强制披露社会责任报告的企业受中央政府以及社会的关注度更高，此时，企业降低社会责任承诺将付出更大的代价，利用可读性操纵社会责任报告的可能性也较低。基于上述分析，地区经济增长压力对企业社会责任报告可读性的负向影响主要对自愿披露社会责任报告的企业影响更大。

本章按照是否被强制要求披露社会责任报告将样本划分为两组，并基于式（6－2）进行分组回归。如表 6－9 所示，在被强制要求披露的分组中，地区经济增长压力（*PRESSURE*）的回归系数为－0.0368，且不显著。但是在自愿披露的分组中，地区经济增长压力（*PRESSURE*）的回归系数为－0.1086，且在 5% 的水平下显著，这表明，地区经济增长压力对企业社会责任报告可读性的影响主要针对自愿披露的企业，而强制性要求披露的企业面临的监管更多，操纵文本可读性的可能性较低。这在一定程度上表明，有效监管有助于提高社会责任报告披露的质量。

表 6－9　　异质性分析：是否强制披露

变量	(1) 强制披露	(2) 自愿披露
PRESSURE	−0.0368 (−0.74)	−0.1086** (−1.98)
SIZE	1.5101*** (16.67)	0.9755*** (10.33)
LEV	−1.3493** (−2.10)	−2.1090*** (−3.81)
ROA	−1.7886 (−0.87)	−3.3715** (−2.09)
GROWTH	0.1482 (0.46)	0.4234* (1.90)
CFO	0.8880 (0.59)	1.1986 (0.95)
SHARE	−0.3189 (−1.51)	0.3200* (1.71)
STATE	1.5993 (0.75)	3.7658*** (3.79)
INSTIHOLD	−0.9897** (−1.97)	0.1830 (0.45)

续表

变量	(1) 强制披露	(2) 自愿披露
DUAL	-0.0216 (-0.09)	-0.3897* (-1.92)
IDDIRE	-4.0296*** (-2.66)	0.4883 (0.32)
POLLUTION	-6.4277*** (-7.39)	-3.8491*** (-6.37)
_CONS	-31.0550*** (-16.05)	-23.4421*** (-10.91)
YEAR	控制	控制
INDUSTRY	控制	控制
adj. R^2	0.3221	0.2420
N	1642	1652

6.4.2 媒体关注度

伴随互联网等技术的发展，媒体在资本市场中发挥越来越重要的监督作用。一旦企业的负面新闻被媒体曝光，会迅速传播，引起投资者以及政府的高度重视。因此，媒体关注度较高的企业往往更加谨慎。通过降低社会责任报告的可读性掩盖企业较差的社会责任表现的行为更可能被识别。基于此，针对受媒体关注度较高的企业，地区经济增长压力对社会责任报告可读性的影响可能较小；媒体关注度较低的企业，其操纵社会责任报告的动机更强，因而面对地区经济增长压力时，更可能通过降低社会责任报告可读性掩盖其不良的社会责任表现。

基于上述分析，本章通过分组检验对上述分析进行验证。按照年度媒体关注度中位数对样本进行划分，若低于中位数，则视为媒体关注度较低；否则，视为媒体关注度较高。其中，媒体关注度主要考虑了网络新闻和报刊新闻对上市公司的报道，并对报道数量取自然对数进行衡量。回归结果如表6-10所示。当企业的媒体关注度相对较低时，地区经济增长压力（*PRESSURE*）的回归系数为-0.1644，且在1%的水平下显著。当企业的媒体关注度相对较高时，地区经济增长压力（*PRESSURE*）的回归系数为 -0.0241，但不显著。上述结果表明，受媒体关注度较高的企业通常面临更严格的监管环境，难以通过降低社会责任报告的可读性掩盖其较差的社会责任业绩，因此，地区经济增长压力对媒体关注度较高的企业的社会责任报告可读性的影响较低，而对媒体关注度较低的企业社会责任报告可读性产生的影响较大。

表 6-10　　异质性分析：媒体关注度

变量	(1) 媒体关注度较低	(2) 媒体关注度较高
PRESSURE	-0.1644 *** (-3.25)	-0.0241 (-0.45)
SIZE	0.6585 *** (7.28)	1.2729 *** (14.44)
LEV	-1.8155 *** (-3.51)	-1.9773 *** (-3.04)
ROA	-1.5833 (-0.95)	-5.2457 *** (-2.73)
GROWTH	0.3453 (1.39)	0.2024 (0.73)
CFO	-0.5207 (-0.40)	2.9658 ** (2.05)
SHARE	0.1423 (0.78)	-0.0171 (-0.08)
STATE	2.2251 ** (2.08)	5.2080 *** (3.51)
INSTIHOLD	0.1207 (0.28)	-1.0602 ** (-2.24)
DUAL	-0.2848 (-1.44)	-0.4437 * (-1.91)
IDDIRE	0.3421 (0.24)	-4.5942 *** (-2.83)
POLLUTION	-4.6545 *** (-7.57)	-6.6981 *** (-11.41)

续表

变量	(1) 媒体关注度较低	(2) 媒体关注度较高
_CONS	-17.0430*** (-9.24)	-26.6406*** (-12.77)
YEAR	控制	控制
INDUSTRY	控制	控制
adj. R^2	0.2121	0.2537
N	1661	1633

6.4.3 投资者关注度

伴随生态文明建设等可持续发展理念不断深入，作为传递企业履责实践、实现与利益相关者沟通的重要工具之一，企业社会责任报告越来越受到投资者的重视，成为投资者做出投资决策的重要依据之一（黎文靖和路晓燕，2015[197]；Durand 等，2019[43]），投资者对企业社会责任报告披露的关注在一定程度上也能够发挥积极的监督治理作用，进而减少企业对社会责任报告可读性的操纵行为。当投资者关注度较高时，企业更愿意积极履行并向投资者展现其良好的社会责任表现，操纵社会责任报告可读性的可能性更小，而投资者关注度较低的企业则有更大的操纵空间。因此，本章预期，地区经济增长压力对企业社会责任报告可读性的负向影响在投资者关注度较小的企业中更为显著。

上市公司股吧的发帖量、阅读数以及评论数越高说明投资者对上市公司的关注度越高（黄灿和蒋青嬗，2022）[182]。因此，本章分别取上市公司股吧发帖量、阅读数和评论数的自然对数衡量上市公司的投资者关注度，按照年度中位数对样本进行划分。分组回归结果如表 6-11 所示。结果显示，不论使用发帖量、阅读数还是评论数进行衡量，在投资者关注度较低的样本中，地区经济增长压力（*PRESSURE*）的回归系数分别为 -0.1818、-0.1575、-0.1831，且均在1%的水平下显著为负。而在投资者关注度较高的样本中，地区经济增长压力（*PRESSURE*）的回归系数分别为 -0.0041、-0.0257、-0.0044，且均不显著。上述结果表明，针对投资者关注度较低的企业，地区经济增长压力显著降低了企业社会责任报告可读性，而对投资者关注度较高的企业社会责任报告可读性没有显著影响。这说明投资者关注度在一定程度上能够对企业的社会责任报告可读性发挥积极的监督作用。

表 6－11　　异质性分析：投资者关注度

变量	(1)	(2)	(3)	(4)	(5)	(6)
	发帖量		阅读数		评论数	
	投资者关注度较低	投资者关注度较高	投资者关注度较低	投资者关注度较高	投资者关注度较低	投资者关注度较高
PRESSURE	－0.1818***	－0.0041	－0.1575***	－0.0257	－0.1831***	－0.0044
	(－3.46)	(－0.08)	(－2.99)	(－0.48)	(－3.31)	(－0.09)
SIZE	0.9282***	1.2878***	0.8348***	1.3202***	0.8897***	1.3151***
	(9.51)	(15.47)	(8.22)	(16.03)	(9.13)	(15.98)
LEV	－2.1334***	－1.7297***	－1.8098***	－2.0263***	－1.8906***	－1.9230***
	(－3.74)	(－2.86)	(－3.18)	(－3.39)	(－3.29)	(－3.19)
ROA	－3.1679*	－3.5235**	－0.7861	－4.6840***	－1.9836	－4.1674**
	(－1.74)	(－2.01)	(－0.41)	(－2.79)	(－1.05)	(－2.43)
GROWTH	0.8746***	－0.0516	0.6304**	0.1123	0.8190***	－0.0797
	(3.31)	(－0.19)	(2.35)	(0.43)	(3.24)	(－0.28)
CFO	0.9741	1.9084	－0.2890	2.4875*	－0.1902	2.6663*
	(0.70)	(1.36)	(－0.20)	(1.80)	(－0.14)	(1.92)
STATE	0.0995	－0.0995	0.2369	－0.1912	0.2546	－0.2226
	(0.51)	(－0.50)	(1.19)	(－0.97)	(1.29)	(－1.12)
SHARE	3.8935***	2.7228*	3.6264***	4.3609**	3.8347***	3.5368**
	(3.59)	(1.81)	(3.44)	(2.55)	(3.49)	(2.11)
INSTIHOLD	0.1945	－1.4809***	0.1794	－1.2128**	0.1921	－1.5471***
	(0.45)	(－3.00)	(0.41)	(－2.45)	(0.45)	(－3.14)
DUAL	－0.5588***	－0.0472	－0.4212**	－0.1313	－0.6343***	－0.0419
	(－2.71)	(－0.20)	(－2.02)	(－0.56)	(－2.83)	(－0.18)
IDDIRE	0.9196	－3.4335**	－0.6742	－2.7928**	－0.6499	－2.9603**
	(0.53)	(－2.51)	(－0.39)	(－2.02)	(－0.37)	(－2.12)
POLLUTION	－5.5388***	－3.6921***	－5.5675***	－3.8259***	－5.7340***	－3.2347***
	(－8.53)	(－4.16)	(－8.37)	(－4.67)	(－9.52)	(－3.66)

续表

变量	(1)	(2)	(3)	(4)	(5)	(6)
	发帖量		阅读数		评论数	
	投资者关注度较低	投资者关注度较高	投资者关注度较低	投资者关注度较高	投资者关注度较低	投资者关注度较高
_CONS	-22.7798*** (-11.30)	-26.9705*** (-14.49)	-20.0516*** (-9.49)	-28.2784*** (-15.68)	-21.6923*** (-10.72)	-27.3119*** (-14.96)
YEAR	控制	控制	控制	控制	控制	控制
INDUSTRY	控制	控制	控制	控制	控制	控制
adj. R^2	0.2509	0.2659	0.2355	0.2763	0.2434	0.2664
N	1650	1644	1650	1644	1650	1644

6.5 进一步分析

依据前文分析，地区经济增长压力显著降低了社会责任报告可读性。而企业降低社会责任报告可读性的动机主要在于掩盖其糟糕的社会责任报告内容，以维护企业的声誉。已有研究表明，社会责任表现良好的企业会发布可读性更强的企业社会责任报告，使其更容易吸引投资者、政府的注意，加深对企业的正面印象。相反，社会责任内容更差的企业更可能在社会责任报告中使用难懂的语言，以降低负面反应（Wang 等，2018b）[146]。因此，当地区经济增长压力较大时，企业遵循地方政府发展短期经济绩效的意愿，同时减少社会责任的投入，降低社会责任报告内容质量，但是，面对中央政府以及其他利益相关者对企业社会责任表现的监督，为了模糊其较差的社会责任内容，企业更可能降低社会责任报告的可读性。为验证上述作用路径，本章借鉴温忠麟和叶宝娟（2014）提出的中介效应模型[262]，探究地区经济增长压力影响企业社会责任报告可读性的作用路径。具体如式（6-4）、式（6-4）、式（6-6）所示。

$$
\begin{aligned}
CCSR_{i,t} = {} & \alpha_0 + \alpha_1 PRESSURE_{c,t} + \alpha_2 SIZE_{i,t} + \alpha_3 LEV_{i,t} + \alpha_4 ROA_{i,t} + \alpha_5 GROWTH_{i,t} \\
& + \alpha_6 CFO_{i,t} + \alpha_7 STATE_{i,t} + \alpha_8 SHARE_{i,t} + \alpha_9 INSTIHOLD_{i,t} + \alpha_{10} DUAL_{i,t} \\
& + \alpha_{11} IDDIRE_{i,t} + \alpha_{12} POLLUTION_{i,t} + \sum YEAR \\
& + \sum INDUSTRY + \varepsilon_{i,t}
\end{aligned}
\tag{6-4}
$$

$$
\begin{aligned}
CSR_{i,t} = {} & \beta_0 + \beta_1 PRESSURE_{c,t} + \beta_2 SIZE_{i,t} + \beta_3 LEV_{i,t} + \beta_4 ROA_{i,t} + \beta_5 GROWTH_{i,t} \\
& + \beta_6 CFO_{i,t} + \beta_7 STATE_{i,t} + \beta_8 SHARE_{i,t} + \beta_9 INSTIHOLD_{i,t} + \beta_{10} DUAL_{i,t} \\
& + \beta_{11} IDDIRE_{i,t} + \beta_{12} POLLUTION_{i,t} + \sum YEAR \\
& + \sum INDUSTRY + \varepsilon_{i,t}
\end{aligned} \tag{6-5}
$$

$$
\begin{aligned}
CCSR_{i,t} = {} & \gamma_0 + \gamma_1 PRESSURE_{c,t} + \gamma_2 CSR_{i,t} + \gamma_3 SIZE_{i,t} + \gamma_4 LEV_{i,t} + \gamma_5 ROA_{i,t} \\
& + \gamma_6 GROWTH_{i,t} + \gamma_7 CFO_{i,t} + \gamma_8 STATE_{i,t} + \gamma_9 SHARE_{i,t} \\
& + \gamma_{10} INSTIHOLD_{i,t} + \gamma_{11} DUAL_{i,t} + \gamma_{12} IDDIRE_{i,t} + \gamma_{13} POLLUTION_{i,t} \\
& + \sum YEAR + \sum INDUSTRY + \varepsilon_{i,t}
\end{aligned} \tag{6-6}
$$

其中，i 表示企业；t 表示时间；c 表示城市；*CSR* 表示企业社会责任报告内容质量，主要使用润灵环球数据库对企业社会责任报告的内容性打分的自然对数进行衡量；*CCSR* 表示企业社会责任报告的可读性；其余变量同式（6－1）。依据检验原理，若 β_1 和 γ_2 全部显著且 γ_1 的绝对值小于 α_1 的绝对值，则中介效应显著。若 γ_1 显著，则表明社会责任报告内容质量为地区经济增长压力对社会责任报告可读性的部分中介效应；若 γ_1 不显著，则表明社会责任报告内容质量为地区经济增长压力对社会责任报告可读性的完全中介效应。若 β_1 与 γ_2 有一个显著，另一个不显著，则需要进一步进行 Sobel 检验，以判断中介效应是否成立。

本章基于式（6－4）、式（6－5）、式（6－6）进行回归分析，结果如表 6－12 所示。由表 6－12 可知，在列（1）中，地区经济增长压力（*PRESSURE*）与企业社会责任报告可读性（*CCSR*）的回归系数为－0.0887，且在 5% 的水平下显著，表明地区经济增长压力显著降低了企业社会责任报告可读性。在列（2）中，地区经济增长压力（*PRESSURE*）与企业社会责任报告内容质量（*CSR*）的回归系数为－0.0067，且在 5% 的水平下显著，表明地区经济增长压力显著降低了企业社会责任报告内容质量。列（3）中，在控制地区经济增长压力（*PRESSURE*）后，企业社会责任报告内容质量（*CSR*）与可读性（*CCSR*）在 1% 的水平下显著正相关，说明当企业社会责任内容质量较高时，可读性也较高；当企业社会责任报告内容质量较低时，可读性也较低。由列（3）可知，$\beta_1 \times \gamma_2$ 的符号与 γ_1 同号，同时 γ_1 的绝对值（－0.0507）小于 α_1 的绝对值（－0.0887），并且 Sobel Z 值为－1.918，在 10% 的水平下显著，说明地区经济增长压力较大时，企业会降低社会责任报告内容质量，进而通过降低社会责任报告可读性对企业社会责任报告的内容进行掩盖。社会责任报告内容是地区经济增长压力影响企业社会责任报告可读性的完全中介。

表 6-12　　进一步分析检验结果

变量	(1) CCSR	(2) CSR	(3) CCSR
PRESSURE	-0.0887** (-2.42)	-0.0067** (-2.04)	-0.0507 (-1.60)
CSR			5.6530*** (34.67)
SIZE	1.1333*** (19.31)	0.1106*** (19.85)	0.5078*** (9.83)
LEV	-2.1071*** (-5.23)	-0.0869** (-2.23)	-1.6161*** (-4.62)
ROA	-3.2765*** (-2.62)	-0.0177 (-0.13)	-3.1767*** (-2.84)
GROWTH	0.3017 (1.62)	-0.0037 (-0.19)	0.3228** (1.98)
CFO	1.3780 (1.43)	0.1432 (1.47)	0.5684 (0.70)
STATE	-0.0000 (-0.00)	0.0073 (0.56)	-0.0413 (-0.36)
SHARE	3.5931*** (4.26)	0.2935*** (3.75)	1.9342** (2.48)
INSTIHOLD	-0.6290** (-2.01)	0.0643** (2.05)	-0.9927*** (-3.74)
DUAL	-0.2915* (-1.90)	-0.0475*** (-3.18)	-0.0228 (-0.17)
IDDIRE	-2.5671** (-2.48)	-0.4737*** (-5.00)	0.1107 (0.12)
POLLUTION	-4.8892*** (-9.71)	-0.3643*** (-7.85)	-2.8296*** (-6.16)
_CONS	-24.7973*** (-19.38)	0.3663*** (3.01)	-26.8682*** (-24.49)

续表

变量	(1) *CCSR*	(2) *CSR*	(3) *CCSR*
YEAR	控制	控制	控制
INDUSTRY	控制	控制	控制
adj. R^2	0.2443	0.2429	0.4606
N	3294	3294	3294
Sobel Z	-1.918*		

6.6　稳健性检验

6.6.1　倾向得分匹配

考虑到存在经济增长压力地区的样本与不存在经济增长压力地区的样本之间可能存在系统性差异，为减少该差异对结论产生的影响，本章使用倾向得分匹配法对存在经济增长压力地区的样本与不存在地区经济增长压力地区的样本进行匹配，重新检验地区经济增长压力对企业社会责任报告可读性产生的影响。本章将 *PRESSURE* 大于 0 的样本视为存在经济增长压力，否则为不存在经济增长压力，并以上述控制变量作为协变量，使用 Logit 模型将存在经济增长压力和不存在经济增长压力的样本进行匹配。匹配结果如表 6-13 所示，最终保留 3058 个样本观测值，匹配结果成立。

表 6-13　　平衡性检验结果

协变量		均值		标准偏误(%)	误差削减(%)	*t* 检验	
		处理组	对照组			*t*	*p*
SIZE	匹配前	23.0170	23.0340	-1.3		-0.36	0.72
	匹配后	23.0190	22.9910	2.2	-72.7	0.68	0.50
LEV	匹配前	0.4829	0.4809	1		0.29	0.77
	匹配后	0.4832	0.4830	0.1	86.9	0.04	0.97
ROA	匹配前	0.0421	0.0527	-19.2		-5.43	0.00
	匹配后	0.0426	0.0426	0	99.8	-0.01	0.99

续表

协变量		均值		标准偏误（%）	误差削减（%）	t 检验	
		处理组	对照组			t	p
GROWTH	匹配前	0.1305	0.1714	-14.3		-4.04	0.00
	匹配后	0.1312	0.1254	2	85.8	0.65	0.51
CFO	匹配前	0.0559	0.0553	0.8		0.24	0.81
	匹配后	0.0558	0.0555	0.5	40.3	0.16	0.87
STATE	匹配前	0.5306	0.5770	-9.3		-2.64	0.01
	匹配后	0.5320	0.5392	-1.5	84.3	-0.45	0.65
SHARE	匹配前	0.0272	0.0213	7.9		2.21	0.03
	匹配后	0.0268	0.0279	-1.5	80.6	-0.44	0.66
INSTIHOLD	匹配前	0.4819	0.5004	-8.7		-2.46	0.01
	匹配后	0.4828	0.4826	0.1	99	0.03	0.98
DUAL	匹配前	0.1679	0.1459	6		1.70	0.09
	匹配后	0.1673	0.1635	1	82.9	0.31	0.75
IDDIRE	匹配前	0.3718	0.3735	-3.3		-0.95	0.34
	匹配后	0.3717	0.3705	2.4	28.7	0.76	0.45
POLLUTION	匹配前	0.3109	0.2925	4		1.13	0.26
	匹配后	0.3117	0.3201	-1.8	54	-0.56	0.57

基于倾向得分匹配结果，本章采用式（6-2）重新检验。回归结果如表6-14列（1）所示，地区经济增长压力（*PRESSURE*）的回归系数仍显著为负，说明控制样本偏差后，地区经济增长压力仍显著降低了企业社会责任报告可读性，上述结论依旧成立。

6.6.2 熵平衡检验

考虑到倾向得分匹配法在匹配过程中会造成样本缺失，削弱了结果的信服力，因此，本章使用 Hainmueller（2012）提出的熵平衡数据处理方法[55]。熵平衡方法能够避免样本信息丢失，尽可能使样本内生偏误减小，使匹配结果更为精确，因而得出的结论更加稳健。因此，根据所在地区是否存在地区经济增长压力将样本分为两组，并对控制组重新加权，使得所在地区存在经济增长压力和不存在经济增长压力的企业特征变量的均值、方差、偏度均接近一致，在此基础上，使用式（6－2）重新进行回归。结果如表 6－14 列（2）所示，地区经济增长压力的回归系数为－0.1019，且在 1% 的水平下显著。这表明在控制样本偏差后，地区经济增长压力仍显著降低了企业社会责任报告内容质量，上述结论稳健。

6.6.3　高维固定效应

不同行业的企业可能受到不同周期产业政策、监管政策等宏观因素的影响，从而对企业社会责任报告可读性产生差异化影响，进而对研究结论产生干扰。因此，在式（6－2）的基础上进一步控制了行业年度交乘固定效应。回归结果如表 6－14 列（3）所示。结果表明，地区经济增长压力（*PRESSURE*）的回归系数为－0.0824，且在 5% 的水平下显著，再次验证了上述研究结论的稳健性。

表 6－14　　PSM、熵平衡与高维固定效应检验结果

变量	(1) PSM	(2) 熵平衡	(3) 高维固定效应
PRESSURE	－0.0967 ** (－2.52)	－0.1019 *** (－2.71)	－0.0824 ** (－2.06)
SIZE	1.1635 *** (18.84)	1.1387 *** (18.61)	1.1428 *** (18.45)
LEV	－2.4049 *** (－5.76)	－2.0696 *** (－4.88)	－1.9851 *** (－4.59)
ROA	－3.8788 *** (－2.92)	－3.7507 *** (－3.04)	－3.3820 ** (－2.46)
GROWTH	0.2616 (1.37)	0.3467 * (1.72)	0.2797 (1.36)
CFO	1.5536 (1.51)	0.9415 (0.93)	1.9748 * (1.88)
STATE	0.0212 (0.15)	－0.0318 (－0.23)	0.0478 (0.34)
SHARE	4.5150 *** (4.94)	3.8781 *** (4.50)	4.1241 *** (4.62)

续表

变量	(1) PSM	(2) 熵平衡	(3) 高维固定效应
INSTIHOLD	-0.4733 (-1.45)	-0.4514 (-1.42)	-0.6775** (-2.03)
DUAL	-0.3795** (-2.37)	-0.3395** (-2.11)	-0.3018* (-1.90)
IDDIRE	-2.4884** (-2.30)	-2.6377** (-2.47)	-3.0452*** (-2.88)
POLLUTION	-4.9144*** (-9.03)	-4.8439*** (-9.99)	-4.8195*** (-8.60)
_CONS	-25.3273*** (-18.91)	-24.5580*** (-17.29)	-27.0755*** (-22.40)
YEAR	控制	控制	不控制
INDUSTRY	控制	控制	不控制
YEAR × INDUSTRY	不控制	不控制	控制
adj. R^2	0.2505	0.2647	0.2091
N	3058	3294	3294

6.6.4 安慰剂检验

上述结论发现地区经济增长压力显著降低了企业社会责任报告可读性，尽管在回归模型中，控制了企业层面、地区层面等一系列控制变量，然而该结论也可能在一定程度上具有随机性，并可能受到其他不可观测因素的干扰。因此，为排除上述可能，参照黄亮雄等（2021a）[185]、Liu 和 Lu 等（2015）[87]，本章使用安慰剂检验，将地区经济增长压力（*PRESSURE*）的值取出后随机赋值给样本企业重新进行回归，重复 1000 次。图 6-1 为解释变量回归系数的模拟结果，随机模拟的回归系数呈标准正态分布，且绝大多数回归系数 P 值在 10% 以上，均显著异于 *PRESSURE* 的真实回归系数（-0.1079）。这表明地区经济增长压力确实是导致企业社会责任报告内容可读性降低的一种宏观因素，验证了结论的稳健性。

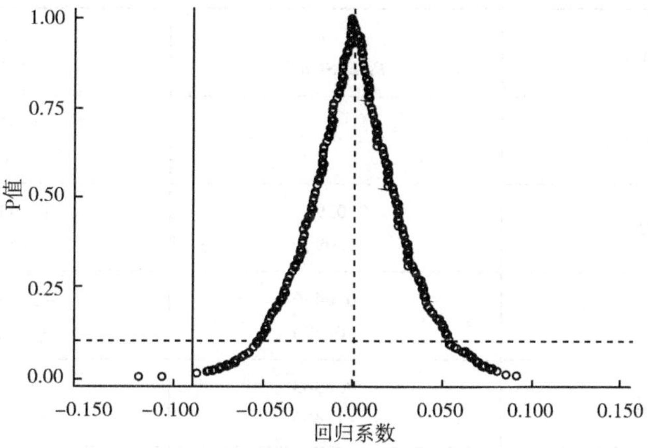

图 6-1　安慰剂检验图

6.6.5　工具变量法检验

考虑到地区经济增长压力与企业社会责任报告可读性之间的关系可能受遗漏变量等内生性问题的影响，本章参照纪祥裕和唐荣（2021）[191]、李书娟等（2021）[203]，使用各省份地级市数量作为工具变量。各省份地级市数量会对地方的经济发展具有影响，但不会直接影响企业的社会责任报告可读性。因此，本章使用地级市数量作为工具变量进行回归。表 6-15 为工具变量检验结果。由列（1）可知，地级市数量（*CITY*）与地区经济增长压力（*PRESSURE*）在 1% 的水平下负相关，工具变量满足了相关性要求，并且第一阶段回归的 F 统计量为 45.0666，排除了弱工具变量。列（2）中，第二阶段回归结果显示，地区经济增长压力与企业社会责任报告可读性仍在 1% 的显著性水平下负相关，说明在控制内生性后，地区经济增长压力依旧显著降低了企业社会责任报告可读性。

表 6-15　　工具变量法

变量	(1) *PRESSURE*	(2) *CCSR*
CITY	-0.0405*** (-3.32)	

续表

变量	(1) *PRESSURE*	(2) *CCSR*
PRESSURE		-1.5704*** (-4.24)
SIZE	0.0297 (1.09)	1.1337*** (16.11)
LEV	-0.0456 (-0.23)	-2.0530*** (-4.11)
ROA	-0.8963 (-1.49)	-4.8643*** (-3.11)
GROWTH	-0.0679 (-0.67)	0.2332 (0.97)
CFO	-0.0520 (-0.11)	1.0542 (0.88)
STATE	-0.2086*** (-3.47)	-0.3008* (-1.74)
SHARE	-0.1202 (-0.33)	2.9905*** (3.00)
INSTIHOLD	-0.0486 (-0.34)	-0.6699* (-1.76)
DUAL	0.0333 (0.45)	-0.2221 (-1.16)
IDDIRE	0.3322 (0.64)	-1.9118 (-1.43)
POLLUTION	0.2225 (0.79)	-4.4679*** (-6.45)
_CONS	-1.9191*** (-3.32)	-27.3834*** (-17.61)
YEAR	控制	控制
INDUSTRY	控制	控制
N	3294	3294

注：当 RSS > TSS 时，R^2 在 2SLS 中可能是负数。

6.6.6　替换主要变量衡量方式

首先，本章改变解释变量的衡量方式。参照任晓怡等（2021）[235]，使用地级市政府在政府工作报告中发布的经济增长目标衡量地区经济增长压力（*TARGET*）。政府经济增长目标设定得越高，地方官员为实现经济目标所面临的经济增长压力越大。替换地区经济增长压力的衡量方式后，重新基于式（6－2）进行回归，回归结果如表 6－16 列（1）、列（2）所示，*TARGET* 的回归系数仍显著为负，表明改变解释变量衡量方式后，地区经济增长压力仍显著降低了企业社会责任报告可读性，验证了结论的稳健性。

其次，本章改变企业社会责任报告可读性的衡量方式，具体参照 Muslu 等（2019）[113]，首先对黑白占比、平均句长、页数、字数、是否有目录以及句子复杂程度六个指标分别进行百分比排名（范围为 0—100%），随后对六个指标百分比排名进行加总，得到企业社会责任报告可读性指标（*CCSR*1），取值范围为 0—6。替换企业社会责任报告可读性的衡量方式后，重新基于式（6－2）进行回归，回归结果如表 6－16 列（3）、列（4）所示，*PRESSURE* 的回归系数仍显著为负，表明替换企业社会责任报告可读性的衡量方式后，地区经济增长压力仍显著降低了企业社会责任报告可读性，验证了结论的稳健性。

表 6－16　　替换变量衡量方式

变量	(1) *CCSR*	(2) *CCSR*	(3) *CCSR*1	(4) *CCSR*1
TARGET	−0.2283*** (−5.39)	−0.1613*** (−3.93)		
PRESSURE			−0.0270** (−2.31)	−0.0213* (−1.92)
SIZE		1.1211*** (18.69)		0.2702*** (16.43)
LEV		−1.9685*** (−4.84)		−0.6264*** (−5.34)
ROA		−3.1117** (−2.47)		−1.0165*** (−2.65)

续表

变量	(1) *CCSR*	(2) *CCSR*	(3) *CCSR1*	(4) *CCSR1*
GROWTH		0.3444* (1.79)		0.1217** (2.18)
CFO		1.3014 (1.34)		0.6817** (2.37)
SHARE		0.0658 (0.47)		0.0565 (1.42)
STATE		3.6098*** (4.25)		1.1949*** (4.78)
INSTIHOLD		-0.6584** (-2.10)		-0.2574*** (-2.74)
DUAL		-0.2927* (-1.91)		-0.1117** (-2.47)
IDDIRE		-2.4156** (-2.32)		-0.3897 (-1.30)
POLLUTION		-4.9239*** (-9.38)		-1.2455*** (-8.99)
_CONS	0.7894 (1.03)	-22.6277*** (-15.83)	4.0308*** (23.62)	-1.4041*** (-3.84)
YEAR	控制	控制	控制	控制
INDUSTRY	控制	控制	控制	控制
adj. R^2	0.1386	0.2458	0.2067	0.2784
N	3294	3294	3294	3294

6.7 本章小结

本章主要从社会责任报告文本信息的角度，考察地区经济增长压力对企业社会责任报告可读性的影响，以及地方官员政绩考核新标准实施之后对二者关系的作用。本章以2010—2019年披露社会责任报告的中国A股上市公司为样本对上述问题进行了实证检验，并得出以下主要研究结论：地区经济增长压力越大，该地区企业社会责任报告可读性越低；政绩考核新标准的实施有效缓解了二者之间的负相关关系。机制检验发现，地区经济增长压力对企业社会责任报告可读性的影响主要在地方官员晋升激励较大的地区、国有企业以及经济贡献度较大的企业中更为显著。异质性分析发现，地区经济增长压力对企业社会责任报告可读性的影响主要在自愿披露社会责任报告的企业、媒体和投资者关注度较低的企业中更为显著。进一步检验发现，企业社会责任报告内容质量发挥了完全中介效应，表明地区经济增长压力导致企业降低社会责任报告内容质量，但是为了掩盖较差的社会责任报告内容企业将降低社会责任报告可读性。最后，还进行了 PSM、熵平衡等一系列稳健性检验，增强了结论的稳健性。

上述研究结果表明，当地区存在经济增长压力时，企业面临来自中央政府和地方政府的双重制度压力，中央政府鼓励企业披露责任报告，而地方政府却要求企业致力于提升经济绩效，挤占了企业社会责任的投入，导致企业通过降低社会责任报告可读性的策略性披露方式掩盖社会责任报告内容。政绩考核新标准的实施有效缓解了中央和地方政府之间的制度冲突，降低了企业操纵社会责任报告可读性的动机。基于上述结论，从文本信息可读性的角度，目前没有关于企业社会责任报告的法律法规，社会责任报告的披露形式多样，并且企业操纵社会责任报告可读性的成本较低，给企业操纵社会责任报告可读性留下了空间。因此，政府部门应当依据行业特征，制定相应的社会责任报告披露准则，提高社会责任报告的一致性和可比性，减少信息披露的模糊性，增加信息操纵的难度。此外，异质性检验发现，媒体和投资者作为外部监管力量，能够对企业社会责任报告的披露发挥监督作用，因此，应当充分发挥市场的监督作用。本章结合中国制度背景，从文本信息的角度，探讨了社会责任报告可读性的深层次影响因素，丰富了企业社会责任报告披露以及文本信息的相关文献，也为当前政绩考核制度的改进提供了微观证据及合理建议。

第7章

地区经济增长压力、政绩考核与CSR报告语调

伴随新时代人民需求从物质文化需要转向美好生活需要，公众对企业社会责任的关注度大幅提升，良好的社会责任信息能够提高公众对企业的认同度。社会责任报告是企业向外界传递其社会责任信息的重要渠道，因此，企业更愿意披露积极的社会责任报告以树立其良好的形象。社会责任报告以文本信息为主，量化信息占比较小。由于文本信息语言表达方式灵活多样，监管部门难以用统一的方式进行监管，这给管理层操纵社会责任报告文本信息留下更大的空间。管理层通过语调管理引导阅读者的认知，影响阅读者的感知和判断（Zhang 等，2021）[156]。当企业社会责任内容较差时，企业会使用积极语调描述其社会责任内容，掩盖其较差的社会责任信息（Cho 等，2010[25]；Wang 等，2018b[146]），试图减少对企业形象的不利影响（张继勋等，2016[290]；张继勋等，2019[289]，Melloni 等，2017[107]）。部分学者发现，适当提高社会责任报告的积极语调有助于降低资产误定价水平（刘建秋等，2022a）[213]，然而，当企业通过操纵社会责任报告文本语调掩饰其较差的社会责任信息时，会误导投资者的判断，加大企业的股价崩盘风险，不利于资本市场的健康发展（黄萍萍和李四海，2020）[187]。探究社会责任报告语调的影响因素有利于及时识别管理层对社会责任报告文本语调的操纵行为，这对治理企业社会责任报告语调的操纵行为具有重要意义。目前，已有研究主要从企业社会责任信息本身探讨了企业社会责任报告语调的影响因素（张秀敏等，2019[295]；Melloni 等，2017[107]；Martínez - Ferrero 等，2019[103]），鲜有文献对影响企业社会责任报告语调的深层次驱动因素进行探讨。

中央政府的引导是推动企业披露社会责任报告的主要因素之一，中央政府通过出台一系列政策，并发挥央企的带头作用，激励企业积极承担社会责

任。例如，2008年，国资委开始推动中央企业履行社会责任，并要求其披露社会责任报告，公布社会责任现状。2022年，社会责任局成立，再次强调要率先抓好中央企业的社会责任体系构建。然而，地区经济增长压力不利于企业履行社会责任，导致企业面临中央政府和地方政府的制度冲突。中央政府将权力下放于地方政府，由地方官员落实相应政策，中央政府通过政绩考核体系对地方的政绩完成情况进行评价，并以此决定地方官员的晋升。其中，GDP是衡量地方官员政绩的主要指标。面对晋升压力，地方官员会选择将地区资源优先用于发展经济，降低对企业社会责任的重视程度，挤占企业社会责任的资源，导致企业社会责任报告的内容质量有所降低。此时，面对地方政府与中央政府在社会责任方面的制度冲突，企业是否会通过操纵社会责任报告掩盖其较差的社会责任信息？地区经济增长压力是否是驱动企业操纵社会责任报告语调的根本因素？政绩考核新标准的实施改变了以经济为主的政绩考核制度，提高了社会责任在地方官员政绩考核中的权重。这能否缓解中央政府和地方政府之间的制度冲突，进而抑制企业操纵社会责任报告语调行为的发生？这一研究问题对于从根本上治理企业社会责任报告语调操纵行为具有重要的现实意义。

基于上述分析，本章将从社会责任报告语调的视角，分析地区经济增长压力对企业社会责任报告语调的影响，并试图探讨政绩考核新标准制度的实施能否抑制企业这种策略性行为。本章主要探讨地区经济增长压力对企业社会责任报告语调的影响及作用机制，并在此基础上，研究政绩考核新标准的实施对地区经济增长压力与企业社会责任报告披露语调关系的影响。研究发现，地区经济增长压力越大，该地区企业社会责任报告语调越积极；地方官员政绩考核新标准的实施有效缓解了二者之间的正相关关系。机制检验发现，地区经济增长压力对企业社会责任报告语调的影响主要在地方官员晋升激励较大的地区、国有企业以及经济贡献度较大的企业中更为显著。异质性分析发现，在自愿披露社会责任报告的企业、媒体和投资者关注度较低的企业中，地区经济增长压力对企业社会责任报告语调的影响更为显著。进一步检验发现，企业社会责任报告内容质量发挥了中介效应，说明地区经济增长压力导致企业降低社会责任报告的内容质量，但是为掩盖较差的社会责任内容，企业将提高社会责任报告语调的积极性。

7.1 理论分析与假设提出

7.1.1 地区经济增长压力与CSR报告语调

地区经济增长压力在一定程度上会导致企业提高社会责任报告语调积极性，进而对企业社会责任报告进行印象管理，以掩盖其社会责任报告内容质量。具体分析如下。

依据心理学中的属性框架效应理论，当一个事物的关键属性被贴上正面而不是负面标签时，人们会倾向于对这个事物做出更好的评价。例如，百隆东方（601339）在2020年的社会责任报告中，将其工艺改进描述为“境内企业投入技改资金878.75万元，百隆（越南）投入技改资金4325万元”，“企业投资144.75万元，对二车间进行了打饼装缸、电缆和场地改造”，“新增了10台液压打饼机，以打饼装缸增加单缸装棉量约20%来估算，水、电、汽及助剂大致可节约500元/吨色棉”等，百隆东方还在社会责任报告中对具体的设备改进情况通过列举实例进行了详细说明。反观同属纺织业的华孚时尚（002042），在2020年的社会责任报告中，将其染色工艺改进情况描述为“公司在染色工艺的研究上也下足了功夫，低温染色、低碱染色、无盐染色等节能环保工艺被越来越多地应用，并建立了化学品的有效管控制度和流程，旨在控制有害化学物质达到零排放，成为行业的标杆”。通过对比上述两个案例可以明显看出，百隆东方更多通过客观数据披露其社会责任表现，并未使用过多的情感词汇。但是华孚时尚在社会责任报告的描述中，使用了诸如“下足了功夫”、“越来越多”、“标杆”等词汇，呈现出积极的语调，进而吸引读者的注意，给读者留下更为深刻的正面印象。由于企业社会责任报告目前仍未受监管，并且监管部门对企业社会责任表现信息进行核实的难度大，因此，提高社会责任报告语调积极性属于企业对社会责任报告进行印象管理的一种手段（张继勋等，2016）[290]。

本书认为，地区经济增长压力是导致提高企业社会责任报告语调积极性的一种影响因素。一方面，中央政府重视并支持各类企业履行社会责任，鼓励企业定期发布社会责任报告，企业有足够的动机向中央政府传递企业良好的社会责任表现，进而提高其合法性。另一方面，当地区存在经济增长压力时，地方政府基于政绩考核等压力，迫切提升地区经济绩效，并将提升经济绩效的压力转嫁于企业，甚至将企业社会责任履行视为一项成本，打击了企业履行社会责任的积极性，将有限的资源用于发展经济也挤占了企业承担社会责任的资源，导致企业社会责任内容质量有所降低。此时，中央政府对社会绩效的期望与地方政府对经济绩效的追求会使得企业面临“双重”压力，导致企业在社会责任报告上面临两难的困境。鉴于政府和企业之间存在信息不对称，政府主要通过企业披露的社会责任报告获知企业在社会责任中做出的努力，即社会责任报告是企业向中央政府证明其努力追求可持续发展的信号，因而在“双重”压力之下，企业有动机提高社会责任报告语调积极性，对其较差的社会责任内容进行掩盖。

回看前述案例，百隆东方（601339）2020 年的营业收入占其所在地区浙江省宁波市当年的 GDP 的比例为 0.49%，而华孚时尚（002042）2020 年的营业收入占其所在地区安徽省淮北市当年 GDP 的比例高达 12.72%，并且近 5 年内，这一比例均在 10% 以上，最高甚至达到 20.22%[①]。可见，华孚时尚对当地的经济贡献堪称巨大，对于淮北市的经济发展至关重要。当存在地区经济增长压力时，地方政府势必将更多经济绩效压力转嫁于该企业，更关注华孚时尚的经济绩效，降低对企业的社会责任要求，因而其社会责任报告内容质量相应降低。但为了不将其较差的社会责任内容直接展现给中央政府等利益相关者，华孚时尚使用了“下足功夫”、“越来越多”等积极词汇对其社会责任信息进行描述，以应对来自中央政府和地方政府的“双重”压力。这也证实了地区经济增长压力是导致企业社会责任报告语调积极性提高的一种因素。

基于以上分析，提出研究假设 H7 - 1：地区经济增长压力越大，企业社会责任报告语调越积极。

7.1.2 地区经济增长压力、政绩考核与 CSR 报告语调

政绩考核新标准的实施，弱化了地方政府经济增长压力的同时，提高了

① 该数据由作者通过 CSMAR 数据库和数位观察数据库整理得到。

地方政府对社会责任绩效的重视程度，促使地方政府在社会责任方面与中央政府形成一致的目标，进而缓解了企业面临的“两难”处境，有助于减少地区经济增长压力对企业社会责任报告语调操纵的影响。具体分析如下。

政绩考核新标准提出地方官员的年度考核、目标责任考核、绩效考核等要看经济、政治、文化、社会、生态文明建设的实际成效，不能仅把地区生产总值及增长率作为考核评价政绩的主要指标，选人用人不能简单以地区生产总值及增长率论英雄。可见，政绩考核新标准实施之后，经济不再成为决定地方政府政绩考核的关键因素，社会和谐进步、文化建设、生态文明建设等方面引起了地方政府的足够重视，进而影响地方官员的施政行为，促使地方政府采取财政补贴、环境保护、增加惩罚力度等措施（冯志华和余明桂，2019）[171]，鼓励企业承担社会责任，提高社会责任报告的内容质量。此时，中央政府与地方政府在社会绩效方面的目标趋于一致，缓解了企业面临的“两难”处境，进而削弱了企业操纵社会责任报告语调积极性的动机。综上所述，政绩考核新标准的实施有助于减少地区经济增长压力对企业社会责任报告语调积极性的正向影响。

基于以上分析，提出研究假设 H7－2：政绩考核新标准实施后，地区经济增长压力与企业社会责任报告语调积极性的正相关关系得到缓解。

7.2 样本选择和研究设计

7.2.1 样本选择与数据来源

2008 年证券交易所正式提出采取强制和自愿相结合的方式鼓励企业披露社会责任报告，企业陆续开始披露社会责任报告，直至 2010 年，上市公司社会责任报告披露数量呈现跳跃式上升。考虑到数据的可获得性，本章的样本开始于 2010 年。2020 年全球暴发新冠疫情，对中国乃至全球经济均产生重大影响，导致诸多企业停工停产。由于 2010—2019 年样本范围足够支撑本章的研究内容，故以 2010—2019 年为样本区间，选取披露社会责任报告的中国 A 股上市公司为研究样本。考虑到直辖市城市定位与一般地级市不同，并且直辖市属于省级行政单位，直属中央政府管理，而地级市属于地级行政区，级别不同使得一般地级市的政府官员与直辖市政府官员面临的晋升机遇以及晋升压力不同，故剔除位于四个直辖市的样本。在使用 Python 对社会责任报告进行分析时，部分上市公司对企业社会责任报告的 pdf 文件进行了加密处理，导致部分样本缺失。此外，还剔除了资产与所有者权益小于等于 0 的样本、ST 类企业样本、金融保险业类企业样本以及缺失值样本，最终共获得 559 家上市公司 3294 个公司—年度有效样本，样本筛选过程如表 7 – 1 所示。企业社会责任报告通过巨潮资讯网手动搜集整理，企业社会责任报告语调相关数据使用 Python 软件批量处理得到，社会责任报告内容性评分来自润灵环球数据库。地区经济增长目标数据通过手工搜集各地级市政府工作报告数据获得。地方官员特征数据依据择城网、地方领导资料库、百度百科等网页手工搜集。宏观经济数据来自《中国区域经济统计年鉴》，财务数据来源于 Wind 和 CSMAR 数据库。为避免极端值的影响，对连续变量进行了上下 1% 的缩尾处理。

表 7 – 1　　　　样本选择

项目	样本观测（公司—年度）	样本观测（公司观测）
2010—2019 年 A 股上市公司	3704	28502
其中：披露社会责任报告的上市公司	1069	6867
减：直辖市上市公司	286	1909
减：金融业、保险业样本	50	278
减：总资产、所有者权益为负值或零的样本及 ST，*ST 公司	35	191
减：数据缺失样本	139	1195
最终样本数	559	3294

7.2.2　变量定义

7.2.2.1　被解释变量

本章的被解释变量为企业社会责任报告语调积极性（*TONE*）。参照 Davis (2012)[33]、Huang 等（2014）[63]、曾庆生等（2018）[161]，本书使用式（7 – 1）衡量社会责任报告语调。

$$社会责任报告语调 = \frac{积极词汇数 - 消极词汇数}{总词汇数} \tag{7-1}$$

其中，积极词汇和消极词汇主要使用 Python 中的“Jieba”分词模块进行词频统计，词汇表以 Loughran 和 McDonald（2011）提出的金融词汇表为基础进行扩充后得到。*TONE* 值越大，表明企业社会责任报告语调越积极[91]。

7.2.2.2 解释变量

本章的解释变量为地区经济增长压力（*PRESSURE*）。参照李茫茫等（2021）[201]、毛奕欢等（2022）[223]、马新啸等（2022）[222]，使用上一年各地级市经济增长目标与实际经济增长速度之间的差值进行衡量。若地区未达到年初设定的经济增长目标值，则会在下一年对该地区政府形成压力。*PRESSURE* 值越大，表明地区经济增长压力越大。其中，地级市政府每年 1 月下旬至 2 月中旬在市级人大会议做政府工作报告，对上一年地区生产总值进行总结回顾，并对当年地区经济增长目标进行展望。经济增长目标值是政府根据历史数据以及当前宏观经济运行情况，通过科学的估计手段制定的，不仅体现了对市场未来经济的发展预期，还具备可行性，符合现实情况。这一数据经过了本级人民代表大会批准，因此具备一定的科学性和可信性。考虑到政府工作报告中的经济增长目标往往带有“左右”、“约”、“不低于”等修饰性词语，如“预期地区生产总值增长 8% 左右”，这种情况下，本章使用具体数据 8% 进行衡量。部分地级市政府工作报告对未来一年经济增长目标的预测采用区间值进行估计，例如“预期地区生产总值增长 7%—8%”，此时使用区间中值进行衡量。

7.2.2.3 分组变量

本章的分组变量为政绩考核新标准的实施（*TIME*）。政绩考核新标准于 2013 年 12 月发布，正式开始实施时间为 2014 年，因此，参照程仲鸣等（2020）[167]，以政绩考核制度新标准的正式实施年份（2014 年）为分界点，当样本所处年份位于 2014 年及以后，*TIME* 为 1，否则为 0。

7.2.2.4 控制变量

企业社会责任报告语调还可能受到公司财务特征、治理特征以及其他因素的影响。参照倪昌红（2019）[224]、陈华等（2021）[165]等，本章选取如下控制变量。财务特征控制变量包括：企业规模（*SIZE*），总资产的自然对数；

资产负债率（*LEV*），总负债与总资产的比值；盈利能力（*ROA*），净利润与总资产的比值；企业成长性（*GROWTH*），营业收入增长率；企业现金流（*CFO*），经营活动现金流净额与总资产的比值。治理特征控制变量包括：高管持股比例（*SHARE*），高管持股数占总股本的比值；机构持股比例（*INSTIHOLD*），机构投资者持股合计占企业当年流通A股的比值；总经理和董事长两职合一（*DUAL*），若总经理和董事长两职合一，则为1，否则为0；独立董事占比（*IDDIRE*），独立董事人数占董事会总人数的比值；产权性质（*STATE*），若为国有企业，则为1，否则为0。其他控制变量包括：是否为重污染企业（*POLLUTION*），若为重污染企业，则为1，否则为0，具体参照陶锋等（2021），选取有色金属矿采选业、纺织业等行业的企业作为重污染企业[247]。各变量具体变量定义如表7-2所示。

表7-2　变量定义表

变量类型	变量含义	变量名	计算方法
被解释变量	企业社会责任报告语调积极性	*TONE*	（积极词汇数-消极词汇数）/总词汇数
解释变量	地区经济增长压力	*PRESSURE*	上一年经济增长目标-实际经济增长速度
分组变量	政绩考核新标准的实施	*TIME*	2014年之前，令*TIME*为0；2014年及以后，令*TIME*为1
控制变量	公司规模	*SIZE*	Ln（总资产）
	资产负债率	*LEV*	总负债/总资产
	盈利能力	*ROA*	净利润/总资产
	企业成长性	*GROWTH*	营业收入增长率
	企业现金流	*CFO*	企业经营活动现金流净额/企业总资产
	产权性质	*STATE*	国有企业为1，否则为0
	高管持股比例	*SHARE*	高级管理人员持股数/公司总股本
	机构持股比例	*INSTIHOLD*	机构持股合计/流通A股
	两职合一	*DUAL*	总经理和董事长两职合一，则为1，否则为0
	独立董事占比	*IDDIRE*	独立董事人数占董事会总人数的比值
	是否为重污染企业	*POLLUTION*	重污染企业为1，否则为0
	年度	*YEAR*	年度虚拟变量
	行业	*INDUSTRY*	行业虚拟变量

7.2.3 模型构建

为检验地区经济增长压力对企业社会责任报告语调的影响，本章首先构建模型如式（7-2）所示，检验假设 H7-1。

$$
\begin{aligned}
TONE_{i,t} = {} & \alpha_0 + \alpha_1 PRESSURE_{c,t} + \alpha_2 SIZE_{i,t} + \alpha_3 LEV_{i,t} + \alpha_4 ROA_{i,t} \\
& + \alpha_5 GROWTH_{i,t} + \alpha_6 CFO_{i,t} + \alpha_7 STATE_{i,t} + \alpha_8 SHARE_{i,t} \\
& + \alpha_9 INSTIHOLD_{i,t} + \alpha_{10} DUAL_{i,t} + \alpha_{11} IDDIRE_{i,t} \\
& + \alpha_{12} POLLUTION_{i,t} + \sum YEAR \\
& + \sum INDUSTRY + \varepsilon_{i,t} \qquad (7-2)
\end{aligned}
$$

为验证政绩考核新标准的实施对地区经济增长压力与企业社会责任报告语调相关关系的作用，本章参照 Acharya 等（2017）[1]、程仲鸣等（2020）[167]、Xiao 和 Shen（2022）[152]的研究思路，将样本按照政绩考核新标准实施前后进行分组，分别检验地区经济增长压力对企业社会责任报告语调的影响，以检验假设 H7-2，同时构建模型进行稳健性检验，如式(7-3) 所示。

$$
\begin{aligned}
TONE_{i,t} = {} & \alpha_0 + \alpha_1 PRESSURE_{c,t} + \alpha_2 PRESSURE_{c,t} \times TIME_t + \alpha_3 TIME_t \\
& + \alpha_4 SIZE_{i,t} + \alpha_5 LEV_{i,t} + \alpha_6 ROA_{i,t} + \alpha_7 GROWTH_{i,t} + \alpha_8 CFO_{i,t} \\
& + \alpha_9 STATE_{i,t} + \alpha_{10} SHARE_{i,t} + \alpha_{11} INSTIHOLD_{i,t} + \alpha_{12} DUAL_{i,t} \\
& + \alpha_{13} IDDIRE_{i,t} + \alpha_{14} POLLUTION_{i,t} + \sum YEAR \\
& + \sum INDUSTRY + \varepsilon_{i,t} \qquad (7-3)
\end{aligned}
$$

其中，i 表示企业；t 表示时间；c 表示城市；*TONE* 表示企业社会责任报告语调积极性；*PRESSURE* 表示地区经济增长压力；*TIME* 表示是否实施政绩考核新标准；其余为控制变量。此外，还控制了年度和行业双向固定效应。依据假设 H7-1，本章预期，*PRESSURE* 的回归系数显著为负，即地区经济增长压力降低了企业社会责任报告语调积极性。依据假设 H7-2，本书预期，地区经济增长压力对企业社会责任报告语调的影响在政绩考核新标准实施之前更为显著，在政绩考核新标准实施之后相关关系有所减弱。式（7-2）中，*PRESSURE*×*TIME* 的回归系数显著为正，即政绩考核新标准的实施减少了地区经济增长压力对企业社会责任报告语调积极性的正向影响。

7.3 实证结果与分析

7.3.1 描述性统计

表7-3为描述性统计结果。结果显示，企业社会责任报告语调（*TONE*）均值和中位数分别为0.0899和0.0898，最小值为0.0524，最大值为0.1248，表明社会责任报告语调整体偏积极，且不同社会责任报告语调存在一定的差异。地区经济增长压力（*PRESSURE*）的均值为0.4135，标准差为1.5941，最小值为-4.1000，最大值为6.2600，说明部分地区经济增长压力较大，也有部分地区经济发展情况较好，经济增长压力较小；中位数为0.3000，表明超过半数的上市公司所在地区实际经济增长速度小于经济增长目标，存在一定的经济增长压力。政绩考核新标准实施变量（*TIME*）的均值为0.6803，表明样本公司中，有68.03%的样本位于政绩考核新标准实施之后。其他控制变量描述性统计分析如下：企业规模（*SIZE*）的均值和中位数分别为23.0243和22.9444，二者差距较小，表明样本公司规模符合正态分布；最小值为20.3582，最大值为26.2476，说明不同企业的规模仍存在差异。资产负债率（*LEV*）的均值为0.4821，最小值和最大值为0.0752和0.8778，说明不同上市公司的财务杠杆相差较大。产权性质（*STATE*）的均值为0.5498，表明样本公司中约有54.98%为国有企业。是否为重污染企业（*POLLUTION*）的均值为0.3033，表明披露社会责任报告的样本公司中约30.33%为重污染企业。

表7-3 描述性统计

变量	样本量	均值	标准差	最小值	中位数	最大值
TONE	3294	0.0899	0.0149	0.0524	0.0898	0.1248
PRESSURE	3294	0.4135	1.5941	-4.1000	0.3000	6.2600
TIME	3294	0.6803	0.4664	0.0000	1.0000	1.0000
SIZE	3294	23.0243	1.2853	20.3582	22.9444	26.2476
LEV	3294	0.4821	0.1950	0.0752	0.4930	0.8778

续表

变量	样本量	均值	标准差	最小值	中位数	最大值
ROA	3294	0.0465	0.0554	-0.1538	0.0386	0.2319
GROWTH	3294	0.1474	0.2868	-0.4350	0.1039	1.4742
CFO	3294	0.0556	0.0658	-0.1257	0.0541	0.2447
STATE	3294	0.5498	0.4976	0.0000	1.0000	1.0000
SHARE	3294	0.0247	0.0745	0.0000	0.0001	0.4382
INSTIHOLD	3294	0.4896	0.2122	0.0149	0.5099	0.8960
DUAL	3294	1.8412	0.3655	1.0000	2.0000	2.0000
IDDIRE	3294	0.3725	0.0531	0.3333	0.3571	0.5714
POLLUTION	3294	0.3033	0.4597	0.0000	0.0000	1.0000

7.3.2 回归结果分析

7.3.2.1 地区经济增长压力与 CSR 报告语调

为验证地区经济增长压力对企业社会责任报告语调的影响，本章基于式（7-2）进行回归分析。表7-4展示了地区经济增长压力对企业社会责任报告语的回归结果。其中，列（1）为仅控制行业—年度固定效应的回归结果。结果显示，地区经济增长压力（*PRESSURE*）的回归系数为0.0004，在1%的水平下显著，初步验证了假设H7-1。列（2）—列（4）中，依次加入财务特征、公司治理特征以及其他特征的控制变量，地区经济增长压力的回归系数（*PRESSURE*）均为正，且在1%的水平下显著。该结果表明地区经济增长压力越大，企业社会责任报告语调积极性越高。这说明，当地区经济增长压力较大时，企业面临来自地方政府给予的经济增长压力和中央政府要求企业披露社会责任报告的“两难”处境。企业会通过操纵社会责任报告的积极语调，既维护了企业承担社会责任的积极形象，又满足了地方政府提高短期经济绩效的需求，支持了假设H7-1。

表 7－4　　地区经济增长压力与 CSR 报告语调

变量	(1) TONE	(2) TONE	(3) TONE	(4) TONE
PRESSURE	0.0004** (2.43)	0.0005*** (2.80)	0.0005*** (2.71)	0.0005*** (2.64)
SIZE		－0.0009*** (－3.27)	－0.0010*** (－3.58)	－0.0011*** (－3.78)
LEV		0.0005 (0.23)	－0.0001 (－0.06)	－0.0003 (－0.15)
ROA		0.0239*** (3.85)	0.0250*** (3.92)	0.0258*** (4.03)
GROWTH		－0.0016 (－1.52)	－0.0013 (－1.28)	－0.0013 (－1.24)
CFO		－0.0037 (－0.77)	－0.0043 (－0.89)	－0.0047 (－0.97)
STATE		0.0025*** (4.08)	0.0019*** (2.99)	0.0019*** (2.92)
SHARE			－0.0176*** (－4.49)	－0.0181*** (－4.63)
INSTIHOLD			0.0002 (0.11)	0.0001 (0.07)
DUAL			－0.0007 (－1.00)	－0.0008 (－1.12)
IDDIRE			0.0026 (0.51)	0.0026 (0.50)
POLLUTION				0.0099*** (3.66)
_CONS	0.0814*** (37.85)	0.1000*** (16.74)	0.1037*** (16.13)	0.1050*** (16.39)
YEAR	控制	控制	控制	控制
INDUSTRY	控制	控制	控制	控制
adj. R^2	0.0719	0.0822	0.0867	0.0904
N	3294	3294	3294	3294

注：***、**、*分别表示 1%、5%、10% 的显著性水平，括号内为系数的 t 统计量，下同。

7.3.2.2 地区经济增长压力、政绩考核与CSR报告语调

为检验政绩考核新标准的实施对地区经济增长压力与企业社会责任报告语调相关关系的影响，本章依据政绩考核新标准是否实施将样本进行分组回归，并基于式（7－3）进行检验。表7－5列示了实施政绩考核新标准前后的回归结果。由表7－5列（1）、列（2）可知，政绩考核新标准实施之前，地区经济增长压力（*PRESSURE*）的回归系数为0.0007，且在5%的水平下显著，即地区经济增长压力显著提高了企业社会责任报告语调积极性。而政绩考核新标准实施之后，地区经济增长压力（*PRESSURE*）的回归系数为0.0003，且不再显著。由列（3）可知，交乘项（*PRESSURE*×*TIME*）的回归系数为－0.0034，且在10%的水平下显著，这验证了列（1）和列（2）的分组回归结果。上述结果表明，政绩考核新标准的实施有效减少了地区经济增长压力对企业社会责任报告语调积极性的正向影响，支持了假设H7－2。

表7－5　　地区经济增长压力、政绩考核与CSR报告语调

变量	（1） 实施前 *TONE*	（2） 实施后 *TONE*	（3）全样本 *TONE*
PRESSURE	0.0007** （2.47）	0.0003 （1.26）	0.0030** （2.13）
TIME			0.0018 （0.22）
PRESSURE×*TIME*			－0.0034* （－1.75）
SIZE	－0.0014** （－2.50）	－0.0010*** （－3.08）	－0.0056*** （－3.21）
LEV	0.0004 （0.11）	－0.0008 （－0.35）	－0.0156 （－1.40）
ROA	0.0331** （2.57）	0.0215*** （2.84）	0.1675*** （4.33）
GROWTH	－0.0017 （－1.00）	－0.0011 （－0.81）	－0.0122* （－1.94）
CFO	－0.0051 （－0.61）	－0.0034 （－0.56）	－0.0590** （－1.97）

续表

变量	(1) 实施前 *TONE*	(2) 实施后 *TONE*	(3) 全样本 *TONE*
STATE	0.0013 (1.03)	0.0020 *** (2.65)	−0.0069 * (−1.92)
SHARE	−0.0238 *** (−3.12)	−0.0149 *** (−3.21)	−0.0477 ** (−1.98)
INSTIHOLD	−0.0008 (−0.32)	0.0012 (0.68)	−0.0224 *** (−2.78)
DUAL	−0.0013 (−0.91)	−0.0009 (−1.00)	−0.0043 (−1.00)
IDDIRE	0.0073 (0.81)	−0.0022 (−0.36)	0.0037 (0.14)
POLLUTION	0.0168 *** (3.84)	0.0075 ** (2.24)	0.0352 ** (2.56)
_CONS	0.1064 *** (8.67)	0.1077 *** (14.21)	0.8937 *** (21.96)
YEAR	控制	控制	控制
INDUSTRY	控制	控制	控制
adj. R^2	0.0833	0.0943	0.1212
N	1053	2241	3294

7.3.3　机制检验

7.3.3.1　基于官员特征的分组检验

上述结果表明，地区经济增长压力越大，企业社会责任报告语调越积极。地区经济增长压力主要来自地方官员的晋升激励。而地方官员的晋升激励效应与其个人特征密切相关，包括地方官员年龄、学历以及任期。因此，本章将在上述分析的基础上，基于地方官员特征进行分组检验。

首先，已有研究表明，中国地方官员受到年龄天花板的限制，对地级市官员而言，54 岁是其晋升的分水岭。相比于年龄在 54 岁以上的地方官员，年龄在 54 岁及以下的地方官员更可能获得晋升（程仲鸣等，2020[167]；纪志宏等，2014[192]）。因此，年龄是影响地方官员晋升激励效应的特征之一，对于年龄较小的地方官员而言，由于其晋升机会更大，地方官员更有动机提高经济绩效彰显卓越的政绩。当管辖区面临较大的经济增长压力时，地方官员面临的政绩压力较大，会给企业施加更大的压力，进而对企业社会责任报告语调产生显著的影响。因此，当地方官员的年龄较小时，地区经济增长压力对企业社会责任报告语调的影响更为显著。

其次，地方官员的学历也会影响地方官员的晋升激励效应。通常而言，受教育程度越高的地方官员能力越高，其晋升预期往往越高，进而影响辖区内企业的经营决策（Besley 等，2011）[13]。当存在地区经济增长压力时，学历更高的地方官员出于对政绩的担忧更可能加大对企业的干预程度，对企业社会责任行为产生更大的影响。因此，地区经济增长压力对企业社会责任报告语调的影响可能在地方官员学历较高的分组中更为显著。

最后，由于地级市官员采取弹性任期制度，地方官员在同一职位的任期时间会对地方官员的晋升激励效应产生影响。地方官员在同一职位任期越长，晋升概率越低，因此地方官员越迫切提高经济绩效获得晋升机会（Lyu 等，2018）[95]。当面临经济增长压力时，任期较长的地方官员可能对企业加大干预力度以提高经济绩效，因此，地区经济增长压力对企业社会责任报告语调的影响可能在地方官员任期较长的分组中更为显著。

基于上述分析，本章按照官员年龄在 54 岁以上、54 岁及以下将样本划分为两组；手工搜集了地方官员的学历，并将样本按照地方官员学历进行划分，分为硕士及以上、本科及以下两组；按照地方官员在同一职位的任期时间，将样本按照任期中位数划分为任期时间较长和任期时间较短两组。按照上述分组结果，分别基于式（7－2）重新进行分组回归。如表 7－6 所示，当地方官员年龄在 54 岁及以下、学历为研究生及以上、任期较长时，地区经济增长压力（*PRESSURE*）的回归系数分别为 0.0009、0.0005、0.0007，且均在 1% 的水平下显著相关。当地方官员年龄在 54 岁以上、学历为本科及以下、任期较短时，地区经济增长压力的回归系数均不显著。上述结果表明，当地方官员晋升激励较大时，地区经济增长压力会导致辖区内企业的社会责任报告语调积极性显著提高。

表 7－6　　基于官员特征的分组检验

变量	(1)	(2)	(3)	(4)	(5)	(6)
	官员年龄		官员学历		官员任期	
	Age > 54	Age ≤ 54	硕士研究生及以上	本科及以下	任期较长	任期较短
PRESSURE	0.0003 (1.37)	0.0009 *** (3.16)	0.0005 *** (2.62)	0.0003 (0.63)	0.0007 *** (3.05)	0.0002 (0.84)
SIZE	−0.0015 *** (−3.75)	−0.0010 ** (−2.10)	−0.0014 *** (−4.67)	0.0013 * (1.71)	−0.0010 *** (−2.78)	−0.0015 *** (−2.84)
LEV	0.0009 (0.34)	0.0001 (0.02)	−0.0009 (−0.39)	−0.0004 (−0.07)	0.0000 (0.01)	−0.0014 (−0.41)
ROA	0.0289 *** (3.34)	0.0163 (1.56)	0.0242 *** (3.37)	0.0065 (0.44)	0.0267 *** (3.24)	0.0256 ** (2.47)
GROWTH	−0.0020 (−1.39)	−0.0007 (−0.41)	−0.0023 ** (−1.97)	0.0041 * (1.67)	−0.0026 ** (−2.04)	0.0012 (0.64)
CFO	−0.0043 (−0.65)	−0.0006 (−0.07)	−0.0027 (−0.50)	−0.0060 (−0.52)	−0.0047 (−0.79)	−0.0055 (−0.65)
STATE	0.0006 (0.64)	0.0041 *** (3.85)	0.0026 *** (3.65)	−0.0007 (−0.43)	0.0023 *** (2.89)	0.0012 (1.04)
SHARE	−0.0281 *** (−4.94)	−0.0068 (−1.10)	−0.0193 *** (−3.94)	−0.0131 * (−1.78)	−0.0145 *** (−3.05)	−0.0274 *** (−3.92)
INSTIHOLD	−0.0014 (−0.74)	0.0033 (1.42)	−0.0011 (−0.70)	0.0024 (0.64)	0.0004 (0.25)	−0.0000 (−0.00)
DUAL	−0.0008 (−0.84)	−0.0007 (−0.51)	−0.0004 (−0.43)	−0.0022 (−1.35)	−0.0003 (−0.38)	−0.0019 (−1.42)
IDDIRE	0.0013 (0.20)	0.0080 (0.96)	0.0007 (0.12)	0.0035 (0.31)	0.0043 (0.72)	−0.0013 (−0.13)
POLLUTION	0.0100 ** (2.51)	0.0100 *** (2.69)	0.0103 *** (3.46)	0.0072 (1.38)	0.0088 *** (2.89)	0.0144 ** (2.33)
_CONS	0.1163 *** (13.00)	0.0985 *** (9.53)	0.1146 *** (16.62)	0.0534 *** (3.04)	0.1049 *** (13.44)	0.1124 *** (9.61)
YEAR	控制	控制	控制	控制	控制	控制
INDUSTRY	控制	控制	控制	控制	控制	控制
adj. R^2	0.0883	0.1233	0.0938	0.1566	0.0886	0.1012
N	1302	1992	2673	621	2276	1018

7.3.3.2 基于产权性质的分组检验

国有企业作为地方政府的代理人，通常为地方支柱型企业，对地区经济具有重要影响，因此，地方政府更可能优先将其经济增长压力转嫁于地方国有企业，挤占国有企业承担社会责任的资源。同时，国有企业高管晋升多受地方政府影响，为获得晋升，国有企业高管更愿意遵循地方政府意愿。然而，国有企业也受中央政府以及利益相关者的重点关注，其社会责任表现同样受到较为严格的监管。基于此，一方面，面对地方政府发展地区经济的需求，国有企业对社会责任的投入有所降低。另一方面，国有企业社会责任表现受更多关注，消极的社会责任表现可能给企业带来较大的惩罚或声誉成本。因此，在双重制度压力的影响下，国有企业更有可能操纵社会责任报告，提高社会责任报告语调积极性，以应对上述压力。本章预期，地区经济增长压力对企业社会责任报告语调的影响在国有企业中更为显著。

为检验地区经济增长压力对企业社会责任报告语调的影响机制，依据上述论证，将样本划分为国有企业和非国有企业两组，分别基于式（7-2）进行回归。回归结果如表7-7所示。结果表明，针对国有企业，地区经济增长压力的回归系数为0.0004，且在10%的水平下显著，而在非国有企业中，地区经济增长压力的回归系数为0.0003，且不显著。这反映出地区经济增长压力对企业社会责任报告语调积极性的正向影响在国有企业中更为显著，支持了上述论证。

表7-7 基于产权性质的分组检验

变量	(1) 国有企业	(2) 非国有企业
PRESSURE	0.0004* (1.81)	0.0003 (1.05)
SIZE	-0.0003 (-0.79)	-0.0017 (-1.55)
LEV	-0.0029 (-1.13)	0.0030 (0.55)
ROA	0.0238** (2.56)	0.0179** (1.99)

续表

变量	(1) 国有企业	(2) 非国有企业
GROWTH	-0.0007 (-0.48)	-0.0015 (-0.88)
CFO	-0.0069 (-1.00)	0.0029 (0.41)
SHARE	-0.0065 (-0.17)	-0.0179*** (-2.68)
INSTIHOLD	-0.0016 (-0.74)	0.0040 (0.91)
DUAL	-0.0007 (-0.55)	-0.0013 (-0.77)
IDDIRE	0.0132* (1.68)	-0.0124 (-1.19)
VOL	0.0007 (0.88)	-0.0014 (-0.85)
POLLUTION	0.0113*** (3.77)	0.0110 (1.13)
_CONS	0.0831*** (8.78)	0.1241*** (5.80)
YEAR	控制	控制
INDUSTRY	控制	控制
adj. R^2	0.0833	0.1541
N	1811	1483

7.3.3.3　基于企业经济贡献度的分组检验

企业对地区的经济贡献度越大，地方政府对该企业的依赖性越强。当地区存在较大的经济增长压力时，地方政府会鼓励经济贡献度较大的企业致力于提高经济绩效，带动地区经济增长，而纵容其排污等非社会责任行为（Liu 等，2021）[88]。当地区经济增长压力较大时，对地区经济贡献度较大的企业更可能减少社会责任的履行，其社会责任表现较差。但是，经济贡献度较大的企业同样会受到中央政府以及投资者等利益者更多的关注，其社会责任表现面临更多监督。因此，经济贡献度较大的企业可能更有动机操纵社会责任报告语调。

基于此，本章使用企业生产总值占其所在地区当年生产总值比值的对数衡量企业经济贡献度，具体计算如式（4－3）所示。本章按照企业在所在地区的经济贡献度进行分组，若企业当年对所在地区的经济贡献度小于同一地区其他企业的中位数，则视为企业经济贡献度较小，反之，则视为经济贡献度较大。基于式（7－2）进行分组回归。如表7－8所示，地区经济增长压力（*PRESSURE*）对企业社会责任报告语调的影响仅在经济贡献度较大的企业中显著。这表明，存在经济增长压力时，经济贡献度较大的企业有更强的动机操纵社会责任报告语调。

表7－8　基于企业经济贡献度的分组检验

变量	(1) 经济贡献度较小	(2) 经济贡献度较大
PRESSURE	0.0008 (1.25)	0.0004** (2.18)
SIZE	0.0003 (0.33)	－0.0013*** (－4.38)
LEV	－0.0047 (－0.97)	0.0006 (0.26)
ROA	－0.0000 (－0.00)	0.0314*** (4.50)
GROWTH	－0.0013 (－0.48)	－0.0015 (－1.28)
CFO	－0.0005 (－0.04)	－0.0062 (－1.17)
STATE	0.0003 (0.16)	0.0025*** (3.70)
SHARE	0.0044 (0.55)	－0.0223*** (－5.02)
INSTIHOLD	－0.0037 (－0.77)	0.0003 (0.17)
DUAL	－0.0019 (－0.92)	－0.0007 (－0.84)

续表

变量	(1) 经济贡献度较小	(2) 经济贡献度较大
IDDIRE	-0.0166 (-1.14)	0.0053 (0.98)
POLLUTION	-0.0140 *** (-2.97)	0.0157 *** (5.26)
_CONS	0.0877 *** (4.19)	0.1084 *** (16.09)
YEAR	控制	控制
INDUSTRY	控制	控制
adj. R^2	0.2578	0.1221
N	366	2928

7.4　异质性分析

7.4.1　是否强制披露

相比于自愿，被强制要求披露社会责任报告的企业具有更小的自主选择权，受合法性约束更强（黄艺翔和姚铮，2016）[189]。当地区存在经济增长压力时，由于资源的有限性，企业为迎合地方官员实现短期经济目标不得不减少对社会责任的承诺（Luo 等，2017）[94]。然而，被强制披露社会责任报告的企业受中央政府以及社会的关注度更高，在此情况下，企业更有动机操纵社会责任报告，通过积极的语调美化社会责任报告，以迎合中央政府以及社会公众的期待。因此，相比于自愿披露，地区经济增长压力对企业社会责任报告的语调的影响对被强制要求披露社会责任报告的企业更为显著。

本章按照是否被强制要求披露社会责任报告将样本划分为两组，并基于式（7-2）进行分组回归。如表 7-9 所示，在被强制要求披露的分组中，地区经济增长压力（*PRESSURE*）的回归系数为 0.0015，且不显著。但是，在自愿披露的分组中，地区经济增长压力（*PRESSURE*）的回归系数为 0.0040，且在 10% 的水平下显著。上述回归结果表明，被强制披露社会责任报告的企业，受中央政府、证监会、交易所等监管部门的监管更强，一旦其社会责任未履行，被发现的概率较高而且会面临更严格的处罚，因此，尽管地区存在经济增长压力，被强制要求披露社会责任报告的企业几乎不会因此大幅减少社会责任的支出，因而其操纵社会责任报告语调的积极性相对较低。相反，对于自愿披露社会责任报告的企业而言，其行为本身具有较大的自由决策权，且自愿披露社会责任报告的目的更多出于寻租动机。当地方政府存在经济增长压力时，这些企业更可能通过提高社会责任报告语调对其社会责任表现进行掩盖。

表7－9　异质性分析：是否强制披露

变量	(1) 强制披露	(2) 自愿披露
PRESSURE	0.0015 (1.26)	0.0040* (1.76)
SIZE	-0.0037 (-1.54)	-0.0008* (-1.67)
LEV	-0.0241 (-1.47)	0.0030 (1.06)
ROA	0.2734*** (5.34)	0.0203** (2.22)
GROWTH	-0.0126 (-1.49)	-0.0004 (-0.28)
CFO	-0.0814** (-2.10)	-0.0043 (-0.59)
SHARE	0.0076 (1.54)	-0.0003 (-0.29)
STATE	-0.0967 (-1.36)	-0.0195*** (-4.23)
INSTIHOLD	-0.0069 (-0.58)	-0.0007 (-0.34)
DUAL	0.0085 (1.46)	-0.0019* (-1.69)
IDDIRE	-0.0309 (-0.85)	-0.0039 (-0.48)

续表

变量	(1) 强制披露	(2) 自愿披露
POLLUTION	0. 0686 *** (3. 33)	0. 0075 ** (2. 15)
_CONS	0. 8121 *** (15. 53)	0. 1001 *** (8. 69)
YEAR	控制	控制
INDUSTRY	控制	控制
adj. R^2	0. 1341	0. 1037
N	1642	1652

7. 4. 2　媒体关注度

作为企业的外部监督者，媒体通过在互联网等平台曝光能够对企业行为发挥有力的监管作用。媒体关注度较高的企业通常具有更好的社会责任表现，以降低负面媒体报道对企业声誉带来的不利影响。一旦企业通过积极的语调掩盖其较差的社会责任表现的行为被媒体曝光，会给企业带来较大的声誉或惩罚成本，因此，尽管存在地区经济增长压力，媒体关注度较高的企业通过提高语调积极性掩盖企业较差的社会责任表现的动机更弱。

基于上述分析，本章通过分组检验探讨媒体关注度不同的情况下，地区经济增长压力对企业社会责任报告语调的影响差异。按照年度媒体关注度中位数对样本进行划分，若低于中位数，则视为媒体关注度较低，否则，视为媒体关注度较高。其中，媒体关注度主要考虑了网络新闻和报刊新闻对上市公司的报道，并对报道数量取自然对数进行衡量。本章基于式（7 - 2）进行分组检验，回归结果如表 7 - 10 所示。当媒体关注度较低时，地区经济增长压力（*PRESSURE*）的回归系数为 0. 0005，且在 5% 的水平下显著。当媒体关注度较高时，地区经济增长压力（*PRESSURE*）的回归系数为 0. 0004，但不显著。上述结果表明，受媒体关注度较高的企业通过提高社会责任报告语调的积极性掩盖较差的社会责任业绩的可能性较低。

表 7 – 10　　　　异质性分析：媒体关注度

变量	(1) 媒体关注度较低	(2) 媒体关注度较高
PRESSURE	0. 0005 ** (2. 04)	0. 0004 (1. 58)
SIZE	–0. 0000 (–0. 09)	–0. 0017 *** (–4. 33)
LEV	–0. 0031 (–1. 09)	0. 0027 (0. 90)
ROA	0. 0162 * (1. 65)	0. 0400 *** (4. 59)
GROWTH	0. 0003 (0. 19)	–0. 0030 ** (–2. 09)
CFO	0. 0059 (0. 83)	–0. 0140 ** (–2. 07)
SHARE	0. 0005 (0. 55)	0. 0030 *** (3. 36)
STATE	–0. 0111 ** (–2. 03)	–0. 0226 *** (–3. 76)
INSTIHOLD	0. 0005 (0. 25)	–0. 0000 (–0. 00)
DUAL	–0. 0006 (–0. 57)	–0. 0007 (–0. 66)
IDDIRE	–0. 0018 (–0. 23)	0. 0055 (0. 78)
POLLUTION	0. 0062 ** (2. 00)	0. 0215 *** (5. 22)
_CONS	0. 0823 *** (7. 68)	0. 1203 *** (12. 75)
YEAR	控制	控制
INDUSTRY	控制	控制
adj. R^2	0. 0584	0. 1350
N	1661	1633

7.4.3　投资者关注度

投资者对企业具有一定的监督治理作用，并且投资者对企业社会责任的关注有助于提高企业社会责任表现以及社会责任报告披露质量（全晶晶，2022）[233]。当投资者关注度较高时，为赢得投资者认可，不论是否存在经济增长压力，企业均有足够的动机积极披露社会责任信息，受地区经济增长压力的影响可能性较小。当投资者关注度较低时，企业社会责任报告披露受地方政府干预的可能性更大。因此，地区经济增长压力对企业社会责任报告语调的影响可能在投资者关注度较小的企业中更为显著。

本章分别取上市公司股吧发帖量、阅读数和评论数的自然对数衡量上市公司的投资者关注度，并按照年度中位数将样本进行划分，并基于式（7－2）进行分组回归。回归结果如表 7－11 所示，使用发帖量、阅读数和评论数进行衡量时，在投资者关注度较低的样本中，地区经济增长压力（*PRESSURE*）的回归系数分别为 0.0007、0.0008、0.0008，且均在 1% 的水平下显著。而在投资者关注度较高的样本中，地区经济增长压力（*PRESSURE*）的回归系数均不显著。上述结果表明，地区经济增长压力仅对投资者关注度较低的企业的社会责任报告语调积极性产生显著影响，而对投资者关注度较高的企业社会责任报告语调积极性没有显著影响，这说明投资者关注度在一定程度上对企业的社会责任报告发挥了积极的监督作用。

表 7－11　　异质性分析：投资者关注度

变量	(1)	(2)	(3)	(4)	(5)	(6)
	发帖量		阅读数		评论数	
	投资者关注度较低	投资者关注度较高	投资者关注度较低	投资者关注度较高	投资者关注度较低	投资者关注度较高
PRESSURE	0.0007*** (2.85)	0.0002 (0.77)	0.0008*** (3.43)	0.0001 (0.41)	0.0008*** (3.40)	0.0001 (0.48)
SIZE	−0.0007 (−1.37)	−0.0016*** (−3.99)	−0.0000 (−0.08)	−0.0018*** (−4.32)	−0.0004 (−0.74)	−0.0016*** (−3.94)
LEV	−0.0035 (−1.22)	0.0026 (0.91)	−0.0051* (−1.77)	0.0027 (0.94)	−0.0040 (−1.39)	0.0024 (0.85)

续表

变量	(1)	(2)	(3)	(4)	(5)	(6)
	发帖量		阅读数		评论数	
	投资者关注度较低	投资者关注度较高	投资者关注度较低	投资者关注度较高	投资者关注度较低	投资者关注度较高
ROA	0.0124 (1.34)	0.0357*** (4.25)	0.0172* (1.82)	0.0274*** (3.31)	0.0227** (2.36)	0.0253*** (3.09)
GROWTH	0.0024* (1.65)	-0.0047*** (-3.21)	0.0019 (1.18)	-0.0042*** (-2.95)	0.0011 (0.70)	-0.0035** (-2.43)
CFO	0.0024 (0.35)	-0.0095 (-1.36)	-0.0007 (-0.10)	-0.0075 (-1.09)	-0.0043 (-0.61)	-0.0044 (-0.64)
STATE	0.0001 (0.08)	0.0038*** (4.28)	-0.0001 (-0.14)	0.0041*** (4.54)	0.0001 (0.12)	0.0037*** (4.19)
SHARE	-0.0241*** (-5.33)	-0.0073 (-0.88)	-0.0238*** (-5.10)	-0.0088 (-1.11)	-0.0228*** (-4.85)	-0.0081 (-1.02)
INSTIHOLD	-0.0008 (-0.39)	0.0019 (0.84)	-0.0026 (-1.23)	0.0021 (0.93)	-0.0018 (-0.87)	0.0023 (1.03)
DUAL	-0.0014 (-1.39)	0.0006 (0.58)	-0.0009 (-0.91)	-0.0002 (-0.23)	-0.0011 (-1.02)	0.0004 (0.35)
IDDIRE	-0.0101 (-1.27)	0.0097 (1.41)	-0.0067 (-0.81)	0.0047 (0.70)	-0.0134* (-1.65)	0.0118* (1.75)
POLLUTION	0.0083** (2.24)	0.0128*** (3.35)	0.0067* (1.81)	0.0154*** (3.85)	0.0080** (2.12)	0.0127*** (3.44)
_CONS	0.1056*** (9.92)	0.1083*** (11.80)	0.0922*** (8.35)	0.1155*** (12.42)	0.1007*** (9.55)	0.1077*** (11.74)
YEAR	控制	控制	控制	控制	控制	控制
INDUSTRY	控制	控制	控制	控制	控制	控制
adj. R^2	0.0965	0.1339	0.0938	0.1413	0.0964	0.1281
N	1650	1644	1650	1644	1650	1644

7.5 进一步分析

依据前文分析，地区经济增长压力显著提高了社会责任报告语调的积极性。企业操纵社会责任报告语调的动机可能更多在于掩盖企业当前较差的社会责任内容，向投资者呈现出企业未来良好的社会责任绩效。当存在地区经济增长压力时，地方政府为提升短期经济绩效可能挤占企业承担社会责任的资源，导致企业社会责任报告内容质量有所降低。但是，面对来自中央政府以及其他利益相关者的监督，企业为保持良好的社会责任形象，会通过积极的语调掩盖其当前较低的社会责任内容质量。为验证上述作用路径，本章借鉴温忠麟和叶宝娟（2014）的研究进一步构建中介效应模型[262]，探究地区经济增长压力影响企业社会责任报告语调的作用路径，具体如式（7－4）、式（7－5）、式（7－6）所示。

$$\begin{aligned} TONE_{i,t} = {} & \alpha_0 + \alpha_1 PRESSURE_{c,t} + \alpha_2 SIZE_{i,t} + \alpha_3 LEV_{i,t} + \alpha_4 ROA_{i,t} \\ & + \alpha_5 GROWTH_{i,t} + \alpha_6 CFO_{i,t} + \alpha_7 STATE_{i,t} + \alpha_8 SHARE_{i,t} \\ & + \alpha_9 INSTIHOLD_{i,t} + \alpha_{10} DUAL_{i,t} + \alpha_{11} IDDIRE_{i,t} \\ & + \alpha_{12} POLLUTION_{i,t} + \sum YEAR + \sum INDUSTRY + \varepsilon_{i,t} \end{aligned} \tag{7-4}$$

$$\begin{aligned} CSR_{i,t} = {} & \beta_0 + \beta_1 PRESSURE_{c,t} + \beta_2 SIZE_{i,t} + \beta_3 LEV_{i,t} + \beta_4 ROA_{i,t} + \beta_5 GROWTH_{i,t} \\ & + \beta_6 CFO_{i,t} + \beta_7 STATE_{i,t} + \beta_8 SHARE_{i,t} + \beta_9 INSTIHOLD_{i,t} + \beta_{10} DUAL_{i,t} \\ & + \beta_{11} IDDIRE_{i,t} + \beta_{12} POLLUTION_{i,t} + \sum YEAR \\ & + \sum INDUSTRY + \varepsilon_{i,t} \end{aligned} \tag{7-5}$$

$$\begin{aligned} TONE_{i,t} = {} & \gamma_0 + \gamma_1 PRESSURE_{c,t} + \gamma_2 CSR_{i,t} + \gamma_3 SIZE_{i,t} + \gamma_4 LEV_{i,t} + \gamma_5 ROA_{i,t} \\ & + \gamma_6 GROWTH_{i,t} + \gamma_7 CFO_{i,t} + \gamma_8 STATE_{i,t} + \gamma_9 SHARE_{i,t} \\ & + \gamma_{10} INSTIHOLD_{i,t} + \gamma_{11} DUAL_{i,t} + \gamma_{12} IDDIRE_{i,t} + \gamma_{13} POLLUTION_{i,t} \\ & + \sum YEAR + \sum INDUSTRY + \varepsilon_{i,t} \end{aligned} \tag{7-6}$$

其中，i 表示企业；t 表示时间；c 表示城市；CSR 表示企业社会责任报告内容质量，主要使用润灵环球数据库对企业社会责任报告的内容性打分的自然对数进行衡量；$TONE$ 表示企业社会责任报告语调；其余变量同式（7－1）。依据检验原理，若 β_1 和 γ_2 全部显著且 γ_1 的绝对值小于 α_1 的绝对值，则表明中介效应显著。若 γ_1 显著，则表明社会责任报告内容质量为地区经济增长压力对社会责任报告语调的部分中介效应；若 γ_1 不显著，则表明社会责任报告内容质量为地区经济增长压力对社会责任报告语调的完全中介效应。若 β_1 与 γ_2

有一个显著，另一个不显著，则需要进一步进行 Sobel 检验，以判断中介效应是否成立。

本章基于式（7－4）、式（7－5）、式（7－6）进行回归分析，结果如表7－12所示。由表7－12可知，在列（1）中，地区经济增长压力（*PRESSURE*）与企业社会责任报告语调（*TONE*）的回归系数为0.0005，且在1%的水平下显著，表明地区经济增长压力显著提高了企业社会责任报告语调的积极性。在列（2）中，地区经济增长压力（*PRESSURE*）与企业社会责任报告内容质量（*CSR*）的回归系数为－0.0067，且在5%的水平下显著，表明地区经济增长压力显著降低了企业社会责任报告内容质量。列（3）中，在控制地区经济增长压力（*PRESSURE*）后，企业社会责任报告内容质量（*CSR*）与语调（*TONE*）在1%的水平下显著负相关，说明当企业社会责任报告内容质量较低时，语调更为积极。由列（3）可知，$\beta_1 \times \gamma_2$ 的符号与 γ_1 相同，同时 γ_1 的绝对值（0.0004）小于 α_1 的绝对值（0.0005），并且 Sobel Z 值为1.901，在10%的水平下显著，说明地区经济增长压力较大时，企业社会责任报告内容质量降低，企业会通过积极的社会责任报告语调掩盖企业较差的社会责任内容。社会责任报告内容质量是地区经济增长压力对企业社会责任报告可读性影响的部分中介。

表7－12　　进一步分析检验结果

变量	(1) *TONE*	(2) *CSR*	(3) *TONE*
PRESSURE	0.0005*** (2.64)	－0.0067** (－2.04)	0.0004** (2.24)
CSR			－0.0116*** (－11.77)
SIZE	－0.0011*** (－3.78)	0.1106*** (19.85)	0.0002 (0.69)
LEV	－0.0003 (－0.15)	－0.0869** (－2.23)	－0.0013 (－0.66)
ROA	0.0258*** (4.03)	－0.0177 (－0.13)	0.0256*** (4.04)
GROWTH	－0.0013 (－1.24)	－0.0037 (－0.19)	－0.0014 (－1.28)

续表

变量	(1) TONE	(2) CSR	(3) TONE
CFO	-0.0047 (-0.97)	0.1432 (1.47)	-0.0031 (-0.65)
SHARE	0.0019 *** (2.92)	0.0073 (0.56)	0.0020 *** (3.07)
STATE	-0.0181 *** (-4.63)	0.2935 *** (3.75)	-0.0147 *** (-3.73)
INSTIHOLD	0.0001 (0.07)	0.0643 ** (2.05)	0.0008 (0.61)
DUAL	-0.0008 (-1.12)	0.0475 *** (3.18)	-0.0003 (-0.38)
IDDIRE	0.0026 (0.50)	-0.4737 *** (-5.00)	-0.0029 (-0.57)
POLLUTION	0.0099 *** (3.66)	-0.3643 *** (-7.85)	0.0057 ** (2.27)
_CONS	0.1050 *** (16.39)	0.2713 ** (2.14)	0.1082 *** (17.19)
YEAR	控制	控制	控制
INDUSTRY	控制	控制	控制
adj. R^2	0.0904	0.2429	0.1375
N	3294	3294	3294
Sobel Z		1.901 *	

7.6 稳健性检验

7.6.1 倾向得分匹配

考虑到存在经济增长压力地区的样本与不存在经济增长压力地区的样本之间可能存在系统性差异，为减少该差异对结论产生的影响，本章使用倾向得分匹配法对存在经济增长压力地区的样本与不存在地区经济增长压力地区的样本进行匹配，重新检验地区经济增长压力对企业社会责任报告语调产生的影响。本章将 *PRESSURE* 大于 0 的样本视为存在经济增长压力，否则为不存在经济增长压力，并以上述控制变量作为协变量，使用 Logit 模型将存在经济增长压力和不存在经济增长压力的样本进行匹配。匹配结果如表 7－13 所示，最终保留 3058 个样本观测值，匹配结果成立。

表 7－13　　　　平衡性检验结果

协变量		均值		标准偏误（%）	误差削减（%）	*t* 检验	
		处理组	对照组			*t*	*p*
SIZE	匹配前	23.0170	23.0340	－1.3		－0.36	0.72
	匹配后	23.0190	22.9910	2.2	－72.7	0.68	0.50
LEV	匹配前	0.4829	0.4809	1		0.29	0.77
	匹配后	0.4832	0.4830	0.1	86.9	0.04	0.97
ROA	匹配前	0.0421	0.0527	－19.2		－5.43	0.00
	匹配后	0.0426	0.0426	0	99.8	－0.01	0.99
GROWTH	匹配前	0.1305	0.1714	－14.3		－4.04	0.00
	匹配后	0.1312	0.1254	2	85.8	0.65	0.51
CFO	匹配前	0.0559	0.0553	0.8		0.24	0.81
	匹配后	0.0558	0.0555	0.5	40.3	0.16	0.87
STATE	匹配前	0.5306	0.5770	－9.3		－2.64	0.01
	匹配后	0.5320	0.5392	－1.5	84.3	－0.45	0.65
SHARE	匹配前	0.0272	0.0213	7.9		2.21	0.03
	匹配后	0.0268	0.0279	－1.5	80.6	－0.44	0.66
INSTIHOLD	匹配前	0.4819	0.5004	－8.7		－2.46	0.01
	匹配后	0.4828	0.4826	0.1	99	0.03	0.98
DUAL	匹配前	1.8321	1.8541	－6		－1.70	0.09
	匹配后	1.8327	1.8365	－1	82.9	－0.31	0.75
IDDIRE	匹配前	0.3718	0.3735	－3.3		－0.95	0.34
	匹配后	0.3717	0.3705	2.4	28.7	0.76	0.45
POLLUTION	匹配前	0.3109	0.2925	4		1.13	0.26
	匹配后	0.3117	0.3201	－1.8	54	－0.56	0.57

基于倾向得分匹配结果，本章采用式（7－2）重新检验。回归结果如表 7－14 所示，地区经济增长压力（*PRESSURE*）的回归系数为 0.0005，且在

1%的水平下显著，说明控制样本偏差后，地区经济增长压力导致企业社会责任报告语调积极性提高，上述结论依旧成立。

7.6.2 熵平衡检验

考虑到倾向得分匹配法在匹配过程中会造成样本缺失，削弱了结果的信服力，因此，本章使用 Hainmueller（2012）提出的熵平衡数据处理方法[55]。熵平衡方法能够避免样本信息丢失，尽可能使样本内生偏误减小，使匹配结果更为精确，因而得出的结论更加稳健。因此，根据所在地区是否存在地区经济增长压力将样本分为两组，并对控制组重新加权，使得所在地区存在经济增长压力和不存在经济增长压力的企业特征变量的均值、方差、偏度均接近一致，在此基础上，使用式（7－2）重新进行回归。结果如表7－14列（2）所示，地区经济增长压力的回归系数为0.0005，且在1%的水平下显著。这表明在控制样本偏差后，地区经济增长压力仍显著提高了企业社会责任报告语调积极性，上述结论稳健。

7.6.3 高维固定效应

不同行业企业可能受到不同周期产业政策、监管政策等宏观因素的影响，从而对企业社会责任报告语调产生差异化影响，进而对研究结论产生干扰。因此，在式（7－2）的基础上进一步控制了行业年度交乘固定效应。回归结果如表7－14列（3）所示。结果表明，地区经济增长压力（*PRESSURE*）的回归系数为0.0004，且在5%的水平下显著，再次验证了研究结论的稳健性。

表7－14　　PSM、熵平衡与高维固定效应检验结果

变量	(1) PSM	(2) 熵平衡	(3) 高维固定效应
PRESSURE	0.0005*** (2.75)	0.0005*** (2.88)	0.0004** (2.37)
SIZE	－0.0011*** (－3.78)	－0.0013*** (－4.34)	－0.0012*** (－3.84)
LEV	0.0008 (0.40)	－0.0003 (－0.13)	－0.0005 (－0.24)

续表

变量	(1) PSM	(2) 熵平衡	(3) 高维固定效应
ROA	0.0264 *** (3.99)	0.0258 *** (4.00)	0.0253 *** (3.53)
GROWTH	-0.0013 (-1.18)	-0.0012 (-1.11)	-0.0013 (-1.05)
CFO	-0.0072 (-1.42)	-0.0058 (-1.12)	-0.0024 (-0.45)
STATE	0.0018 *** (2.75)	0.0022 *** (3.30)	0.0018 *** (2.59)
SHARE	-0.0191 *** (-4.53)	-0.0160 *** (-3.89)	-0.0171 *** (-4.22)
INSTIHOLD	-0.0001 (-0.08)	0.0001 (0.08)	0.0007 (0.45)
DUAL	-0.0009 (-1.12)	-0.0005 (-0.71)	-0.0007 (-0.93)
IDDIRE	0.0037 (0.69)	0.0021 (0.40)	0.0011 (0.21)
POLLUTION	0.0098 *** (3.58)	0.0105 *** (3.92)	0.0103 *** (3.56)
_CONS	0.1060 *** (15.97)	0.1089 *** (16.75)	0.1080 *** (8.90)
YEAR	控制	控制	不控制
INDUSTRY	控制	控制	不控制
YEAR × INDUSTRY	不控制	不控制	控制
adj. R^2	0.0850	0.1113	0.0449
N	3058	3294	3294

7.6.4 安慰剂检验

研究发现地区经济增长压力显著提高了企业社会责任报告语调积极性，尽管在回归模型中，控制了企业层面、地区层面等一系列控制变量，然而该结论也可能在一定程度上具有随机性，并可能受到其他不可观测因素的干扰。因此，为排除上述可能，参照黄亮雄等（2021a）[185]、Liu 和 Lu 等（2015）[87]，本章使用安慰剂检验，将地区经济增长压力（*PRESSURE*）的值取出后随机赋值给样本企业重新进行回归，并将上述过程重复 1000 次。图 7－1 为解释变量回归系数的模拟结果，随机模拟的回归系数呈现标准正态分布，且绝大多数回归系数 P 值在 10% 以上，均显著异于 *PRESSURE* 的真实回归系数（0.0005）。这表明地区经济增长压力确实是导致企业提高社会责任报告语调积极性的一种宏观因素，验证了结论的稳健性。

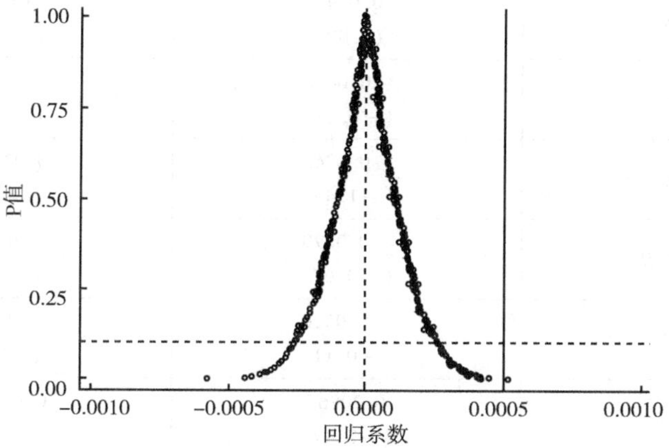

图 7－1　安慰剂检验图

7.6.5　工具变量法检验

考虑到地区经济增长压力与企业社会责任报告语调之间的关系可能受遗漏变量等内生性问题的影响，参照纪祥裕和唐荣（2021）[191]、李书娟等（2021）[203]，使用各省份地级市数量作为工具变量进行衡量。各省份地级市数量会对地方的经济发展具有影响，但是不会直接影响企业的社会责任报告语调。因此，使用地级市数量作为工具变量进行回归。表 7－15 为工具变量检验结果。由列（1）可知，地级市数量（*CITY*）与地区经济增长压力（*PRESSURE*）在 1% 的水平下显著负相关，工具变量满足了相关性要求，并且第一阶段回归的 F 统计量为 45.0666，故排除了弱工具变量。列（2）中，第二阶段回归结果显示，地区经济增长压力与企业社会责任报告语调仍在 10% 的显著性水平下正相关，说明在控制内生性后，地区经济增长压力依旧显著提高了企业社会责任报告语调积极性。

表 7-15　　工具变量法

变量	(1) PRESSURE	(2) TONE
CITY	-0.0405*** (-3.32)	
PRESSURE		0.0027* (1.73)
SIZE	0.0297 (1.09)	-0.0011*** (-3.70)
LEV	-0.0456 (-0.23)	-0.0000 (-0.01)
ROA	-0.8963 (-1.49)	0.0289*** (4.24)
GROWTH	-0.0679 (-0.67)	-0.0016 (-1.41)
CFO	-0.0520 (-0.11)	-0.0041 (-0.81)
STATE	-0.2086*** (-3.47)	0.0024*** (3.24)
SHARE	-0.1202 (-0.33)	-0.0172*** (-4.30)
INSTIHOLD	-0.0486 (-0.34)	0.0000 (0.03)
DUAL	0.0333 (0.45)	-0.0006 (-0.75)
IDDIRE	0.3322 (0.64)	0.0010 (0.19)
POLLUTION	0.2225 (0.79)	0.0092*** (3.17)
_CONS	-1.9191*** (-3.32)	0.1090*** (15.48)
YEAR	控制	控制
INDUSTRY	控制	控制
N	3294	3294

注：当 RSS > TSS 时，R^2 在 2SLS 中可能是负数。

7.6.6　替换主要变量衡量方式

本章改变解释变量的衡量方式。参照任晓怡等（2021）[235]，使用地级市政府在政府工作报告中发布的经济增长目标衡量地区经济增长压力（*TARGET*）。政府经济增长目标设定得越高，地方官员为实现经济目标所面临的经济增长压力越大。替换地区经济增长压力的衡量方式后，重新基于式（7-2）进行回归，回归结果如表7-16列（1）、列（2）所示，*TARGET*的回归系数显著为正，表明改变解释变量衡量方式后，地区经济增长压力仍显著提升了企业社会责任报告语调积极性，验证了结论的稳健性。

表7-16　替换变量衡量方式

变量	(1) *TONE*	(2) *TONE*
TARGET	0.0004** (1.97)	0.0003* (1.68)
SIZE		-0.0011*** (-3.59)
LEV		-0.0002 (-0.10)
ROA		0.0259*** (3.91)
GROWTH		-0.0018 (-1.58)
CFO		-0.0045 (-0.90)
SHARE		0.0018*** (2.66)
STATE		-0.0182*** (-4.57)
INSTIHOLD		0.0000 (0.03)

续表

变量	(1) *TONE*	(2) *TONE*
DUAL		-0.0007 (-0.92)
IDDIRE		0.0017 (0.33)
POLLUTION		0.0100*** (3.68)
_CONS	0.0764*** (25.52)	0.1005*** (13.78)
YEAR	控制	控制
INDUSTRY	控制	控制
adj. R^2	0.0713	0.0914
N	3294	3294

7.7 本章小结

本章主要从社会责任报告文本信息的角度，考察地区经济增长压力对企业社会责任报告语调的影响，以及地方官员政绩考核新标准的实施对二者关系的作用。本章以2010—2019年披露社会责任报告的中国A股上市公司为样本对上述问题进行了实证检验，并得出以下主要研究结论：地区经济增长压力越大，该地区企业社会责任报告语调越积极；政绩考核新标准的实施有效缓解了二者之间的正相关关系。机制检验发现，地区经济增长压力对企业社会责任报告语调的影响主要在地方官员晋升激励较大的地区、国有企业以及经济贡献度较大的企业中更为显著。异质性分析发现，地区经济增长压力对企业社会责任报告语调的影响主要在自愿披露社会责任报告的企业、媒体和投资者关注度较低的企业中更为显著。进一步检验发现，企业社会责任报告内容质量发挥了中介效应，说明地区经济增长压力导致企业降低社会责任报告内容质量，但是为了掩盖较差的社会责任报告内容质量，企业将提高社会责任报告语调的积极性。最后，还进行了PSM、熵平衡等一系列稳健性检验，结论仍然成立，在一定程度上解决了内生性问题，增强了结论的稳健性。

通过上述研究结果发现，当地区存在经济增长压力时，企业面临来自中央政府和地方政府相互冲突的制度压力。一方面，地方政府迫切提升短期经济绩效挤占了企业承担社会责任的资源；另一方面，企业受中央政府及其他利益相关者的监督，不愿意向外流露出企业当前较差的社会责任表现，因而通过提高社会责任报告语调积极性进行掩盖。而政绩考核新标准的实施有效缓解了地方政府和中央政府之间的制度冲突，减小了地方政府的经济增长压力，进而减弱了企业操纵社会责任报告语调的动机。从文本语调的角度，当前尚未统一社会责任报告语言，第三方鉴证体系还不完善，给企业操纵社会责任报告语调留下了可乘之机。因此，一方面，应该提高对社会责任报告的监管力度，规范社会责任报告的披露语言；另一方面，从宏观角度来看，相互冲突的制度是导致企业信息披露行为扭曲的根本原因，因此，要想从根本上提高企业社会责任报告披露质量，应该缓解政府之间的制度冲突，共同促进企业社会责任的落实。此外，媒体和投资者作为重要的外部监督力量，在一定程度上能够对企业社会责任语调进行监督。本章结合中国制度背景，从文本语调的角度，探讨了企业操纵社会责任报告语调的深层次影响因素，丰富了企业社会责任报告披露以及文本信息的相关文献，也为中国当前政绩考核制度的改进提供了微观证据及合理建议。

第8章

研究结论与政策建议

8.1 研究结论

伴随环境、生态等问题日益严重，企业社会责任活动备受关注，中央政府以及监管部门出台一系列政策以提高对企业社会责任报告披露的监管。尽管如此，环境污染、问题产品等事件仍屡见不鲜，部分企业对违规事件避而不谈，甚至通过操纵社会责任报告文本信息对企业社会责任信息进行掩盖，影响了企业社会责任报告披露质量。例如，兰花科创（600123）因原煤露天堆放未苫盖多次被罚，但是其社会责任报告并未针对其存在的环境问题做出详实的披露，仅对环境问题泛泛而谈，并用积极的语调表明企业认真落实了环境保护规定。究其背后原因，该企业为当地优势企业，在当地的经济发展中具有举足轻重的地位。那么企业社会责任报告披露是否受其所在地区经济发展的影响？企业社会责任报告披露的内容以及文本信息之间存在怎样的内在关联？对这一问题的探讨具有重要的理论意义与现实意义。为此，本书首先全面回顾了相关文献，在已有研究的基础上，借鉴前人理论，分析了地区经济增长压力对企业社会责任报告披露的影响与影响机理，随后构建实证模型，通过实证方式对提出的假设进行检验。本书主要试图回答两个问题：地区经济增长压力是否以及如何影响企业社会责任报告披露？政绩考核新标准的实施能否减轻地方官员的经济增长压力，进而改善地区经济增长压力对企业社会责任报告披露的影响？基于此，本书围绕“是否披露—披露什么—如何披露”的思路，从社会责任报告的披露意愿、内容、可读性以及语调四个角度对企业社会责任报告的披露进行考察，并以经济增长理论、财政分权理论、晋升锦标赛理论、利益相关者理论以及印象管理理论作为理论基础，实证检验地区经济增长压力以及政绩考核新标准的实施对企业社会责任报告披露的影响，并进一步对地区经济增长压力影响企业社会责任报告披露的机制进行探讨。现将本书的研究结论总结如下：

第一，从披露意愿的角度回答了企业“是否披露”社会责任报告的问题。研究发现，地区经济增长压力越大，企业社会责任报告的披露意愿越低；政绩考核新标准的实施有效缓解了二者之间的负相关关系。机制检验发现，在地方官员晋升激励较大的地区、国有企业以及经济贡献度较大的企业中，地区经济增长压力对企业社会责任报告披露意愿的抑制作用更为显著。异质性分析发现，地区经济增长压力对企业社会责任报告披露意愿的影响主要在媒体和投资者关注度较低的企业中更为显著，表明媒体和投资者在一定程度上能够对企业社会责任报告披露发挥监管作用。针对披露社会责任报告的企业，地区经济增长压力显著降低了企业披露社会责任报告的及时性。此外，上述结论通过了 PSM、替换回归模型等一系列稳健性检验。

第二，从企业社会责任报告内容的角度回答了企业“披露什么”的问题。研究发现，地区经济增长压力越大，该地区企业社会责任报告的内容质量越低；政绩考核新标准的实施有效缓解了二者之间的负相关关系。机制检验发现，在地方官员晋升激励较大的地区、国有企业以及经济贡献度较大的企业中，地区经济增长压力对企业社会责任报告内容质量的抑制作用更为显著。异质性分析发现，在自愿披露、未按照 GRI 标准披露的企业以及媒体和投资者关注度较低的企业中，地区经济增长压力显著降低了企业社会责任报告的内容质量。细分企业社会责任内容，地区经济增长压力对股东、职工、债权人、客户等的权益，以及环境、社会公益事业等均产生负面影响。此外，地区经济增长压力对企业社会责任报告内容质量具有长期动态影响。此外，上述结论通过了 PSM、熵平衡等一系列稳健性检验。

第三，从企业社会责任报告可读性的角度回答了企业“如何披露”的问题。研究发现，地区经济增长压力越大，该地区企业社会责任报告的可读性越低；政绩考核新标准的实施有效缓解了二者之间的负相关关系。机制检验发现，地区经济增长压力对企业社会责任报告可读性的影响主要在地方官员晋升激励较大的地区、国有企业以及经济贡献度较大的企业中更为显著。异质性分析发现，地区经济增长压力对企业社会责任报告可读性的影响主要在自愿披露社会责任报告的企业、媒体和投资者关注度较低的企业中更为显著。进一步检验发现，企业社会责任报告内容质量发挥了完全中介效应，表明地区经济增长压力导致企业降低社会责任报告内容质量，但是为了掩盖较差的社会责任报告内容，企业将降低社会责任报告的可读性。此外，上述结论通过了PSM、熵平衡等一系列稳健性检验。

第四，从企业社会责任报告语调的角度回答了企业“如何披露”的问题。研究发现，地区经济增长压力越大，企业社会责任报告语调越积极；政绩考核新标准的实施有效缓解了二者之间的正相关关系。机制检验发现，地区经济增长压力对企业社会责任报告语调的影响主要在地方官员晋升激励较大的地区、国有企业以及经济贡献度较大的企业中更为显著。地区经济增长压力对企业社会责任报告语调的影响主要在自愿披露社会责任报告的企业、媒体和投资者关注度较低的企业中更为显著。进一步检验发现，企业社会责任报告内容质量发挥了中介效应，说明地区经济增长压力导致企业降低社会责任内容质量，但是为了掩盖较低的社会责任报告内容质量，企业将提高社会责任报告语调的积极性。此外，上述结论通过了PSM、熵平衡等一系列稳健性检验。

8.2 政策建议

本书研究了地区经济增长压力对企业社会责任报告披露意愿、内容、可读性和语调的影响及影响机制，并探讨了政绩考核新标准的实施对上述关系产生了怎样的影响，得到了相应的研究结论。基于上述研究结论，本书发现，经济增长给地方官员带来了较大的晋升压力，导致地方政府为发展短期经济而忽视社会责任行为，并对企业社会责任行为产生重要影响。尽管中央政府以及监管部门一再强调企业社会责任，但是企业从根本上难以增加对社会责任的投入，进而导致企业社会责任报告质量降低。而政绩考核新标准的实施减轻了地方政府的经济增长压力，减少了地区经济增长压力对企业社会责任报告披露的不利影响。因此，本书对政府、监管部门以及信息使用者提出如下建议。

第一，完善顶层设计，不断优化多层次官员政绩考核制度。新常态下，中国经济已由高速增长阶段转向高质量发展阶段，传统以经济绩效为主的官员政绩考核方式的弊端愈发凸显，挤占了企业社会责任资源，与绿色发展、可持续发展等理念相悖。因此，中央政府应当从顶层设计出发，一方面，根据地方特色制定适当的经济激励目标，保持地方经济发展活力，另一方面，将环保、公益、民生等社会发展指标纳入考核范围，并依据地方资源禀赋对各项指标赋予差异化的权重，尽量避免地方政府之间为实现政治晋升产生恶性竞争，进而减少对企业行为决策的不利影响。

第二，转变政府职能，政府应当由社会责任报告披露的引导者逐渐转变为监督者，进一步发挥市场对企业社会责任报告的引导作用。本书的研究结论表明，当企业既要满足中央政府的合法性，又需要依赖地方政府的资源时，企业可能会为了迎合各级政府的意愿做出策略性披露社会责任报告的行为，导致社会责任报告质量降低，进而误导报告使用者，不利于资本市场的长期健康发展。而媒体和投资者关注度较高的企业，地区经济增长压力对其社会责任报告披露没有显著影响，这说明媒体和投资者的关注在一定程度上能够对企业社会责任报告的披露发挥积极的监督作用，促使企业提高社会责任报告披露意愿与质量。因此，在中国资本市场的转轨制度背景下，应当充分发挥市场对企业社会责任报告披露的引导作用。政府应当作为监督者，对企业社会责任报告进行监管而非直接干预。

第三，建立规范统一的社会责任报告披露体系。目前中国采取以自愿披露和强制披露相结合的社会责任报告披露制度，对社会责任报告的披露格式没有明确规定，在披露的意愿、内容、方式以及语言方面均给予了企业较大的自由裁量权，使得不同企业的社会责任信息难以进行比较，这给企业社会责任报告留下了较大的操纵空间。本书研究发现，按照国际 GRI 标准披露社会责任报告，在一定程度上减少了地区经济增长压力对企业社会责任报告披露质量的负向影响，有助于提高社会责任报告披露质量。这一结论对监管部门具有一定的启示。监管部门应当制定统一的社会责任报告披露细则，从是否需要披露、披露时间、撰写内容、格式、语言等方面做出具体要求，提高企业社会责任报告文本的可信度以及不同企业社会责任信息的可比性，便于监管部门以及投资者阅读。

第四，大力构建企业社会责任报告鉴证体系。目前企业社会责任报告鉴证属于企业自愿行为，仅有极少数企业聘请第三方机构，对社会责任报告进行鉴证，大多数企业社会报告可信度较低。会计事务所作为第三方机构，能够对社会责任报告披露质量进行相对公正的评价，提高社会责任报告的可信度，进而发挥其作用。因此，监管部门可以构建社会责任报告鉴证和评价体系，推进企业社会责任报告鉴证工作。

第五，对社会责任信息使用者而言，应当提高对信息的甄别能力，不仅对社会责任报告的内容做出判断，还要从社会责任报告的色彩、字数、语调等方面考察，不被企业的策略性手段所迷惑，从实质上对企业社会责任的履行情况进行判断。

8.3 研究局限与未来研究展望

8.3.1 研究局限

第一，本书探究了地区经济增长压力对企业社会责任报告披露的影响，并在此基础上，研究了政绩考核新标准的实施对上述关系的作用，发现政绩考核新标准的实施有效减少了地区经济增长压力对企业社会责任报告披露的不利影响。然而，针对政绩考核新标准的实施，由于难以获取各地区政绩考核的具体指标与权重，本书只能根据政绩考核新标准实施之前和实施之后进行划分研究。因此，未来需要进一步细化各项政绩考核指标，为政绩考核体系的构建提供更多经验证据。

第二，由于目前没有专门针对企业社会责任报告量身定制的词汇表，本书主要使用 Loughran 和 McDonald（2011）从财务报告发展而来的词汇表计算企业社会责任报告的语调，可能无法全面捕捉企业社会报告中的积极词汇和消极词汇，因此，未来研究可以专门针对企业社会责任报告建立相关的专业词汇表[91]。

第三，本书仅从地方官员的晋升动机，研究了地区经济增长压力对企业社会责任报告披露的影响机制，未能同时从企业高管的策略性动机视角对地区经济增长压力作用于企业社会责任报告披露的路径进行分析，导致本书的研究视角具有一定的局限性。

8.3.2　未来研究展望

未来可以进一步从以下几方面探讨企业社会责任报告披露的相关话题。

第一，本书从地区经济增长压力的视角研究了宏观制度因素对企业社会责任报告披露的影响，并探究了政绩考核新标准的作用，有助于挖掘影响社会责任报告的深层次影响因素。未来可以进一步沿着这一话题，将研究问题细化，探讨具体的制度措施，更有效地加强对企业社会责任报告信息披露的监管。

第二，本书从社会责任报告披露意愿、内容以及文本可读性、语调的角度，研究了地区经济增长压力的影响。在文本方面，本书仅分析了社会责任报告的可读性和语调，未来可以从其他视角进一步探讨企业社会责任报告的文本信息。

第三，未来可以进一步从高管策略性披露的视角，探讨宏观因素以及政府政策对企业社会责任报告信息披露的作用机制，这对如何从企业层面改善社会责任报告披露质量具有重要意义。

第四，文本语调和可读性的衡量方式可能还有一定的欠缺。中国语言博大精深，如何能准确衡量文本语调和可读性也是当前文本信息研究的一大难点。

参考文献

[1] Acharya V., Xu Z. Financial Dependence and Innovation: The Case of Public Versus Private Firms [J]. Journal of Financial Economics, 2017, 124 (2): 223 - 243.

[2] Aguilera R. V., Rupp D. E., Williams C. A., et al. Putting the S Back in Corporate Social Responsibility: A Multilevel Theory of Social Change in Organizations [J]. Academy of Management Review, 2007, 32 (3): 836 - 863.

[3] Albuquerque R., Koskinen Y., Zhang C. Corporate Social Responsibility and Firm Risk: Theory and Empirical Evidence [J]. Management Science, 2019, 65 (10): 4451 - 4469.

[4] Allen F., Qian J., Qian M. Law, Finance, and Economic Growth in China [J]. Journal of Financial Economics, 2005, 77 (1): 57 - 116.

[5] Amaeshi K., Adegbite E., Rajwani T. Corporate Social Responsibility in Challenging and Non - enabling Institutional Contexts: Do Institutional Voids matter? [J]. Journal of Business Ethics, 2016, 134 (1): 135 - 153.

[6] Anantharaman D, Gao F, Manchiraju H. Does Social Responsibility Begin at Home? The Relation between Firms' Pension Policies and Corporate Social Responsibility (CSR) Activities. [J]. Review of Accounting Studies, 2022, 27 (1): 76 - 121.

[7] Arkin R. M. Self - Presentation Styles - ScienceDirect [J]. Impression Management Theory and Social Psychological Research, 1981, 33 (2): 311 - 333.

[8] Baldini M., Maso L. D., Liberatore G., et al. Role of Country - and Firm - Level Determinants in Environmental, Social, and Governance Disclosure [J]. Journal of Business Ethics, 2018, 150 (1): 79 - 98.

[9] Ballou B., Heitger D. L., Landes C. E. The Future of Corporate Sustain-

ability Reporting [J]. Journal of Accountancy, 2006, 202 (6): 65 – 74.

[10] Barnea A., Rubin A. Corporate Social Responsibility as a Conflict between Shareholders [J]. Journal of Business Ethics, 2010, 97 (1): 71 – 86.

[11] Bassyouny H., Abdelfattah T., Tao L. Beyond Narrative Disclosure Tone: The Upper Echelons Theory Perspective [J]. International Review of Financial Analysis, 2020, 70: 101, 499.

[12] Berrone P., Gomez – mejia L. R. Environmental Performance and Executive Compensation: An Integrated Agency – Institutional Perspective [J]. Academy of Management Journal, 2009, 52 (1): 103 – 126.

[13] Besley T., Montalvo J. G., Reynal – Querol M. Do Educated Leaders Matter? [J]. Economic Journal, 2011, 121 (554): F205 – F227.

[14] Biddle G. C., Hilary G., Verdi R. S. How Does Financial Reporting Quality Relate to Investment Efficiency? [J]. Journal of Accounting and Economics, 2009, 48 (2 – 3): 112 – 131.

[15] Bloomfield R. J. The "Incomplete Revelation Hypothesis" and Financial Reporting [J]. Accounting Horizons, 2002, 16 (3): 233 – 243.

[16] Boutin – Dufresne F., Savaria P. Corporate Social Responsibility and Financial Risk [J]. Journal of Investing, 2004, 13 (1): 57 – 66.

[17] Bowen H. R. Social Responsibilities of the Businessman [M]. New York. 1953.

[18] Byrd J., Hickman K., Baker C. R., et al. Corporate Social Responsibility Reporting in Controversial Industries [J]. International Review of Accounting, Banking & Finance, 2016, 8 (2 – 4): 1 – 14.

[19] Calabrese S. M., Epple D. N., Romano R. E. Inefficiencies from Metropolitan Political and Fiscal Decentralization: Failures of Tiebout Competition [J]. Review of Economic Studies, 2012, 79 (3): 1081 – 1111.

[20] Campbell L., Gulas C. S., Gruca T. S. Corporate Giving Behavior and Decision – Maker Social Consciousness [J]. Journal of Business Ethics, 1999, 19 (4): 375 – 383.

[21] Chall J. S. Readability: An Appraisal of Research and Application [M]. Ohio State University Press, 1958.

[22] Chen X., Cheng Q., Hao Y., et al. GDP Growth Incentives and Earnings Management: Evidence from China [J]. Review of Accounting Studies, 2020, 25 (3): 1002-1039.

[23] Chen Y., Li H., Zhou L. Relative Performance Evaluation and the Turnover of Provincial Leaders in China [J]. Economics Letters, 2005, 88 (3): 421-425.

[24] Cheng B., Ioannou I., Serafeim G. Corporate Social Responsibility and Access to Finance [J]. Strategic Management Journal (John Wiley & Sons, Inc.), 2014, 35 (1): 1-23.

[25] Cho C. H., Roberts R. W., Patten D. M. The Language of US Corporate Environmental Disclosure [J]. Accounting, Organizations & Society, 2010, 35 (4): 431-443.

[26] Clarkson P. M., Li Y., Richardson G. D., et al. Revisiting the Relation between Environmental Performance and Environmental Disclosure: An Empirical Analysis [J]. Accounting, Organizations & Society, 2008, 33 (4/5): 303-327.

[27] Coe D. T., Helpman E. International R&D Spillovers [J]. European Economic Review, 1995, 39 (5): 859-887.

[28] Connelly B. L., Certo S. T., Ireland R. D., et al. Signaling Theory: A Review and Assessment [J]. Journal of Management, 2011, 37 (1): 39-67.

[29] Cronqvist H., Yu F. Shaped by their daughters: Executives, Female Socialization, and Corporate Social Responsibility [J]. Journal of Financial Economics, 2017, 126 (3): 543-562.

[30] Cull R., Xu L. C., Yang X., et al. Market Facilitation by Local Government and Firm Efficiency: Evidence from China [J]. Journal of Corporate Finance, 2017, 42: 460-480.

[31] Dacin M. T., Oliver C., Roy J. The Legitimacy of Strategic Alliances: An Institutional Perspective [J]. Strategic Management Journal, 2007, 28 (2): 169-187.

[32] Davidson R. H., Dey A., Smith A. J. CEO Materialism and Corporate Social Responsibility [J]. Accounting Review, 2019, 94 (1): 101-126.

[33] Davis A. K., Piger J. M., Sedor L. M. Beyond the Numbers: Measuring

the Information Content of Earnings Press Release Language [J]. Contemporary Accounting Research, 2012, 29 (3): 845 - 868.

[34] Davoodi H., Zou H. Fiscal Decentralization and Economic Growth: A Cross - Country Study [J]. Journal of Urban Economics, 1998, 43 (2): 244 - 257.

[35] DeBoskey D. G., Luo Y., Zhou L. CEO Power, Board Oversight, and Earnings Announcement Tone [J]. Review of Quantitative Finance and Accounting, 2019, 52 (2): 657 - 680.

[36] Dhaliwal D. S., Oliver Z. L., Tsang A., et al. Voluntary Nonfinancial Disclosure and the Cost of Equity Capital: The Initiation of Corporate Social Responsibility Reporting [J]. Accounting Review, 2011, 86 (1): 59 - 100.

[37] Dhaliwal D. S., Radhakrishnan S., Tsang A., et al. Nonfinancial Disclosure and Analyst Forecast Accuracy: International Evidence on Corporate Social Responsibility Disclosure [J]. Accounting Review, 2012, 87 (3): 723 - 759.

[38] Dierkes M., Antal A. B. The Usefulness and Use of Social Reporting Information [J]. Accounting, Organizations & Society, 1985, 10 (1): 29 - 34.

[39] Dixon - Fowler H., Slater D., Johnson J., et al. Beyond 'Does it Pay to be Green?' A Meta - Analysis of Moderators of the CEP - CFP Relationship [J]. Journal of Business Ethics, 2013, 112 (2): 353 - 366.

[40] Dowling J., Pfeffer J. Organizational Legitimacy: Social Values and Organizational Behavior [J]. Pacific Sociological Review, 1975, 18, (1) : 122 - 136.

[41] Du S., Yu K. Do Corporate Social Responsibility Reports Convey Value Relevant Information? Evidence from Report Readability and Tone [J]. Journal of Business Ethics, 2021, 172 (2): 253 - 274.

[42] Du X., Weng J., Zeng Q., et al. Do Lenders Applaud Corporate Environmental Performance? Evidence from Chinese Private - Owned Firms [J]. Journal of Business Ethics, 2017, 143 (1): 179 - 207.

[43] Durand R., Paugam L., Stolowy H. Do Investors Actually Value Sustainability Indices? Replication, Development, and New Evidence on CSR Visibility [J]. Strategic Management Journal, 2019, 40 (9): 1471 - 1490.

[44] El Ghoul S., Guedhami O., Kwok C. C. Y., et al. Does Corporate Social Responsibility Affect the Cost of Capital? [J]. Journal of Banking and Finance,

2011, 35 (9): 2388 - 2406.

[45] Fabrizi M., Mallin C., Michelon G. The Role of CEO's Personal Incentives in Driving Corporate Social Responsibility [J]. Journal of Business Ethics, 2014, 124 (2): 311 - 326.

[46] Fama E. F., Laffer A. B. Information and Capital Markets [J]. Journal of Business, 1971, 44 (3): 289 - 298.

[47] Flammer C. Corporate Social Responsibility and Shareholder Reaction: The Environmental Awareness of Investors [J]. Academy of Management Journal, 2013, 56 (3): 758 - 781.

[48] Freund S, Nguyen N H, Phan H V. Shareholder Litigation and Corporate Social Responsibility [J]. Journal of Financial & Quantitative Analysis, 2023, 58 (2): 512 - 542.

[49] Friedman M. The Social Responsibility of Business Is to Increase Its Profits [J]. 2008: 375 - 380.

[50] Godfrey P. C. The Relationship between Corporate Philanthropy and Shareholder Wealth: A Risk Management Perspective [J]. Academy of Management Review, 2005, 30 (4): 777 - 798.

[51] Godfrey P. C., Merrill C. B., Hansen J. M. The Relationship between Corporate Social Responsibility and Shareholder Value: An Empirical Test of the Risk Management Hypothesis [J]. Strategic Management Journal, 2009, 30 (4): 425 - 445.

[52] Gordon R. H., Li W. Provincial and Local Governments in China: Fiscal Institutions and Government Behavior [M]. Capitalizing China. University of Chicago Press, 2012: 337 - 369.

[53] Goss A., Roberts G. S. The Impact of Corporate Social Responsibility on the Cost of Bank Loans [J]. Journal of Banking and Finance, 2011, 35 (7): 1794 - 1810.

[54] Hahn R., Kühnen M. Determinants of Sustainability Reporting: A Review of Results, Trends, Theory, and Opportunities in an Expanding Field of Research [J]. Journal of Cleaner Production, 2013, 59: 5 - 21.

[55] Hainmueller J. Entropy Balancing for Causal Effects: A Multivariate Re-

weighting Method to Produce Balanced Samples in Observational Studies [J]. Political Analysis, 2012, 20 (1): 25 – 46.

[56] Hatfield J. W. Federalism, Taxation, and Economic Growth [J]. Journal of Urban Economics, 2015, 87: 114 – 125.

[57] Hatfield J. W., Kosec K. Federal Competition and Economic Growth [J]. Journal of Public Economics, 2013, 97: 144 – 159.

[58] Henry E. Are Investors Influenced by How Earnings Press Releases Are-Written? [J]. Journal of Business Communication, 2008, 45 (4): 363 – 407.

[59] Henry E., Leone A. J. Measuring Qualitative Information in Capital Markets Research: Comparison of Alternative Methodologies to Measure Disclosure Tone [J]. Accounting Review, 2016, 91 (1): 153 – 178.

[60] Höllerer M. A. From Taken – for – Granted to Explicit Commitment: The Rise of CSR in a Corporatist Country [J]. Journal of Management Studies, 2013, 50 (4): 573 – 606.

[61] Hooghiemstra R. Corporate Communication and Impression Management – New Perspectives Why Companies Engage in Corporate Social Reporting [J]. Journal of Business Ethics, 2000, 27 (1/2): 55 – 68.

[62] Hsu K. The Advertising Effects of Corporate Social Responsibility on Corporate Reputation and Brand Equity: Evidence from the Life Insurance Industry in Taiwan [J]. Journal of Business Ethics, 2012, 109 (2): 189 – 201.

[63] Huang X., Siew H. T., Zhang Y. Tone Management [J]. Accounting Review, 2014, 89 (3): 1083 – 1113.

[64] Humphrey J. E., Lee D. D., Shen Y. Does It Cost to be Sustainable? [J]. Journal of Corporate Finance, 2012, 18 (3): 626 – 639.

[65] Iatridis G. E. Financial Reporting Language in Financial Statements: Does Pessimism Restrict the Potential for Managerial Opportunism? [J]. International Review of Financial Analysis, 2016, 45: 1 – 17.

[66] Iimi A. Decentralization and Economic Growth Revisited: An Empirical Note [J]. Journal of Urban Economics, 2005, 57 (3): 449 – 461.

[67] Jin H., Qian Y., Weingast B. R. Regional Decentralization and Fiscal Incentives: Federalism, Chinese Style [J]. Journal of Public Economics, 2005, 89

(9 - 10): 1719 - 1742.

[68] Jones T. M. Instrumental Stakeholder Theory: A Synthesis of Ethics and Economics [J]. Academy of Management Review, 1995, 20 (2): 404 - 437.

[69] King R. G., Levine R. Finance and Growth: Schumpeter Might be Right [J]. Quarterly Journal of Economics, 1993, 108 (3): 717 - 737.

[70] La Porta R., Lopez - de - Silane F., Shleifer A., et al. Legal Determinants of External Finance [J]. The Journal of Finance, 1997, 52 (3): 1131 - 1150.

[71] La Porta R., Lopez - de - Silanes F., Shleifer A. Corporate Ownership around the World [J]. Journal of Finance, 1999, 54 (2): 471 - 517.

[72] Lanis R., Richardson G. Corporate Social Responsibility and Tax Aggressiveness: An Empirical Analysis [J]. Journal of Accounting & Public Policy, 2012, 31 (1): 86 - 108.

[73] Lazear E. P., Rosen S. Rank - Order Tournaments as Optimum Labor Contracts [J]. Journal of Political Economy, 1981, 89 (5): 841.

[74] Leary M., Kowalski R. Impression Management: A Literature Review and Two - component Model [J]. Psychol Bull, 1990, 107 (1): 34 - 47.

[75] Lee D. D., Faff R. W. Corporate Sustainability Performance and Idiosyncratic Risk: A Global Perspective [J]. Financial Review, 2009, 44 (2): 213 - 237.

[76] Lee J., Park J. The Impact of Audit Committee Financial Expertise on Management Discussion and Analysis (MD&A) Tone [J]. European Accounting Review, 2019, 28 (1): 129 - 150.

[77] Lee J. Capital Goods Imports and Long - Run Growth [J]. Journal of Development Economics, 1995, 48 (1): 91 - 110.

[78] Lee J. Can Investors Detect Managers' Lack of Spontaneity? Adherence to Predetermined Scripts during Earnings Conference Calls [J]. Accounting Review, 2016, 91 (1): 229 - 250.

[79] Lewis B. W., Walls J. L., Dowell G. W. S. Difference in Degrees: CEO Characteristics and Firm Environmental Disclosure [J]. Strategic Management Journal, 2014, 35 (5): 712 - 722.

[80] Li F. The Information Content of Forward - Looking Statements in Corporate Filings - A Naive Bayesian Machine Learning Approach [J]. Journal of Ac-

counting Research, 2010, 48 (5): 1049 – 1102.

[81] Li F. Annual Report Readability, Current Earnings, and Earnings Persistence [J]. Journal of Accounting and Economics, 2008, 45 (2 – 3): 221 – 247.

[82] Li H., Zhou L. Political Turnover and Economic Performance: The Incentive Role of Personnel Control in China [J]. Journal of Public Economics, 2005, 89 (9 – 10): 1743 – 1762.

[83] Li S., Lu J. W. A Dual – Agency Model of Firm CSR in Response to Institutional Pressure: Evidence from Chinese Publicly Listed Firms [J]. Academy of Management Journal, 2020, 63 (6): 2004 – 2032.

[84] Lin K. J., Tan J., Zhao L., et al. In the Name of Charity: Political Connections and Strategic Corporate Social Responsibility in a Transition Economy [J]. Journal of Corporate Finance, 2015, 32: 327 – 346.

[85] Liu C, Cheong C S, Zurbruegg R. Rhetoric, Reality, and Reputation: Do CSR and Political Lobbying Protect Shareholder Wealth against Environmental Lawsuits? [J]. Journal of Financial & Quantitative Analysis, 2020, 55 (2): 679 – 706.

[86] Liu D., Xu C., Yu Y., et al. Economic Growth Target, Distortion of Public Expenditure and Business Cycle in China [J]. China Economic Review, 2020, 63: 101, 373.

[87] Liu Q., Lu Y. Firm Investment and Exporting: Evidence from China's Value – Added Tax Reform [J]. Journal of International Economics, 2015, 97 (2): 392 – 403.

[88] Liu Z., Shen H., Welker M., et al. Gone with the Wind: An Externality of Earnings Pressure [J]. Journal of Accounting & Economics, 2021, 72 (1).

[89] Long C., Bin S., Albert T., et al. Audited Financial Reporting and Voluntary Disclosure of Corporate Social Responsibility (CSR) Reports [J]. Journal of Management Accounting Research, 2016, 28 (2): 53 – 76.

[90] Loughran T., McDonald B. Measuring Readability in Financial Disclosures [J]. Journal of Finance, 2014, 69 (4): 1643 – 1671.

[91] Loughran T., McDonald B. When Is a Liability Not a Liability? Textual Analysis, Dictionaries, and 10 – Ks [J]. Journal of Finance, 2011, 66 (1): 35 – 65.

[92] Loughran T., McDonald B. Textual Analysis in Accounting and Finance:

A Survey [J]. Journal of Accounting Research, 2016, 54 (4): 1187 - 1230.

[93] Luo J., Li X., Chen H. Annual Report Readability and Corporate Agency Costs [J]. China Journal of Accounting Research, 2018, 11 (3).

[94] Luo, X. R., Wang, D., Zhang, J. Whose Call to Answer: Institutional Complexity and Firms' CSR Reporting [J]. Academy of Management Journal, 2017, 60 (1): 321 - 344.

[95] Lyu C., Wang K., Zhang F., et al. GDP Management to Meet or Beat Growth Targets [J]. Journal of Accounting & Economics, 2018, 66 (1): 318 - 338.

[96] Ma L. Performance Feedback, Government Goal - setting and Aspiration Level Adaptation: Evidence from Chinese Provinces [J]. Public Administration, 2015, 94 (2): 452 - 471.

[97] Mahoney L. S., Thorme L., Cecil L., et al. A Research Note on Standalone Corporate Social Responsibility Reports: Signaling or Greenwashing? [J]. Critical Perspectives on Accounting, 2013, 24 (4/5): 350 - 359.

[98] Maignan I., Ralston D. A. Corporate Social Responsibility in Europe and the U. S.: Insights from Businesses' Self - presentations [J]. Journal of International Business Studies, 2002, 33 (3): 497 - 514.

[99] Malcomson J. M. Work Incentives, Hierarchy, and Internal Labor Markets [J]. Journal of Political Economy, 1984, 92 (3): 486.

[100] Mallin C., Michelon G., Raggi D. Monitoring Intensity and Stakeholders' Orientation: How Does Governance Affect Social and EnvironmentalDisclosure? [J]. Journal of Business Ethics, 2013, 114 (1): 29 - 43.

[101] Manner M. The Impact of CEO Characteristics on Corporate Social Performance [J]. Journal of Business Ethics, 2010, 93: 53 - 72.

[102] Marquis C., Qian C. Corporate Social Responsibility Reporting in China: Symbol or Substance? [J]. Organization Science, 2014, 25 (1): 127 - 148.

[103] Martínez - Ferrero J., Suárez Fernández O., García Sánchez I. M. Obfuscation Versus Enhancement as Corporate Social Responsibility Disclosure Strategies [J]. Corporate Social Responsibility & Environmental Management, 2019, 26 (2): 468 - 480.

[104] Maskin E., Qian Y., Xu C. Incentives, Scale Economies, and Organi-

zational Form [J]. Working Papers (William Davidson Institute) - University of Michigan Business School, 1997: 1.

[105] Mathews M. R. Socially Responsible Accounting [J]. Chapman & Hall, 1993.

[106] McCarthy S., Oliver B., Song S. Corporate Social Responsibility and CEO Confidence [J]. Journal of Banking & Finance, 2017, 75: 280 - 291.

[107] Melloni G., Caglio A., Perego P. Saying More with Less? Disclosure Conciseness, Completeness and Balance in Integrated Reports [J]. Journal of Accounting & Public Policy, 2017, 36 (3): 220 - 238.

[108] Merkl - Davies D. M., Brennan N. M. Discretionary Disclosure Strategies in Corporate Narratives: Incremental Information or Impression Management? [J]. Journal of Accounting Literature, 2007, 26: 116 - 194.

[109] Miller B. P. The Effects of Reporting Complexity on Small and Large Investor Trading [J]. Accounting Review, 2010, 85 (6): 2107 - 2143.

[110] Minor D., Morgan J. CSR as Reputation Insurance: Primum Non Nocere [J]. California Management Review, 2011, 53 (3): 40 - 59.

[111] Mishra S., Modi S. Positive and Negative Corporate Social Responsibility, Financial Leverage, and Idiosyncratic Risk [J]. Journal of Business Ethics, 2013, 117 (2): 431 - 448.

[112] Musgrave R A. The Theory of Public Finance: A Study in Public Economy [J]. Journal of Political Economy, 1959, 99 (1): 213 - 213.

[113] Muslu V., Mutlu S., Radhakrishnan S., et al. Corporate Social Responsibility Report Narratives and Analyst Forecast Accuracy [J]. Journal of Business Ethics, 2019, 154 (4): 1119 - 1142.

[114] Nardi L. The Corporate Social Responsibility Price Premium as An Enabler of Substantive [J]. Academy of Management Review, 2022, 47 (2): 282 - 308.

[115] Nazari J. A., Hrazdil K., Mahmoudian F. Assessing Social and Environmental Performance Through Narrative Complexity in CSR Reports [J]. Journal of Contemporary Accounting & Economics, 2017, 13 (2).

[116] Nelson K K., Pritchard A. C. Litigation Risk and Voluntary Disclosure: The Use of Meaningful Cautionary Language [J]. SSRN, 2007.

[117] Parsa S., Kouhy R. Social Reporting by Companies Listed on the Alternative Investment Market [J]. Journal of Business Ethics, 2008, 79 (3): 345 -360.

[118] Patelli L., Pedrini M. Is the Optimism in CEO's Letters to Shareholders Sincere? Impression Management Versus Communicative Action During the Economic Crisis [J]. Journal of Business Ethics, 2014, 124 (1): 19 -34.

[119] Pawliczek A., Skinner A. N., Wellman L. A. A New Take on Voice: The Influence of BlackRock's 'Dear CEO' Letters [J]. Review of Accounting Studies, 2021, 26 (3): 1088 -1136.

[120] Perrini F. Building a European Portrait of Corporate Social Responsibility Reporting [J]. European Management Journal, 2005, 23 (6): 611 -627.

[121] Pinnuck M., Ranasinghe A., Soderstrom N., et al. Restatement of CSR Reports: Frequency, Magnitude, and Determinants [J]. Contemporary Accounting Research, 2021, 38 (3): 2376 -2416.

[122] Piotroski J. D., Zhang T. Politicians and the IPO Decision: The Impact of Impending Political Promotions on IPO Activity in China [J]. Journal of Financial Economics, 2014, 111 (1): 111 -136.

[123] Porter M. E., Kramer M. R. Strategy & Society: The Linkbetween Competitive Advantage and Corporate Social Responsibility [J]. Harvard Business Review, 2006, 84 (12): 78 -92.

[124] Porter M. E., Kramer M. R. Creating Shared Value [J]. Harvard Business Review, 2011.

[125] Qian Y., Weingast B. R. Federalism as a Commitment to Reserving Market Incentives [J]. Journal of Economic Perspectives, 1997, 11 (4): 83 -92.

[126] Qian Y., Xu C. Why China's Economic Reforms Differ: The M - Form Hierarchy and Entry/Expansion of the Non - state Sector [J]. Economics of Transition, 1993, 1 (2): 135 -170.

[127] Qiao B., Martinez - Vazquez J., Xu Y. The Tradeoff between Growth and Equity in Decentralization Policy: China's Experience [J]. Journal of Development Economics, 2008, 86 (1): 112 -128.

[128] Ramanna K. A Framework for Research on Corporate Accountability Reporting [J]. Accounting Horizons, 2013, 27 (2): 409 -432.

[129] Sandulescu P. M. Insiders' Incentives of Using a Specific Disclosure Tone When Trading [J]. Studies in Communication Sciences, 2015, 15 (1): 12 -36.

[130] Scherer A. G. , Palazzo G. The New Political Role of Business in a Globalized World: A Review of a New Perspective on CSR and its Implications for the Firm, Governance, and Democracy [J]. Journal of Management Studies, 2011, 48 (4): 899 -931.

[131] Schipper K. Analysts' Forecasts [J]. Accounting Horizons, 1991, 5 (4): 105 -121.

[132] Schrand C. M. , Walther B. R. Strategic Benchmarks in Earnings Announcements: The Selective Disclosure of Prior - Period Earnings Components [J]. Accounting Review, 2000, 75 (2): 151.

[133] Sheng S. , Zhou K. Z. , Li J. J. The Effects of Business and Political Ties on Firm Performance: Evidence from China [J]. Journal of Marketing, 2011, 75 (1): 1 -15.

[134] Suchman M. C. Managing Legitimacy: Strategic and Institutional Approaches [J]. Academy of Management Review, 1995, 20 (3): 571 -610.

[135] Sun X. , Gunia B. C. Economic Resources and Corporate Social Responsibility [J]. Journal of Corporate Finance, 2018, 51: 332 -351.

[136] Surroca J. , Tribó J. A. , Waddock S. Corporate Responsibility and Financial Performance: the Role of Intangible Resources [J]. Strategic Management Journal, 2010, 31 (5): 463 -490.

[137] Talbot D. , Boiral O. GHG Reporting and Impression Management: An Assessment of Sustainability Reports from the Energy Sector [J]. Journal of Business Ethics, 2018, 147 (2): 367 -383.

[138] Tan H. , Wang E. Y. , Zhou B. When the Use of Positive Language Backfires: The Joint Effect of Tone, Readability, and Investor Sophistication on Earnings Judgments [J]. Journal of Accounting Research, 2014, 52 (1): 273 -302.

[139] Thorne L. , Mahoney L. S. , Manetti G. Motivations for Issuing Standalone CSR Reports: A Survey of Canadian Firms [J]. Accounting, Auditing & Accountability Journal, 2014, 27 (4): 686 -714.

[140] Tiebout C. M. A Pure Theory of Local Expenditures [J]. Journal of Po-

litical Economy, 1956, 64: 416 - 424.

[141] Tsui K., Wang Y. Decentralization with Political Trump: Vertical Control, Local Accountability and Regional Disparities in China [J]. China Economic Review, 2008, 19 (1): 18 - 31.

[142] Turban D. B., Greening D. W. Corporate Social Performance and Organizational Attractiveness to Prospective Employees [J]. Academy of Management Journal, 1997, 40 (3): 658 - 672.

[143] Verrecchia R. E. Essays on Disclosure [J]. Journal of Accounting and Economics, 2001, 32 (1 - 3): 97 - 180.

[144] Waldman D. A., Siegel D. S., Javidan M. Components of CEO Transformational Leadership and Corporate Social Responsibility [J]. Journal of Management Studies, 2006, 43 (8): 1703 - 1725.

[145] Wang R., Wijen F., Heugens P. P. M. A. Government's Green Grip: Multifaceted State Influence on Corporate Environmental Actions in China [J]. Strategic Management Journal, 2018a, 39 (2): 403 - 428.

[146] Wang Z., Hsieh T. S., Sarkis J. CSR Performance and the Readability of CSR Reports: Too Good to beTrue? [J]. Corporate Social Responsibility & Environmental Management, 2018b, 25 (1): 66 - 79.

[147] Wei C. State Ownership and Target Setting: Evidence from Publicly Listed Companies in China [J]. Contemporary Accounting Research, 2021, 38 (3): 1925 - 1960.

[148] Wei Z., Shen H., Zhou K., et al. How Does Environmental Corporate Social Responsibility Matter in a Dysfunctional Institutional Environment? Evidence from China [J]. Journal of Business Ethics, 2017, 140 (2): 209 - 223.

[149] Wickert C., Scherer A. G., Spence L. J. Walking and Talking Corporate Social Responsibility: Implications of Firm Size and Organizational Cost [J]. Journal of Management Studies, 2016, 53 (7): 1169 - 1196.

[150] Wood D. J. Corporate Social Performance Revisited [J]. Academy of Management Review, 1991, 16 (4): 691 - 718.

[151] Woodward D. G., Edwards P., Birkin F. Organizational Legitimacy and Stakeholder Information Provision [J]. British Journal of Management, 1996, 7

(4): 329 – 347.

[152] Xiao G., Shen S. To Pollute or Not to Pollute: Political Connections and Corporate Environmental Performance [J]. Journal of Corporate Finance, 2022, 74.

[153] Xie D., Zou H., Davoodi H. Fiscal Decentralization and Economic Growth in theUnited States [J]. Journal of Urban Economics, 1999, 45 (2): 228 – 239.

[154] Xu C. The Fundamental Institutions of China's Reforms and Development [J]. Journal of Economic Literature, 2011, 49 (4): 1076 – 1151.

[155] Yongtae K., Myung S. P., Wier B. Is Earnings Quality Associated with Corporate Social Responsibility? [J]. Accounting Review, 2012, 87 (3): 761 – 796.

[156] Zhang L., Shan Y. G., Chang M. Can CSR Disclosure Protect Firm Reputation During Financial Restatements? [J]. Journal of Business Ethics, 2021, 173 (1): 157 – 184.

[157] Zhao X., Murrell A. J. Revisiting the Corporate Social Performance – financial Performance Link: A Replication of Waddock and Graves [J]. Strategic Management Journal, 2016, 37 (11): 2378 – 2388.

[158] Zheng W., Singh K., Mitchell W. Buffering and Enabling: The Impact of Interlocking Political Ties on Firm Survival and Sales Growth [J]. Strategic Management Journal, 2015, 36 (11): 1615 – 1636.

[159] 蔡闫东，汪顺，陈一玲，等．年报语调管理与审计师披露应对 [J]. 审计研究，2022 (5): 85 – 94.

[160] 曹春方，马连福，沈小秀．财政压力、晋升压力、官员任期与地方国企过度投资 [J]. 经济学（季刊），2014 (4): 1415 – 1436.

[161] 曾庆生，周波，张程，等．年报语调与内部人交易：“表里如一”还是“口是心非”? [J]. 管理世界，2018 (9): 143 – 160.

[162] 车笑竹，苏勇．企业违规对社会责任报告及其价值效应的影响 [J]. 经济管理，2018 (10): 58 – 74.

[163] 陈国辉，关旭，王军法．企业社会责任能抑制盈余管理吗？——基于应规披露与自愿披露的经验研究 [J]. 会计研究，2018 (3): 19 – 26.

[164] 陈浩，刘春林，鲁悦．政治关联与社会责任报告披露 [J]. 山西财经大学学报，2018 (4): 75 – 85.

[165] 陈华，包也，孙汉．高管薪酬与社会责任报告的印象管理 [J]．上海财经大学学报，2021 (4)：76－90.

[166] 陈邱惠，徐现祥．全球视野下的稳增长——第二次世界大战以来的增长目标与政府支出 [J]．经济学（季刊），2021 (2)：405－426.

[167] 程仲鸣，虞涛，潘晶晶，等．地方官员晋升激励、政绩考核制度和企业技术创新 [J]．南开管理评论，2020 (6)：64－75.

[168] 邓博夫，王泰玮，吉利．地区经济增长压力下的政府环境规制与企业环保投资——政府双重目标协调视角 [J]．财务研究，2021 (3)：70－81.

[169] 翟淑萍，王敏，白梦诗．财务问询函能够提高年报可读性吗？——来自董事联结上市公司的经验证据 [J]．外国经济与管理，2020 (9)：136－152.

[170] 段钊，周红，周辉．上市公司披露的社会责任信息"通俗易懂"吗？——基于机器学习的可读性质量评估与实证研究 [J]．宏观质量研究，2022 (4)：80－94.

[171] 冯志华，余明桂．环境保护、地方官员政绩考核与企业投资研究 [J]．经济体制改革，2019 (4)：136－144

[172] 傅勇，张晏．中国式分权与财政支出结构偏向：为增长而竞争的代价 [J]．管理世界，2007 (3)：4－12.

[173] 甘丽凝，陈思，胡珉，等．管理层语调与权益资本成本——基于创业板上市公司业绩说明会的经验证据 [J]．会计研究，2019 (6)：27－34.

[174] 高勇强，陈亚静，张云均．"红领巾"还是"绿领巾"：民营企业慈善捐赠动机研究 [J]．管理世界，2012 (8)：106－114.

[175] 龚锋，陈子昂．增长目标"加码"会抑制地方长期经济增长吗？[J]．经济科学，2022 (3)：20－34.

[176] 顾元媛，沈坤荣．地方政府行为与企业研发投入——基于中国省际面板数据的实证分析 [J]．中国工业经济，2012 (10)：77－88.

[177] 郭晓辉．经济增长目标、地方政府行为与环境效应的关系 [J]．城市问题，2020 (9)：60－70.

[178] 何贤杰，肖土盛，陈信元．企业社会责任信息披露与公司融资约束 [J]．财经研究，2012 (8)：60－71.

[179] 贺小刚，彭屹，王辛楠，等．生命周期对公司社会责任披露的影响效应研究 [J]．管理学报，2019 (11)：1677－1684.

[180] 侯林岐，张杰．多维政绩考核、地方政府竞争与城市生产效率损失 [J]．现代经济探讨，2020 (1)：19－28.

[181] 胡深，吕冰洋．经济增长目标与土地出让 [J]．财政研究，2019 (7)：46－59.

[182] 黄灿，蒋青嬗．股吧活跃度对股票流动性的影响 [J]．管理学报，2022 (11)：1714－1724.

[183] 黄荷暑，周泽将．女性高管、信任环境与企业社会责任信息披露——基于自愿披露社会责任报告A股上市公司的经验证据 [J]．审计与经济研究，2015 (4)：30－39.

[184] 黄珺，徐莹莹．女性高管对企业社会责任报告可读性的影响研究 [J]．经济与管理评论，2021 (1)：114－124.

[185] 黄亮雄，王贤彬，刘淑琳．经济增长目标与激进城镇化——来自夜间灯光数据的证据 [J]．世界经济，2021 (6)：97－122.

[186] 黄亮雄，王震，王贤彬．地方经济增长目标对外商直接投资的影响与机制研究 [J]．国际经贸探索，2021 (2)：51－66.

[187] 黄萍萍，李四海．社会责任报告语调与股价崩盘风险 [J]．审计与经济研究，2020 (1)：69－78.

[188] 黄苏萍．企业社会责任对企业形象影响的实证研究——来自中国银行业的经验证据 [J]．经济与管理研究，2012 (7)：121－128.

[189] 黄艺翔，姚铮．企业社会责任报告、印象管理与企业业绩 [J]．经济管理，2016 (1)：105－115.

[190] 吉利，张丽，田静．我国上市公司社会责任信息披露可读性研究——基于管理层权力与约束机制的视角 [J]．会计与经济研究，2016 (1)：21－33.

[191] 纪祥裕，唐荣．地方经济增长目标会影响技术创新吗 [J]．山西财经大学学报，2021 (6)：70－83.

[192] 纪志宏，周黎安，王鹏，等．地方官员晋升激励与银行信贷——来自中国城市商业银行的经验证据 [J]．金融研究，2014 (1)：1－15.

[193] 解维敏．财政分权、晋升竞争与企业研发投入 [J]．财政研究，2012 (6)：30－32.

[194] 金刚，沈坤荣．地方官员晋升激励与河长制演进：基于官员年龄的视角 [J]．财贸经济，2019 (4)：20－34.

[195] 雷雪，贾明，张喆．实际控制人的政治、经济激励对企业社会责任报告的影响 [J]．管理评论，2022 (8)：256－270.

[196] 黎文靖．所有权类型、政治寻租与公司社会责任报告：一个分析性框架 [J]．会计研究，2012 (1)：81－88.

[197] 黎文靖，路晓燕．机构投资者关注企业的环境绩效吗？——来自我国重污染行业上市公司的经验证据 [J]．金融研究，2015 (12)：97－112.

[198] 黎文靖，汪顺，陈黄悦．平衡的发展目标与不平衡的发展——增长目标偏离与企业创新 [J]．管理世界，2020 (12)：162－175.

[199] 李秉成，苗霞，聂梓．MD&A 前瞻性信息能提升财务危机预测能力吗——基于信号传递和言语有效理论视角的实证分析 [J]．山西财经大学学报，2019 (5)：108－124.

[200] 李春涛，张计宝，张璇．年报可读性与企业创新 [J]．经济管理，2020 (10)：156－173.

[201] 李茫茫，王红建，严楷．经济增长目标压力与企业研发创新的挤出效应——基于多重考核目标的实证研究 [J]．南开管理评论，2021 (1)：17－26.

[202] 李书娟，王贤彬．经济增长目标压力下的国企投资规律及效应研究——来自地级经济增长目标与上市公司样本的证据 [J]．南方经济，2020 (11)：83－98.

[203] 李书娟，徐现祥，王贤彬．目标导向的微观机制：国有企业的关键作用 [J]．财贸经济，2021 (4)：83－97.

[204] 李姝，赵颖，童婧．社会责任报告降低了企业权益资本成本吗？——来自中国资本市场的经验证据 [J]．会计研究，2013 (9)：64－70.

[205] 李维，周建军，朱琦．CEO 职业关注与企业社会责任披露 [J]．中国软科学，2021 (2)：111－124.

[206] 李祥进，杨东宁，雷明．企业社会责任行为对员工工作绩效影响的跨层分析 [J]．经济科学，2012 (5)：104－118.

[207] 李增福，汤旭东，连玉君．中国民营企业社会责任背离之谜 [J]．管理世界，2016 (9)：136－148.

[208] 李政，刘丰硕．“层层加码”与城市创新——基于省市两级经济增长目标差异的实证分析 [J]．吉林大学社会科学学报，2022 (1)：127－137.

[209] 梁日新，李英．年报文本语调与审计费用——来自我国 A 股上市

公司的经验数据 [J]. 审计研究, 2021 (5): 109-119.

[210] 林乐, 谢德仁. 分析师荐股更新利用管理层语调吗? ——基于业绩说明会的文本分析 [J]. 管理世界, 2017 (11): 125-145.

[211] 林晚发, 赵仲匡, 宋敏. 管理层讨论与分析的语调操纵及其债券市场反应 [J]. 管理世界, 2022 (1): 164-180.

[212] 林煜恩, 李欣哲, 卢扬, 等. 管理层语调的信号和迎合: 基于中国上市企业创新的研究 [J]. 管理科学, 2020 (4): 53-66.

[213] 刘建秋, 尹广英, 吴静桦. 企业社会责任报告语调与资产误定价 [J]. 会计研究, 2022 (5): 131-145.

[214] 刘建秋, 尹广英, 吴静桦. 企业社会责任报告语调与分析师预测: 信号还是迎合? [J]. 审计与经济研究, 2022 (3): 62-72.

[215] 刘明兴, 陶然, 章奇. 制度、技术和内生经济增长 [J]. 世界经济文汇, 2003 (6): 64-80.

[216] 刘若鸿, 邓晓兰, 鄢伟波, 等. 经济增长目标与地方政府财务支持策略——来自地方融资平台的证据 [J]. 经济科学, 2021 (6): 21-37.

[217] 刘淑琳, 王贤彬, 黄亮雄. 经济增长目标驱动投资吗? ——基于2001—2016年地级市样本的理论分析与实证检验 [J]. 金融研究, 2019 (8): 1-19.

[218] 刘玉焕. 我国企业社会责任报告披露行为的驱动机制研究 [D]. 电子科技大学, 2014.

[219] 龙贤义, 邓新明, 杨赛凡, 等. 企业社会责任、购买意愿与购买行为——主动性人格与自我效能有调节的中介作用 [J]. 系统管理学报, 2020 (4): 646-656.

[220] 逯东, 余渡, 杨丹. 财务报告可读性、投资者实地调研与对冲策略 [J]. 会计研究, 2019 (10): 34-41.

[221] 罗党论, 佘国满, 陈杰. 经济增长业绩与地方官员晋升的关联性再审视——新理论和基于地级市数据的新证据 [J]. 经济学 (季刊), 2015 (3): 1145-1172.

[222] 马新啸, 汤泰劼, 胡玥. 增长目标契合与僵尸企业治理 [J]. 财经研究, 2022 (10): 64-77.

[223] 毛奕欢, 林雁, 谭洪涛. 经济增长目标、官员压力与企业绿色创新

[J]. 中南财经政法大学学报, 2022 (3): 113 - 125.

[224] 倪昌红. 企业的政治氛围与社会责任报告策略——基于制度压力的视角 [J]. 山西财经大学学报, 2019 (8): 100 - 112.

[225] 倪恒旺, 李常青, 魏志华. 媒体关注、企业自愿性社会责任信息披露与融资约束 [J]. 山西财经大学学报, 2015 (11): 77 - 88.

[226] 潘华龙. 欲速则不达: 地方经济增长目标、政府行为与高质量发展——基于上市企业技术创新的视角 [J]. 金融经济学研究, 2021 (2): 143 - 160.

[227] 彭韶兵, 高洁, 王昱升. 企业社会责任履行异象及其分析 [J]. 财经科学, 2013 (5): 46 - 55.

[228] 彭韶兵, 郑伟宏, 邱静. 地方 GDP 压力、地方国有企业产值操控与经济后果 [J]. 中国经济问题, 2014 (4): 38 - 48.

[229] 齐岳, 廖科智, 王治皓. 市场关注度、治理有效性与社会责任信息披露市场反应 [J]. 管理学报, 2020 (10): 1523 - 1534.

[230] 钱明, 徐光华, 沈弋, 等. 民营企业自愿性社会责任信息披露与融资约束之动态关系研究 [J]. 管理评论, 2017 (12): 163 - 174.

[231] 秦续忠, 王宗水, 赵红. 公司治理与企业社会责任披露——基于创业板的中小企业研究 [J]. 管理评论, 2018 (3): 188 - 200.

[232] 权小锋, 吴世农, 尹洪英. 企业社会责任与股价崩盘风险: "价值利器" 或 "自利工具"? [J]. 经济研究, 2015 (11): 49 - 64.

[233] 全晶晶. 机构投资者持股与企业社会责任信息披露 [J]. 经济问题, 2022 (1): 39 - 46.

[234] 任宏达, 王琨. 社会关系与企业信息披露质量——基于中国上市公司年报的文本分析 [J]. 南开管理评论, 2018 (5): 128 - 138.

[235] 任晓怡, 叶显, 吴非. 地方经济增长目标、政府行为与企业全要素生产率 [J]. 公共管理与政策评论, 2021 (4): 127 - 146.

[236] 沈洪涛. 公司特征与公司社会责任信息披露——来自我国上市公司的经验证据 [J]. 会计研究, 2007 (3): 9 - 16.

[237] 沈洪涛, 王立彦, 万拓. 社会责任报告及鉴证能否传递有效信号? ——基于企业声誉理论的分析 [J]. 审计研究, 2011 (4): 87 - 93.

[238] 沈坤荣. 1978—1997 年中国经济增长因素的实证分析 [J]. 经济

科学, 1999 (4): 15 - 25.

[239] 沈艺峰, 沈洪涛. 论公司社会责任与相关利益者理论的全面结合趋势 [J]. 中国经济问题, 2003 (2): 51 - 60.

[240] 宋林, 王建玲, 姚树洁. 上市公司年报中社会责任信息披露的影响因素——基于合法性视角的研究 [J]. 经济管理, 2012 (2): 40 - 49.

[241] 宋献中, 胡珺, 李四海. 社会责任信息披露与股价崩盘风险——基于信息效应与声誉保险效应的路径分析 [J]. 金融研究, 2017 (4): 161 - 175.

[242] 孙鲲鹏, 王丹, 肖星. 互联网信息环境整治与社交媒体的公司治理作用 [J]. 管理世界, 2020 (7): 106 - 132.

[243] 孙蔓莉. 上市公司年报的可理解性研究 [J]. 会计研究, 2004 (12): 23 - 28.

[244] 孙文凯, 刘元春. 政府制定经济目标的影响——来自中国的证据 [J]. 经济理论与经济管理, 2016 (3): 5 - 13.

[245] 孙文章. 董事会秘书声誉与信息披露可读性——基于沪深 A 股公司年报文本挖掘的证据 [J]. 经济管理, 2019 (7): 136 - 153.

[246] 谭雪. 行业竞争、产权性质与企业社会责任信息披露——基于信号传递理论的分析 [J]. 产业经济研究, 2017 (3): 15 - 28.

[247] 陶锋, 赵锦瑜, 周浩. 环境规制实现了绿色技术创新的"增量提质"吗——来自环保目标责任制的证据 [J]. 中国工业经济, 2021 (2): 136 - 154.

[248] 陶文杰, 金占明. 媒体关注下的 CSR 信息披露与企业财务绩效关系研究及启示——基于我国 A 股上市公司 CSR 报告的实证研究 [J]. 中国管理科学, 2013 (4): 162 - 170.

[249] 田高良, 陈匡宇, 齐保垒. 会计师事务所有基于关键审计事项的审计风格吗——基于中国上市公司披露新版审计报告的经验证据 [J]. 会计研究, 2021 (11): 160 - 177.

[250] 田利辉, 王可第. 社会责任信息披露的"掩饰效应"和上市公司崩盘风险——来自中国股票市场的 DID - PSM 分析 [J]. 管理世界, 2017 (11): 146 - 157.

[251] 王福胜, 王也, 刘仕煜. 网络媒体报道对盈余管理的影响研究——基于投资者异常关注视角的考察 [J]. 南开管理评论, 2021 (5): 116 - 129.

[252] 王华杰, 王克敏. 应计操纵与年报文本信息语气操纵研究 [J]. 会

计研究，2018（4）：45－51.

［253］王可第，武晨，朱欢．经济增长目标赶超与企业创新质量［J］．软科学，2022（12）：97－103.

［254］王克敏，刘静，李晓溪．产业政策、政府支持与公司投资效率研究［J］．管理世界，2017（3）：113－124.

［255］王克敏，王华杰，李栋栋，等．年报文本信息复杂性与管理者自利——来自中国上市公司的证据［J］．管理世界，2018（12）：120－132.

［256］王磊，张肇中．国内市场分割与生产率损失：基于企业进入退出视角的理论与实证研究［J］．经济社会体制比较，2019（4）：30－42.

［257］王砾，孔东民，代昀昊．官员晋升压力与企业创新［J］．管理科学学报，2018（1）：111－126.

［258］王士红．所有权性质、高管背景特征与企业社会责任披露——基于中国上市公司的数据［J］．会计研究，2016（11）：53－60.

［259］王贤彬，刘淑琳，黄亮雄．经济增长压力与地区创新——来自经济增长目标设定的经验证据［J］．经济学（季刊），2021（4）：1147－1166.

［260］王艳艳，于李胜，安然．非财务信息披露是否能够改善资本市场信息环境？——基于社会责任报告披露的研究［J］．金融研究，2014（8）：178－191.

［261］王永钦，张晏，章元，等．中国的大国发展道路——论分权式改革的得失［J］．经济研究，2007（1）：4－16.

［262］温忠麟，叶宝娟．有调节的中介模型检验方法：竞争还是替补？［J］．心理学报，2014（5）：714－726.

［263］吴珊，邹梦琪．社会责任文本信息披露是否具有价值保护效应——基于企业违规处罚冲击的研究场景［J］．现代财经（天津财经大学学报），2022（9）：76－93.

［264］吴延兵．中国式分权下的偏向性投资［J］．经济研究，2017（6）：137－152.

［265］肖红军，阳镇．中国企业社会责任40年：历史演进、逻辑演化与未来展望［J］．经济学家，2018（11）：22－31.

［266］谢德仁，林乐．管理层语调能预示公司未来业绩吗？——基于我国上市公司年度业绩说明会的文本分析［J］．会计研究，2015（2）：20－27.

［267］谢获宝，黄大禹，邹梦婷．地方经济考核压力与企业短贷长投

[J]. 经济评论, 2022 (4): 148-164.

[268] 谢玉华, 刘晶晶, 谢华青. 内外部企业社会责任对员工工作意义感的影响机制和差异效应研究 [J]. 管理学报, 2020 (9): 1336-1346.

[269] 熊晓炼, 陈加才. 地方经济增长目标与金融资源配置效率——来自省级政府工作报告的经验证据 [J]. 海南大学学报 (人文社会科学版), 2021 (4): 156-166.

[270] 徐巍, 姚振晔, 陈冬华. 中文年报可读性: 衡量与检验 [J]. 会计研究, 2021 (3): 28-44.

[271] 徐细雄, 李摇琴. 高管性别、制度环境与企业 CSR 决策 [J]. 科研管理, 2018 (3): 80-89.

[272] 徐细雄, 李摇琴, 林丁健. 女性高管与企业慈善捐赠: 基于产权性质与制度环境的分析 [J]. 华东经济管理, 2015 (10): 8-14.

[273] 徐现祥, 李书娟, 王贤彬, 等. 中国经济增长目标的选择: 以高质量发展终结"崩溃论" [J]. 世界经济, 2018 (10): 3-25.

[274] 徐现祥, 梁剑雄. 经济增长目标的策略性调整 [J]. 经济研究, 2014 (1): 27-40.

[275] 徐现祥, 刘毓芸. 经济增长目标管理 [J]. 经济研究, 2017 (7): 18-33.

[276] 徐业坤, 钱先航, 李维安. 政治不确定性、政治关联与民营企业投资——来自市委书记更替的证据 [J]. 管理世界, 2013 (5): 116-130.

[277] 阎达五, 孙蔓莉. 深市 B 股发行公司年度报告可读性特征研究 [J]. 会计研究, 2002 (5): 10-17.

[278] 杨贤宏, 宁致远, 向海凌, 等. 地方经济增长目标与企业数字化转型——基于上市企业年报文本识别的实证研究 [J]. 中国软科学, 2021 (11): 172-184.

[279] 伊志宏, 杨圣之, 陈钦源. 分析师能降低股价同步性吗——基于研究报告文本分析的实证研究 [J]. 中国工业经济, 2019 (1): 156-173.

[280] 于忠泊, 田高良, 齐保垒, 等. 媒体关注的公司治理机制——基于盈余管理视角的考察 [J]. 管理世界, 2011 (9): 127-140.

[281] 余泳泽, 刘大勇, 龚宇. 过犹不及事缓则圆: 地方经济增长目标约束与全要素生产率 [J]. 管理世界, 2019 (7): 26-42.

[282] 余泳泽，潘妍．中国经济高速增长与服务业结构升级滞后并存之谜——基于地方经济增长目标约束视角的解释 [J]. 经济研究，2019 (3)：150-165.

[283] 余泳泽，张少辉，杜运苏．地方经济增长目标约束与制造业出口技术复杂度 [J]. 世界经济，2019 (10)：120-142.

[284] 詹新宇，曾傅雯．经济增长目标动员与地方政府债务融资 [J]. 经济学动态，2021 (6)：83-97.

[285] 詹新宇，刘文彬，李文健．地方经济增长目标管理与企业实际税负 [J]. 财政研究，2020 (11)：84-100.

[286] 张爱萍，胡奕明．僵尸企业、地方政府与经济高质量发展——基于企业贡献度的研究视角 [J]. 山西财经大学学报，2021 (2)：71-85.

[287] 张彩云，苏丹妮，卢玲，等．政绩考核与环境治理——基于地方政府间策略互动的视角 [J]. 财经研究，2018 (5)：4-22.

[288] 张广胜，李园园，陈明利．地方经济增长压力提升企业投资效率了吗 [J]. 贵州财经大学学报，2022 (4)：61-70.

[289] 张继勋，蔡闫东，倪古强．社会责任披露语调、财务信息诚信与投资者感知——一项实验研究 [J]. 南开管理评论，2019 (1)：206-212.

[290] 张继勋，贺超，韩冬梅．社会责任负面信息披露形式、解释语言积极性与投资者投资判断——一项实验证据 [J]. 南开管理评论，2016 (6)：133-140.

[291] 张军，高远．官员任期、异地交流与经济增长——来自省级经验的证据 [J]. 经济研究，2007 (11)：91-103.

[292] 张敏，马黎珺，张雯．企业慈善捐赠的政企纽带效应——基于我国上市公司的经验证据 [J]. 管理世界，2013 (7)：163-171.

[293] 张婷婷．区域文化对企业社会责任信息披露质量的影响——来自中国上市公司的证据 [J]. 北京工商大学学报（社会科学版），2019 (1)：31-39.

[294] 张秀敏，高云霞，高洁．企业年报阅读难易程度的衡量与影响因素研究——基于管理者操纵视角 [J]. 审计与经济研究，2021 (1)：79-89.

[295] 张秀敏，杨连星，高云霞，等．什么影响了社会责任报告中修辞语言的运用？[J]. 会计研究，2019 (6)：20-26.

[296] 张晏，龚六堂．分税制改革、财政分权与中国经济增长 [J]. 经济

学（季刊），2005（4）：75－108.

［297］赵放，蒋国梁，李金甜．经济增长压力与政府审计质量——来自经济增长目标的证据［J］．审计研究，2022（5）：37－48.

［298］赵新宇，郑国强．地方经济增长目标与要素市场扭曲［J］．经济理论与经济管理，2020（10）：37－49.

［299］郑建明，许晨曦，张伟．放松卖空管制与企业环境信息披露质量——基于重污染企业的准自然实验［J］．中国软科学，2017（11）：111－125.

［300］钟凯，董晓丹，陈战光．业绩说明会语调与分析师预测准确性［J］．经济管理，2020（8）：120－137.

［301］钟马，徐光华．社会责任信息披露、财务信息质量与投资效率——基于“强制披露时代”中国上市公司的证据［J］．管理评论，2017（2）：234－244.

［302］周波，张程，曾庆生．年报语调与股价崩盘风险——来自中国A股上市公司的经验证据［J］．会计研究，2019（11）：41－48.

［303］周方召，金远培，贺志芳．企业社会责任对公司绩效和风险的影响效应——来自中国A股上市公司的证据［J］．技术经济，2020（8）：119－129.

［304］周建，原东良，马雨飞．MD&A语调会影响企业履行社会责任吗？——基于信息增量与印象管理的视角［J］．管理学刊，2021（6）：88－107.

［305］周黎安．中国地方官员的晋升锦标赛模式研究［J］．经济研究，2007（7）：36－50.

［306］周黎安，刘冲，厉行，等．“层层加码”与官员激励［J］．世界经济文汇，2015（1）：1－15.

［307］周敏，毕睿罡，寇宗来．官员任期、年龄限制与地方企业投资——来自中国上市公司的经验证据［J］．产业经济研究，2017（3）：116－126.

［308］朱松．企业社会责任、市场评价与盈余信息含量［J］．会计研究，2011（11）：27－34.

［309］邹萍．儒家文化能促进企业社会责任信息披露吗？［J］．经济管理，2020（12）：76－93.

［310］邹萍．“言行一致”还是“投桃报李”？——企业社会责任信息披露与实际税负［J］．经济管理，2018（3）：159－177.